olarmeer

Beaufort-See

KETTE

Aklavik

Yukon

Ft. Mc Pherson

Gr. Bären-See

Mackenzie

Ft. Norman

KANADA

Dawson

MACKENZIE-BERGE

Yellowknife

Gr. Sklaven-See

Ft. Simpson

Ft. Resolution

Whitehorse

Liard

Athabaska-See

Juneau

R
O
C
K
Y

Peace River

Athabaska

Sitka

Peace River

Alexander-
Archipel

Dawson Creek

Prince Rupert

Edmonton

M
O
U
N
T
A
I
N
S

Calgary

Fraser

Vancouver

USA

Seattle

Hans-Otto Meissner
... noch 1000 Meilen zum Pazifik

Hans-Otto Meissner

...noch 1000 Meilen zum Pazifik

Die Abenteuer des
Alexander Mackenzie

Ernst Klett Stuttgart

CIP-Kurztitelaufnahme der Deutschen Bibliothek

Meissner, Hans-Otto:
. . . Noch 1000 [tausend] Meilen zum Pazifik:
d. Abenteuer d. Alexander Mackenzie / Hans-Otto Meissner. –
1. Aufl. – Stuttgart: Klett, 1983.
ISBN 3-12-920031-2

ISBN 3-12-920031-2

Erste Auflage 1983
© Ernst Klett, Stuttgart 1983
Druck: W. Röck, Weinsberg
Fotos: Hans-Otto Meissner und Peter Bading
Illustrationen: Heiner Rothfuchs
Kartenentwürfe: Karl Schulz
Umschlagentwurf: Manfred Muraro
Umschlagfoto: Uwe Neumann

Alexander Mackenzie

(Zeitgenössische Zeichnung)

Alle in diesem Buch geschilderten Ereignisse sind tatsächlich geschehen, auch wenn sie oft unglaublich scheinen. Alle Personen der Handlung haben wirklich gelebt und tragen ihren richtigen Namen. Denn die Wahrheit ist erregender als die Phantasie. Den Wegen der Entdecker bin ich selber gefolgt und habe alle Landschaften, die sie durchstreiften, mit eigenen Augen gesehen.

Hans-Otto Meissner

50 Tage nach Grande Portage

Sechsunddreißig schwerbeladene Kanus verließen am 11. Mai des Jahres 1787 die Stadt Montreal zu einer sieben Wochen langen Reise in den Wilden Westen. La Grande Portage war ihr Ziel, anderthalbtausend Kilometer von Montreal entfernt, der letzte große Handelsposten in den kaum erforschten Urwäldern des kanadischen Hinterlandes. Die Kanus fuhren zum Rendezvous der Pelzhändler, das in jedem Jahr am nordwestlichen Ufer des Obersees stattfand, dort wo sich der Tauben-Fluß in das Binnenmeer ergießt. Acht braungebrannte Männer bewegten jedes der Boote, bärenstarke Kerle von unglaublicher Zähigkeit, die achtzehn Stunden täglich ihre Kanus vorantrieben. Fünfzig Tonnen Tauschwaren zum Handel mit den Indianern und fünfzehn Tonnen Proviant für den eigenen Bedarf hatte die Flotte an Bord. Dazu beförderten sie noch einundzwanzig Passagiere mit Gepäck.

Es war nicht möglich, die Boote schon in Montreal zu beladen, weil Stromschnellen den Weg nach Westen sperrten. Man mußte alles, was für die ferne Wildnis bestimmt war, zwölf Kilometer weit über Land befördern. Erst nach Umgehung der Fälle von Lachine konnte man den Ottawa-Fluß befahren, der sich bei Montreal in den mächtigen Lorenz-Strom ergießt.

»Zwei Tage kostet uns der kurze Landweg«, fluchte MacTavish, »so lange brauchen die faulen Fuhrknechte für zwölf Kilometer ... unsere Paddler hätten's in höchstens zwei Stunden geschafft.«

Doch es war nicht die Schuld der Fuhrleute, vielmehr befand sich die Straße in trostlosem Zustand. Pausenloser Regen hatte sie aufgeweicht, bis an die Achse versanken die Karren im Schlamm. Die armen Ochsen waren am Ende ihrer Kräfte, als sie schließlich die Blockhäuser von Lachine erreichten.

Sogleich liefen die Bootsleute aus Hütten und Kneipen herbei, um beim Entladen der Karren zu helfen. Sie griffen zu, ohne ein Wort zu verlieren. Jeder warf sich einen Ballen von hundert Pfund über die Schulter und trabte damit zu seinem Boot.

»Schauen Sie nur, Sir, dort drüben schleppt einer sogar zwei Lasten!«

Der junge McKay war erst aus Schottland gekommen und hatte noch keine Ahnung, über welche Kräfte die Paddler verfügten.

»Das ist nur der Anfang, mein Junge, wenn die Burschen erst warm werden, schleppen sie auch drei Ballen zugleich.«

Sonst war Simon MacTavish, das Haupt der Northwest-Company, keineswegs so leutselig, wenn sich ein Junior-Clerk erlaubte, das Wort an ihn zu richten. Außerdem gehörte Alexander McKay noch zur Gregory-Company, dem schärfsten Konkurrenten der Northwest. Aber die Geschwindigkeit, mit der sich die Boote füllten, freute MacTavish so sehr, daß er dem jungen Mann noch weitere Aufklärung gab.

»Schau sie dir genau an, diese Prachtkerle ... mit ihnen steht und fällt der ganze Pelzhandel. In ihren Muskeln steckt die Zukunft Kanadas, ohne sie wäre das Land noch lange nicht soweit erschlossen. Eine rauhe Rasse, mein Junge, aber tüchtig ... unerhört tüchtig!«

»Die kennen ihre Kanus besser als wir«, nickte Malcolm Mac-Lean, ein Partner der Gregory-Company, »sie nehmen's tödlich übel, wenn sich jemand einmischen will. Außerdem reden sie nur Französisch ... erst wenn du's gut gelernt hast, werden sie dich verstehen.«

»Je sais, Monsieur«, beeilte sich McKay, seine Kenntnisse zu beweisen, »je me peux déjà faire comprendre en Français. Aber später möchte ich auch ein paar indianische Sprachen lernen.«

Zunächst solle er sich merken, daß man die Bootsleute »Voyageurs« nenne, sagte ihm John Gregory. Darauf legten sie großen Wert, obwohl es in wörtlicher Übersetzung nur »Reisende« hieß. McKay versprach, darauf zu achten.

Kaum eine Stunde verging, bis die gesamte Fracht verladen und mit Segeltuch verhüllt war. Dennoch rührte sich MacTavish nicht vom Fleck, erst mußte ihm der Flottenführer die entsprechende Meldung machen. Er führte die Bezeichnung »Brigadier« und war für alles verantwortlich, was die sechsunddreißig Boote und die sichere Beförderung ihrer Fracht betraf. Sylvester L'Arronge war sich der Bedeutung seines Amtes wohl bewußt. Obschon nur von mittlerer Größe, wirkte er doch imponierend, schon allein durch sein Auftreten. Er hatte ungeheuer breite Schultern, und sein Nacken glich dem eines Stiers. Mit gelassener Ruhe schritt er von einem Kanu zum anderen, prüfte die Balance der Ladung und Verschnürung der Überzüge. Dann begab er sich zu MacTavish, zog seine Zipfelmütze vom Kopf und machte eine knappe Verbeugung.

»On est prêt, Messieurs«, sagte er ohne besondere Betonung, »wir sind fertig, meine Herren.«

»Merci, mon Brigadier«, gab der Handelsherr zurück und reichte ihm die Hand.

Schon in Montreal hatte man die Plätze der Passagiere bestimmt. MacTavish, Chef der größeren Kompanie, fuhr natürlich im ersten Boot, begleitet von Angus Shaw, einem anderen Partner der Northwest. Dann folgte John Gregory, Leiter der Gregory-Gesellschaft, zu seiner Seite Malcolm MacLean. Alle Partner fuhren den Clerks voraus, erst nach ihnen kamen die Junior-Clerks der beiden Kompanien. Nur elf Kanus hatten Passagiere an Bord.

»Weit werden wir aber heute nicht mehr kommen«, sagte McKay, »nur noch zwei Stunden bis Sonnenuntergang.«

James Finlay, der neben ihm saß, machte schon seine dritte Reise nach Grande Portage und wußte über alles Bescheid.

»Die Voyageurs können's nicht abwarten, wieder unterwegs zu sein. Gregory sagt, sie würden ihren Schwung verlieren, wenn man sie nach dem Beladen nicht gleich losfahren läßt.«

Die beiden jungen Leute saßen nebeneinander. In der Mitte war das Kanu anderthalb Meter breit, dort gab es Platz genug für eine Sitzbank. Man lehnte sich mit dem Rücken gegen das Gepäck und saß dabei recht bequem. An der Seite befand sich ein breites Brett, das hochgeklappt als Tisch diente. Bei Regen und windigem Wetter wurde die Bank der Passagiere mit einem Segeltuch überspannt.

»So fein bin ich noch nie gereist«, meinte der Siebzehnjährige, »als ich von Schottland 'rüberkam, mußte ich auf meinem Gepäck schlafen, im Zwischendeck natürlich.«

Dem jungen Finlay war es trotz seines berühmten Vaters nicht anders ergangen, denn Schotten sind sehr sparsame Leute.

»Zehnmal lieber fahre ich mit solch einem Kanu, hier haben wir sogar Musik von morgens bis abends...«

»Wer macht denn Musik?«

»Wart's nur ab, gleich wirst du's hören.«

Vorne im ersten Boot gab Sylvester L'Arronge das Zeichen zur Abfahrt.

»En marche, voyageurs... en marche, en marche!«

Zweihundertachtundachtzig Paddel tauchten gleichzeitig ins Wasser. Wie ein Schwarm gefiederter Pfeile, auf Kommando abgeschossen, huschten die Kanus schräg zur Mitte des Stromes. Dort glitt eines hinter das andere, um dem Brigadier zu folgen. Es ging den Ottawa stromauf, den zu Anfang noch Farmen und Felder säumten. Gleich begann ein Mann im Boot zu singen, mit tiefem, dröhnendem Baß.

A la claire fontaine
M'en allant promener
J'ai trouvé l'eau si belle,
Que je me suis baigné.

Dann, beim Refrain, fielen alle übrigen ein:
Il y a longtemps que je t'aime
Jamais je t'oublirai.

Dreimal und viermal wiederholten sie den Refrain. Danach begann der Vorsänger mit einer neuen Strophe, deren Refrain wieder alle mitsangen.

»Ist das nicht sehr anstrengend«, fragte McKay, »weil sie doch gleichzeitig die Paddel so kräftig bewegen?«

»Nein, es gehört dazu, der Gesang bestimmt den Rhythmus ihrer Paddelschläge. Jetzt sind's ungefähr vierzig Schläge pro Minute. Sie können's aber bis auf sechzig bringen.«

Wie auf Kommando zogen plötzlich alle ihre Paddel ein, nur der Steuermann sorgte noch dafür, daß sein Boot in der Reihe blieb.

»Warum hören sie auf?« fragte McKay.

»Sie machen eine Piepenpause . . .«

»Was machen sie?«

»Sie rauchen ein bißchen, das siehst du doch.«

Schon hatte jeder Paddler eine Stummelpfeife im Mund, ein glimmendes Holzstück ging schnell von Hand zu Hand. Nach jeder Paddelstunde war eine Rast von fünf Minuten ihr gutes Recht. Nur wenn die Strömung sie gar zu kräftig abtrieb, mußten die Voyageurs darauf verzichten.

»Sie berechnen ihre Fahrtstrecke nicht nach Meilen«, erklärte James Finlay, »sondern nach Piepen und meinen damit ihre Rauchpausen. Jetzt fahren wir ungefähr zehn Kilometer von Piepe zu Piepe, weil's stromauf geht. Haben wir aber eine schnelle Strömung mit uns, schaffen wir von einer Piepe zur nächsten zwanzig Kilometer und manchmal auch mehr.«

Der beizende Rauch wehte den jungen Leuten ins Gesicht, die Männer pafften mit sichtbarem Genuß. Ebenso gleichzeitig, wie sie begonnen hatten, hörten sie auch mit dem Rauchen auf. Die Piepen verschwanden, und alle Hände griffen wieder zum Paddel. Der Vorsänger begann ein neues Lied, die Flotte glitt weiter den Strom hinauf.

Erst als die Dunkelheit undurchdringlich wurde, wandten sich die sechsunddreißig Kanus zum Ufer. Auf die Minute genau wußten die Voyageurs, wann die Zeit fürs Nachtlager gekommen war. Alle Fahrzeuge legten sich nebeneinander, behende sprangen die Voyageurs hinaus. Mit vereinten Kräften zogen sie den Bug der Boote aufs Geröll und banden sie außerdem mit einem Strick an den nächsten Baum.

Weil es zuviel Mühe gemacht hätte, jedesmal wieder mit Stahl und Stein Feuer zu schlagen, befand sich in jedem Kanu ein Topf mit glimmender Holzkohle. Man brauchte die Glut auch unterwegs zum Anzünden der Tabakspfeife. Nun wurden damit die Lagerfeuer entfacht, eines für jede Mannschaft aus jedem Boot.

Rußgeschwärzte Kochkessel hingen über den Flammen. Als Stützen dienten Dreibeine aus Eisenstäben, die man für den Transport zusammenklappte. Im Kessel brodelte ein Gemisch aus scharf gesalzenem Schweinefleisch, Erbsensuppe und Räucherspeck. Mit ihrem Eßnapf von erstaunlicher Größe stellten sich die Bootsleute daneben. Die Zuteilung war Sache des Steuermanns. Er schöpfte mit mächtiger Kelle und warf deren Inhalt klatschend in die Gefäße.

»Und wie schmeckt's dem jungen Herrn?« erkundigte sich James Finlay.

»Eigentlich ganz gut, nur ... ich finde, es ist zu viel Fett in der Brühe.«

»Gerade das verlangen die Voyageurs und bekommen's auch. Für uns Junior-Clerks gibt's keine Extrawurst. Nur die Bourgeois schlucken was Besseres ...«

»Die Bourgeois ... das heißt doch Bürger, sind wir denn keine Bürger von Kanada?«

»Nein, Alec, du bist kein Bourgeois. Aber mit viel Fleiß und noch mehr Glück kannst du vielleicht mal einer werden ... ich meine Teilhaber in einer Pelzkompanie. Wir sagen dazu Partner oder Mitinhaber, die Voyageurs nennen uns Bourgeois.«

»Ich verstehe, Sir, ich danke für die Erklärung.«

Frobisher schüttelte den Kopf.

»Du verstehst noch gar nichts, mein Junge, aber mit der Zeit wirst du lernen, was die Unterschiede auf so 'ner Reise bedeuten. Sei freundlich zu den Voyageurs, aber hilf ihnen nicht. Das ginge ihnen ganz gegen den Strich. Du ißt mit ihnen, und du schläfst neben ihnen, aber niemals wirst du zu ihnen gehören. Die sind ein vollkommen anderer Menschenschlag, weder besser noch schlechter als wir ... nur eben ganz und gar verschieden.«

»Jawohl, Sir, ich werde mich danach richten.«

Man hatte keine Zeit für das umständliche Aufschlagen eines Lagers mit Feldbett und Klapptisch. Die wenigen Stunden an Land brauchte man für das hastige Essen und den kurzen Schlaf.

Schon anderthalb Stunden nach Mitternacht wurde geweckt. Gleich prasselten wieder die Flammen, und die Kessel brodelten aufs neue. Maisbrei wurde gekocht, mit Schmalz und kleingeschnittenem Trockenfleisch. Dazu bekam noch jeder eine Handvoll Schiffszwieback, so hart und trocken wie Stein.

»Steck sie dir in die Tasche«, riet James Finlay, »unterwegs kannst du dran knabbern. Mittagessen wird nicht serviert, bis zum späten Nachmittag bleibt unsere Flotte in Fahrt.«

»Und die Voyageurs, halten sie das aus?«

»Die halten noch viel mehr aus, mein Bester. Aber du mußt dich dran gewöhnen, daß es beim Essen überhaupt keine Abwechslung gibt. Maisbrei, Schmalz und Zwieback am Morgen, Pökelfleisch mit Erbsen und Speck zum Abendessen ... niemals was anderes, immer dasselbe. Dafür erleben wir in Grande Portage eine Reihe von Festen, daß uns fast der Bauch platzen wird.«

Um zwei Uhr früh, noch bei völliger Dunkelheit, stießen die Boote wieder ab. An einer langen Stange hing vor jedem Kanu ein großer Drahtkorb. Darin brannte ein Feuer, das den Wasserweg beleuchtete. Mehr war nicht nötig, Sylvester L'Arronge kannte den Fluß seit über dreißig Jahren, auch die meisten Voyageurs hatten ihn schon viele Male befahren. Ein Boot folgte dicht hinter dem anderen, so konnten sich die Steuerleute gegenseitig vor treibenden Baumstämmen warnen.

Nur zwei Handbreit ragten die Boote aus dem Wasser. Sie waren sieben Meter lang und alle von gleicher Beschaffenheit. Aus einem zusammenhängenden Stück Birkenrinde bestand die Außenhaut, innen verschalt durch Schindeln der kanadischen Zeder. Ein Gerüst aus Weidenästen sowie die Bordkanten aus Eschenholz gaben den Kanus Form und Festigkeit. Zum Dichten eines Loches oder zum Flicken eines Risses befanden sich Lederschnüre und Kiefernharz in jedem Boot. Nur 150 Pfund betrug das Gewicht eines solchen Fahrzeuges, aber 3000 Pfund konnte es transportieren, dazu noch acht Voyageurs und zwei Passagiere.

Diese Rindenboote waren eine Erfindung der Indianer, wohl die beste indianische Erfindung überhaupt. Bei den Rothäuten gab es verschiedene Typen, je nach dem Zweck ihrer Verwendung.

Schon ein flüchtiger Blick auf die Landkarte genügt, um zu erkennen, daß von der Ostküste bis hin zu den Rocky Mountains ganz Kanada von Strömen, Flüssen und Nebenflüssen durchzogen wird. Die Seen des unermeßlichen, bis zum heutigen Tag nicht restlos erforschten Landes sind kaum zu zählen. Einige von ihnen würde man als Meere bezeichnen, hätten sie nur salziges statt süßen Wassers. Fast alle stehen miteinander in Verbindung, Flüsse führen hinein und wieder heraus, um in andere Seen zu strömen. Wer sich auskennt in diesem Labyrinth der Gewässer, kann viele tausend Meilen weit im Boot zurücklegen. Somit verfügten die Eingeborenen über weit bessere Straßen als unsere Vorfahren in Europa. Das Netz der indianischen Wasserwege war enger, wenn auch verschlungener als die Verkehrsverbindungen der zivilisierten Völker in damaliger Zeit. Dabei ist noch zu bedenken, daß es vor dem Eindringen des weißen Mannes in Amerika keine Pferde oder sonstigen Zugtiere gab. Die kanadischen Indianer waren ganz und gar auf ihre Kanus angewiesen.

Aber ihre Boote mußten so leicht wie nur möglich sein. Denn immer wieder sperrten Strudel, Stromschnellen und Wasserfälle die freie Fahrt. Bei all diesen »Portagen« wurde es notwendig, das Kanu an den Hindernissen vorbeizutragen. Man mußte es entladen, auf die Schulter nehmen und zum nächsten schiffbaren Wasser schleppen, ebenso das Gepäck, in handliche Ballen verpackt.

Langsam dämmerte der Tag, eines nach dem anderen wurden die Feuer in den Drahtkörben gelöscht. Nun merkte ein Neuling erst, daß sie auch Wärme ausgestrahlt hatten. Wer nicht das Paddel schwang, hüllte sich in seine Decke. Ein frischer Wind aus Norden ließ die Wälder rauschen und trieb glucksende Wellen gegen die Bordwand.

Der Vorsänger mußte rascheres Tempo anschlagen, damit die Paddel noch flinker flogen. Eine Brise Gegenwind durfte die Flotte nicht aufhalten.

»Jetzt sind's schon über fünfzig Schläge pro Minute«, schätzte Finlay, »die nächste Piepe wird erst in ruhigem Wasser geraucht.«

Kahle Kiesbänke und schilfbewachsene Inseln glitten vorüber. Silberne Fischleiber huschten durchs Wasser, ein Raubvogel stieß hinab und schnappte sich zappelnde Beute. Eine Elchkuh mit ihrem Kalb erschien am Ufer, trat bis zur Brust in den Fluß und tauchte das Haupt hinein. Mit einem Bündel triefender Wasserpflanzen im Maul erschien sie wieder. Das Junge kam heran und nahm sich seinen Teil.

»Das wäre eine gute Gelegenheit für frisches Fleisch«, meinte McKay, »wir haben doch Gewehre dabei?«

»Keine Zeit, mein Freund, keine Zeit«, erwiderte Finlay, »fünfzig Tage fahren wir ungefähr bis Grande Portage, bleiben vier Wochen dort und fahren wieder fünfzig Tage zurück. Nur so lange bleibt unser Wasserweg garantiert eisfrei. Wenn wir trödeln, wenn wir jagen oder fischen, kann uns am Ende der Winter einholen. Alles ist daher verboten, was Zeit kostet . . . auch wenn's nur 'ne halbe Stunde ist.«

Bald tauchten die ersten Klippen auf. Sie spalteten den Strom, zwangen ihn, durch quirlende Engpässe zu fließen. Spritzwasser kam über, Gischt prickelte in die Gesichter der Voyageurs. Weit vorne rief der Brigadier ein Kommando, das nur die Paddler verstanden. Mit bewundernswerter Präzision schwenkten sie das Kanu quer zur Strömung. Der junge McKay glaubte schon, es würde umschlagen, so rasch geschah diese Bewegung. Aber gleich danach glitt das Boot in einer Bucht auf sandigen Strand.

»Wir machen jetzt einen hübschen Spaziergang«, erklärte Finlay, »nimm nur deine Tragtasche mit, alles übrige besorgen die Paddler.«

Schon lösten sie die Verschnürungen, zogen das Segeltuch von der Ladung und hoben die Ballen hinaus. Jeder Mann wußte, was er zu tun hatte. Mit flinken Händen legten die Voyageurs breite Lederriemen um die Gepäckstücke, dann half einer dem anderen, die Last auf den Rücken zu packen. Der Träger schob das Lederband um seine Stirn, stemmte den Kopf nach vorn und marschierte los. Kein Wunder, daß die Männer so stiernackig waren. Im Laufe der Zeit hatte sich nicht nur die Muskulatur ihrer Arme und Brust stark entwickelt, die Schlepperei an den Portagen gab auch ihrem Nacken einen faustdicken Wulst. Sie gingen gebeugt und trugen die hundert Pfund eines Ballens ohne sichtbare Anstrengung. Sie trugen auch Fässer und prallgefüllte Körbe. Wer die doppelte Last beförderte, brauchte die Portage nur zweimal zu begehen.

Oberlauf des Athabasca-River

Moschusochsen in der nordkanadischen Tundra

Festen Fußes schritt die Kolonne der 288 Träger über die Portage, alles zusammen wanderte eine Ladung von 60 Tonnen um die Stromschnellen, was ungefähr der Fracht von zehn modernen Fernlastern auf der Autobahn entspricht. Der Weg, den sie nahmen, war nur notdürftig ausgeschlagen. Er führte über Steine und Geröll, durch tiefe Pfützen und feuchtes Gestrüpp. Er ging am Hang hinauf, danach eine halbe Stunde über weichen Waldboden, dann wieder hinunter an den Fluß. An zwei oder drei Stellen führte der Steig so dicht am Wildwasser entlang, daß ein falscher Schritt nicht nur Absturz, sondern auch meist den sicheren Tod bedeutete. Nur drei Kilometer betrug die Länge der Portage, aber weil sie schwer zu begehen war, brauchten die Träger jeweils anderthalb Stunden. Sie setzten ihre Lasten unterwegs nicht ab, weil es zu umständlich war, sie hinterher wieder aufzunehmen.

Erst zuletzt hoben die Voyageurs ihr leeres Kanu aus dem Wasser. Es wurde umgedreht, dann hochgehoben und zwei Männern, die schnell daruntertraten, auf die Schultern gelegt. Weil deren Köpfe darin verschwanden, sahen Boot und Träger aus wie ein vierfüßiges Tier, das hurtig davonlief.

Bevor man die Boote wieder belud, wurde jedes nach Schäden abgesucht. Zeigte sich irgendwo ein Riß oder nur die kleinste schadhafte Stelle, erfolgte sogleich eine sorgfältige Reparatur.

»Wie oft müssen wir denn über Land?« erkundigte sich Alexander McKay.

»So genau kann's niemand sagen, es hängt vom Wasserstand ab. Nach der Schneeschmelze und wenn's viel geregnet hat, gibt es manchmal über vierzig Portagen bis zum Huron-See. Aber vielleicht haben wir diesmal Glück und können die Boote an Stricken über ein paar Stromschnellen ziehen.«

»Wir können Gott danken«, erinnerte Malcolm MacLean, »daß die Zeiten vorbei sind, als gerade an den schlimmsten Stellen eine Bande von Irokesen im Hinterhalt lag. Da schwirrten Pfeile, mein Junge, und da blitzten Tomahawks. Und wenn der Himmel nicht half, riß dir ein rascher Schnitt das Haar mitsamt der Haut vom Kopf. Gerade so weißblondes Haar, mit dem du herumläufst, das war für die Iros der schönste Skalp.«

Er solle doch dem Jungen keine Angst machen, mischte sich Gregory ein, von den Irokesen sei schon lange nichts mehr zu befürchten. Das wußte McKay und beteuerte, er hätte überhaupt keine Angst vor Indianern.

»Dann lies mal die alten Berichte von Pierre Radisson«, sagte MacLean, »dann bekommst du noch heute Angst. Was die Bluthunde der Wildnis mit Feinden gemacht haben, die lebend in ihre Hände fielen ... dieses langsame Totquälen am Marterpfahl, wenn man davon liest, dreht sich auch dem tapfersten Mann der Magen um!«

Alec McKay hätte gern noch mehr gehört, aber gerade meldete Sylvester L'Arronge, die Flotte sei wieder bereit zur Abfahrt.

»An Bord, meine Herren«, rief MacTavish, dessen Ungeduld wieder erwachte, »vertrödeln Sie nicht länger unsere kostbare Zeit!«

Eines nach dem anderen schossen die Kanus in den Strom. Nun, da die Sonne aus wolkenlosem Himmel strahlte, leuchteten die Ornamente am Bug. Es war indianischer Brauch, jedes Boot mit grellfarbigen Zeichen zu bemalen. Sie stellten in stilisierter Form die Umrisse von Fischen, Vögeln und Schlangen dar, auch die Häupter von Elch, Bär und anderem Getier. Die Voyageurs hatten dies den Indianern nachgemacht, für die solche Malerei ein Totemzeichen war, das ihre Schutzgeister freute und böse Geister vertrieb. Für die weißen Männer hatte es den Vorteil, daß man ein bestimmtes Boot schon aus großer Entfernung gut erkannte.

Wieder begann ein Lied der Voyageurs, und die Paddel tauchten ein. Die rasche Fahrt ging weiter, vergessen war die erste Portage, es folgten ja noch viele andere. Erst eine Tagereise war geschafft, noch vierzig bis fünfzig Tage mußte man schuften, bevor man das ferne Ziel erreichte.

Warum denn gar keine Engländer oder Schotten zu den Voyageurs gehörten, wollte Alec wissen.

»Weil's eben die Franzosen sind, denen wir Kanadas Erschließung bis fast an die Rocky Mountains verdanken. Du weißt doch, erst 1762 mußten die Franzosen ihr Lilienbanner einziehen. Fast hundertfünfzig Jahre lang waren sie die Herren der riesigen Kolonie und sind fabelhaft weit nach Westen vorgedrungen ...

sehr viel weiter als unsere Landsleute in Neu-England [1]. Als Kanada vor sechsundzwanzig Jahren britisch wurde, haben nur die Amtspersonen und die großen Geschäftsleute das Land verlassen, von den anderen Franzosen sind mehr als fünfzigtausend geblieben, darunter alle Handwerker, die kleinen Farmer und natürlich die Waldläufer. Wir sind noch Fremde im Hinterland, eigentlich gehört's noch immer den Franzosen. Unsere Kompanien sind nur die Nachfolger der französischen Pelzhändler. Wir haben deren Außenposten übernommen mitsamt dem ganzen Handelssystem. Und dazu gehörten auch die Voyageurs. Ohne die könnten wir nicht viel machen, uns fehlen solche Leute. Was sie leisten und verstehen, kann sobald kein anderer lernen. Dazu gehört wohl die Übung von ein paar Generationen. Wir sind Neulinge im Wilden Westen, Alec, ganz offen und ehrlich gesagt sind wir nicht viel weiter gekommen als die Franzosen. Die waren schon vor fünfzig Jahren am äußersten Rand der bekannten Welt...«

»Aber dein Vater hat doch ...«

»Mein Vater war 'ne Ausnahme, Alec, der kam schon 1767 als erster Schotte bis fast zu den Rockies und übernahm das sogenannte ›Fort des Prairies‹ von den Franzosen. Von dort aus hat er verschiedene Flüsse entdeckt.«

»Sicher gibt's nichts Schöneres, als Entdeckungen zu machen«, sagte McKay in ehrlicher Überzeugung.

»Was hast du schon davon? Beim Pelzgeschäft kann viel mehr herausspringen... lieber werd' ich Partner bei Gregory. Was Mackenzie geschafft hat, kann unsereins womöglich auch schaffen.«

Es war der Traum eines jeden Junior-Clerks, zum Bourgeois aufzusteigen. Dieser Traum lag durchaus im Bereich der Erfüllung, denn die aufstrebenden Pelzkompanien boten ihren jungen Leuten eine Chance, wie es im Geschäftsleben damaliger Zeit kaum eine andere gab. Nach dreijähriger Lehrzeit im Kontor wurden sie bei Bewährung Junior-Clerks. Die besonders Tüchtigen schickte man

[1] Die heutigen USA-Staaten Maine, New Hampshire, Vermont, Massachusetts, Rhode Island und Connecticut waren bis 1776 britische Kronkolonien mit einem gewissen Maß von Selbstverwaltung. Seit der Unabhängigkeitserklärung gehören sie zu den Vereinigten Staaten von Amerika.

zu einer Station in die Wildnis, wo sie dem dortigen Postenchef zur
Hand gingen. Wenn sie dort alle ihre Pflichten tadellos besorgten,
wurden sie Clerks. Bewährten sie sich auch weiterhin, bekamen
sie ihren eigenen Distrikt, waren also Leiter eines Außenpostens.
Dann hing alles davon ab, ob sie mehr Felle als ihre Vorgänger
brachten. Dazu mußten sie neue Fanggebiete erschließen und fast
ständig bei den Indianerstämmen ihres Distrikts unterwegs sein,
der oft um vieles größer war als ein Königreich in Europa. Gelang
es ihnen, den Gewinn so weit zu erhöhen, daß sie ihrer Gesellschaft unentbehrlich schienen, wurden sie zum Partner befördert.
Damit war aus dem Angestellten ein Mitinhaber, also ein Bourgeois,
geworden. Für einen Mann ohne eigenes Kapital war das ein wah-
res Wunder. Alle Lehrlinge hofften darauf, aber nur wenige erreichten das Ziel. Das große Beispiel Alexander Mackenzies, der
mit fünfzehn Jahren, ohne einen Penny in der Tasche, bei der
Gregory-Company begonnen hatte, stand jedem Junior-Clerk vor
Augen. Binnen sechs Jahren hatte Mackenzie es vom Lehrling des
Pelzhandels zum Bourgeois gebracht. Er hatte Sitz und Stimme im
Aufsichtsrat und war Teilhaber John Gregorys, also ein Mann mit
Vermögen und großem Einfluß.

»Du wirst ihn kennenlernen«, versprach James Finlay, »er
leitet unseren Außenposten am Churchill-River. Beim Rendezvous
in Grande Portage darf ein Mann wie er nicht fehlen. Soviel ich
weiß, ist Mackenzie noch immer der jüngste Partner von allen, erst
fünfundzwanzig Jahre alt oder so ungefähr.«

20

An diesem Tage hatte die Flotte freie Fahrt, erst am nächsten mußte man die zweite Portage überwinden. Ein anderes Wildwasser, das sonst einen Fünfkilometerweg über Land erzwang, machte diesmal wenig Schwierigkeiten. Man konnte die beladenen Boote an langen Lederleinen hindurchziehen. Bis zum Gürtel und oft bis zur Brust wateten die Voyageurs im eiskalten Wasser. Die Leinen um ihre Hüften geschlungen, stemmten sich die Männer gegen die schäumende Strömung, klammerten sich an die Felsen und zogen Schritt für Schritt ihre Kanus durch die Strudel. Über zwei Stunden dauerte die große Anstrengung, dann war man hindurch. Über Land hätte der Transport die dreifache Zeit gedauert.

»Dafür bekommt jeder Mann einen Extrabeutel vom besten Tabak«, erklärte MacTavish, als man wieder ruhiges Wasser erreichte.

»Vive le Marquis«, brüllten pflichtschuldigst die Voyageurs, obwohl sie wußten, daß seine Stiftung nur dem üblichen Brauch entsprach.

Warum sie ihn »Le Marquis« nannten, fragte Alexander McKay, ein so hohes Adelsprädikat hätte er doch gar nicht.

»Das ist sein Spitzname, weil MacTavish immer so tut, als wäre die Northwest ein Fürstentum, das ihm allein gehört. Die Voyageurs können sich alles erlauben, von ihnen läßt er sich den Beinamen gefallen. Aber wenn wir vom ›Marquis‹ reden, darf er nicht in der Nähe sein.«

Zwölf Tage und Nächte vergingen, bis die Flotte den Ottawa-Fluß verlassen konnte. Die sechsunddreißig Kanus bogen in den Mattawa ein, der viel schmäler war und sie mehrmals am Tag zu Portagen zwang. Eine knappe Woche später erreichten sie den großen Nipissing-See, paddelten einige Tage auf stillem Wasser an seinem Westufer entlang und kamen zum »Fluß der Franzosen«. Dessen Name stammte von Samuel Champlain, dem ersten Gouverneur Neu-Frankreichs, wie Kanada unter französischer Herrschaft hieß. Champlain hatte diesen Fluß im Jahre 1614 entdeckt und war auf seinem Rücken als erster weißer Mann zu den »Süßen Meeren« des Westens vorgestoßen. Mehr als anderthalb Jahrhunderte waren seitdem vergangen, aber noch immer schien die Wildnis unberührt.

Nur hin und wieder tauchte die Blockhütte eines Waldläufers auf, selten ein Handelsposten am Ufer. Wenn er zur Northwest- oder Gregory-Company gehörte, hielt man dort kurze Rast. Die Bourgeois ließen einige Ballen Tauschwaren entladen, schauten in die Bücher ihres Angestellten und stiegen gleich wieder in die Boote. Erst auf dem Rückweg wurden die angehäuften Felle mitgenommen.

Dörfer der Eingeborenen tauchten auf und verschwanden wieder. Bei nächtlichen Fahrten sah man das Glühen ihrer Lagerfeuer und hörte das Gebell der halbwilden Wachhunde. Bei Tag glitten leichte Rindenboote der Indianer heran, um während der Fahrt ein paar Felle gegen Pulver und Blei zu tauschen. Gewiß kein großes Geschäft, aber es lag MacTavish daran, die guten Beziehungen zu pflegen. Nur duldete er nicht, daß die fremden Indianer an Bord kamen, es hätte die Paddler zu sehr gestört.

Auf dem Franzosenfluß ging es schneller dahin als je zuvor, denn nun trieben die Kanus mit der Strömung. Doch leider gab es auch hier Portagen, von denen manche einen vollen Tag kosteten. Nur einzelne Männer ließen sich noch doppelte Last aufpacken, denn sie sanken bis über die Waden im tiefen Morast ein. Alle waren von Herzen froh, als sie wieder im Kanu saßen und die Last vom Boot statt vom eigenen Rücken getragen wurde.

»Le Lac...« rief da eines Morgens der Brigadier, »voilà le Grand Lac!«

Alle Voyageurs stimmten ein, der Ruf ging von Boot zu Boot.

»Gleich sind wir im Huron-See«, freute sich Finlay, »dann haben wir freie Fahrt bis Grande Portage. Während der nächsten Wochen brauchen unsere Leute nichts mehr zu schleppen.«

Was Alexander McKay kurz erblickte und schon für die ganze Weite des Huron-Sees hielt, war nur ein kleiner Teil des Binnenmeeres, nämlich die Georgen-Bucht. Viel früher als sonst legte die Flotte an, den schwierigsten Teil ihrer langen Reise hatte sie überwunden. Zur Feier des Tages ruhten die Paddel schon drei Stunden vor Sonnenuntergang.

Die Festung am Tauben-Fluß

La Grande Portage war der wichtigste Handelsplatz im Westen der kanadischen Wildnis. Fünfzehnhundert Kilometer Luftlinie trennten ihn vom Rande der Zivilisation, aber ungefähr die doppelte Entfernung mußte man über die vielgewundenen Wasserwege zurücklegen, um von Montreal hin zu gelangen. Hier erst begann das eigentliche Reich der wertvollen Pelze, jener sagenhafte Nordwesten, aus dem die allerbeste Qualität stammte. Zu diesem grenzenlosen Territorium, von dem man nur die wichtigsten Wasserläufe kannte, war Grande Portage der Eingang. Wer von Montreal hier ankam im Bewußtsein, eine lange Reise hinter sich zu haben, mußte in Portage erfahren, daß von hier aus die Fahrt bis zum letzten Außenposten noch länger dauerte und viel anstrengender war. Zweitausend Kilometer Luftlinie betrug noch die Entfernung zum Athabasca-See oder Red River. So weit reichten die Handelswege der Northwest- und Gregory-Company, selbst dort besaßen sie noch ein paar Stationen. Einsame Blockhäuser waren es, umgeben von Palisaden und verwaltet von einem Postenchef mit seinem Gehilfen. Nur einmal im Jahr fuhr der Chef oder sein Clerk nach Grande Portage. Er brachte seine Pelze dorthin und nahm neuen Vorrat an Tauschwaren in Empfang. In Grande Portage trafen sich die Partner aus dem Nordwesten mit ihren Partnern aus dem Osten, die »Wintermänner« aus ferner Wildnis mit den Herren aus Montreal am Lorenz-Strom. Grande Portage war das Bindeglied zwischen beiden Welten.

Peter Pangmann und John Ross, beide Teilhaber John Gregory's, hatten vor einigen Jahren Grande Portage erbaut und dafür den denkbar besten Platz gewählt. Wie schon der Name sagt, lag der Handelsposten an einer großen Portage. Um vom nordwestlichen Ufer des Obersees ins Hinterland zu kommen, führte der beste Weg über den Tauben-Fluß [1]. Aber schon gleich oberhalb seiner Mündung ins weite Binnenmeer begann eine Kette von Katarakten und Stromschnellen. Kein Kanu konnte sie bezwingen, die wilden Wasser hätten es sofort in Stücke geschlagen. Über einen Landweg von sechzehn Kilometer Länge mußte man Boote und Lasten an diesem Hindernis vorbeitragen. La Grande Portage war wirklich eine sehr große Portage. Es kam noch hinzu, daß sich die Kanus der Montreal-Brigade nicht so gut für die Weiterfahrt eigneten wie kleinere Boote mit geringerem Tiefgang. Denn die Wasserwege zum Lake of the Woods, zum Rainy Lake und Winnipeg-See, erst recht zum Athabasca-See und Churchill-River waren oft sehr schmal und vielfach kaum einen halben Meter tief. Deshalb mußte man die Fahrzeuge in Grande Portage wechseln und die Lasten neu verteilen. Überdies wurde auch die Mannschaft hier gewechselt. Denn man brauchte die Voyageurs aus Montreal für die Rückfahrt ihrer eigenen Flotte, außerdem hatten sie keine Erfahrung mit der schwierigen Wasserfahrt jenseits der großen Portage.

»Pays-en-haut« wurde der Nordwesten genannt, dem Sinn nach »das Land dort oben«. Allein den »Wintermännern« war es vorbehalten. So hießen die Voyageurs der Außenposten, weil sie auch während des Winters in der Wildnis blieben. Dann wurden sie zu Jägern und Fallenstellern, versorgten die Station ihres Postenchefs mit Wildbret und Feuerholz, fischten durch Eislöcher, gerbten die Felle und machten sich auf jede Weise nützlich. Geringer an Zahl als die Paddler aus dem Osten, waren auch sie ein besonderer Menschenschlag, härter, rauher und widerstandsfähiger als ihre Kollegen der Montreal-Brigade. Weil die Beförderung von Mehl, Mais und Pökelfleisch bis hinauf ins Pays-en-haut viel zu weit und zu teuer war, mußten sie aus dem Lande leben. Sie bekamen nur Tabak und Branntwein von ihrer Kompanie, alles übrige beschafften sich die Wintermänner selbst. Verächtlich nannten sie die Voyageurs aus dem Osten die »Schweinefleischfresser« und hielten nicht viel von deren Tüchtigkeit. Sie waren

[1] Pigeon-River, heute in jener Gegend der Grenzfluß zwischen Kanada und den USA.

fest davon überzeugt, daß sich an Kraft, Kühnheit und Ausdauer niemand mit einem Wintermann aus dem Pays-en-haut vergleichen ließ.

Für die wildwestlichen Begriffe damaliger Zeit war Grande Portage eine bewundernswerte Anlage. Eine schöngeschwungene Bucht und dahinter ein Halbkreis sanft ansteigender Hügel bildeten den landschaftlichen Rahmen. Die Festung selber lag in der Mitte einer weiten, grünen Lichtung, die sich zum Seeufer öffnete. Zehn Meter hohe Palisaden aus kerzengeraden Fichtenstämmen umgaben den Innenhof. Etwa hundert Schritt betrug auf allen vier Seiten die Länge der Holzmauer. An jeder Ecke erhob sich ein Turm aus starken Balken, mit einer tonnenschweren Kanone bestückt. Hinter der Palisadenwand verlief ein Wehrgang. Wurde die Festung angegriffen, stand dort die Besatzung an den Schießscharten, ein Mann im Abstand von etwa zehn Metern neben dem anderen. Von der Holzmauer geschützt, konnten die Verteidiger das ganze Vorfeld überschauen. Um sich auch der Brandpfeile zu erwehren, hatte man allenthalben Wasserkübel aufgestellt. Abflußrinnen, durch die Fichtenmauer hinausgebaut, erlaubten im Notfall, jede Stelle der Palisade zu bewässern. So war es nicht möglich, das Fort in Brand zu schießen. Im Maul der Kanonen steckten keine runden Kugeln, sondern zerhacktes Blei. Jeder Schuß konnte auf kurze Entfernung ein Dutzend Angreifer niedermähen.

Hinter den hölzernen Mauern drängten sich viele Gebäude zusammen. Aus ihrer Mitte erhob sich, alle anderen überragend, das dreistöckige Hauptgebäude. Es enthielt den großen Beratungsraum der Pelzhändler, einen noch größeren Festsaal, ungefähr zwanzig Gästezimmer und Schreibstuben sowie eine Küche, die imstande war, während des Rendezvous zweihundert Personen im Saal und die vierfache Anzahl im Freien zu verköstigen. Die Unterkünfte der Besatzung und Quartiere für die Schreiber, Dolmetscher und fremden Besucher schlossen sich an. Magazine, Werkstätten und Lagerschuppen lehnten sich von innen her an die Palisaden.

Grande Portage war eine kleine, engbegrenzte Welt für sich, so weit wie nur irgend möglich von der Außenwelt unabhängig. Die

Festung verfügte über ihre eigene Schmiede, Bäckerei und Bootswerft, sie hatte einen Arzt, Hospital und Apotheke, zwei Geistliche und zwei Kapellen für die Anglikaner und Katholiken. Draußen dehnten sich Felder und Weiden, drinnen lagen die Stallungen für das Vieh, die Schafe und Schweine. Es gab ein paar hundert Hühner, aber nur ein einziges Pferd. Es gab eine Sägemühle und eine Windmühle, den Pulverturm und das Waffenarsenal. Es fehlte nichts, was Europäer brauchten, um jahrelang in der Wildnis relativ gut zu leben.

Ein ehemaliger Offizier, Charles Pentley mit Namen, war Kommandant des Forts. Als ständige Besatzung hatte er fünfundvierzig Mann zu seiner Verfügung, teils ausgediente Soldaten, teils Handwerker, Jäger und junge Burschen für die Landwirtschaft. Auch sie waren militärisch ausgebildet, und jeder wußte, was er im Notfall zu tun hatte. Nur diese fünfundvierzig Mann, von denen etwa ein Drittel verheiratet war und jeder seine Familie bei sich hatte, verbrachten den Winter in Grande Portage, als Bewacher des Sammelplatzes.

Gemeinsam hatten die Northwest- und die Gregory-Company eine regelrechte Landstraße angelegt, auf der man die Stromschnellen am Tauben-Fluß umfahren konnte. Dafür standen Ochsengespanne zur Verfügung, die auf schwerfälligen Karren die Lasten beförderten.

Schon längst wartete man ungeduldig in La Portage auf die hohen Gäste aus Montreal, brachten sie doch alles, was man brauchte, die Tauschwaren und tausend andere Notwendigkeiten, auch leibliche Genüsse, die man sonst in La Portage nicht kannte. Mit der Montreal-Brigade kam lang ersehnte Post, die nur einmal im Jahr den Handelsposten erreichte. Die Flotte aus dem Osten war überhaupt das einzige Bindeglied zur übrigen Welt, von der man am Ufer des Obersees so gut wie nichts verspürte. Erst wenn die Brigade aus Montreal eingetroffen war, kamen nach und nach die Postenchefs aus dem Pays-en-haut, begleitet von ihren Voyageurs und den pelzbeladenen Kanus. Oft konnten sie erst Ende Mai aus dem bitterkalten Nordwesten aufbrechen, weil bis dahin noch Eis und Eisschollen den Wasserweg blockierten.

Auch in diesem Jahr waren als die ersten Gäste die indianischen Abordnungen bei Grande Portage erschienen. Sie kamen zu Besprechungen mit den Handelsherren, aber mehr noch, um Geschenke abzuholen und Feste zu feiern. Sie erwarteten gute Bewirtung mit großzügigem Ausschank von Feuerwasser. In jedem Jahr mußten die Pelzhändler aufs neue ihre Freundschaft mit den Häuptlingen bekräftigen. Hielt man die Führer jener Stämme, mit denen man so einträglichen Handel trieb, nicht bei guter Laune, brachten sie ihre Felle zum gefährlichsten Konkurrenten von Grande Portage, nämlich zur Hudson-Bay-Company, deren Handelsposten an der Hudson-Bucht lagen und durchs Nördliche Eismeer direkte Schiffsverbindung nach England hatten.

Zum großen Rendezvous kamen die Häuptlinge der Ojibwas vom Nipigon-See und vom Albany River, es kamen Abordnungen der Crees aus dem Norden und der Montagnais aus dem Westen. Stammesführer der Chipewyans und Assiniboines reisten nach Grande Portage, sogar Pottawatomies vom Michigan-See und Illinois aus dem Reiche der Prärie. Sie legten unglaublich weite Strecken zurück, um keinen dieser wildbewegten Tage zu versäumen. Bald kampierten in buntbemalten Wigwams oder schnell gebauten Sommerhütten vierhundert und noch mehr Rothäute vor den Palisaden der Festung. Ihre federleichten Kanus aus Birkenrinde bedeckten den Strand, der Rauch ihrer Lagerfeuer schwebte über der Siedlung. Alle Indianer trugen ihre Festkleidung aus hellem, gegerbtem Leder, bestickt mit gefärbten Federkielen und geschmückt mit mancherlei Ornamenten. Der Rang eines jeden Kriegers war aus der Zahl von Adlerfedern zu ersehen, die er in seine Skalplocke geflochten hatte. Die prachtvolle Federkrone stand nur den Häuptlingen zu. Bei den Führern großer Stämme fielen die beiden Streifen fast bis zum Boden. Die Gesichter waren kaum zu erkennen. Denn wie es sich bei so wichtigen Besuchen gehörte, trug jeder Indianer die Festbemalung seiner Sippe. Fingerbreite Streifen in glühendem Rot, schillerndem Goldgelb und dunklem Violett verbargen die kupferbraune Haut. Schwungvoll weiß schraffiert waren die Ojibwas, während die Crees geometrische Muster in Grün, Weiß und Ockergelb bevorzugten. Die Mode

wechselte bei den Stämmen, jede Saison brachte Überraschungen [1].
Die Assiniboines kamen zuerst, denn ihr Weg war am kürzesten.
Sie kampierten unmittelbar am Strand, in wenigen Stunden war
ihr einfaches Lager aufgeschlagen. Ein paar abgeschabte Hirsch-
häute spannten sie über ihre Zeltstangen, schleppten die Schlafdecken hinein und fühlten sich zu Hause. Tief lagen die Rindenboote der Ojibwas im Wasser, als sie in Grande Portage eintrafen. Denn sie brachten eine große Menge geräucherter Fische
mit, um sie den Weißen zu schenken — natürlich, damit sie selber
besonders reich beschenkt würden. Lachend und schwatzend schlugen sie ihr Lager links von der Festung auf, etwa hundert Schritte
vom Waldrand entfernt. Schon im letzten Jahr hatten sie gut verdient. Davon zeugten die Schnüre bunter Glasperlen, die fast jeder
Krieger um den Hals trug. Sie gaben sich viel Mühe beim Aufrichten ihrer Wigwams. Das Gerüst wurde mit frischer Birkenrinde
umkleidet statt mit Tierhäuten.

Die Flottille der Crees glitt den Tauben-Fluß hinab, in siebzehn
schlanken Kanus, aber dann mußten sie zu Fuß die Stromschnellen
umgehen. Ihre Zelte aus gebleichter Elchhaut standen auf einer
Sandbank am Fluß, umgeben von einem Dornenverhau, damit
sich kein ungebetener Gast zu ihnen verirrte. Ganz anders die
Pottawatomies, ein friedliches und freundliches Volk, denen
Geselligkeit ein Bedürfnis war. Sie erschienen fast gleichzeitig mit
den Illinois und blieben in deren Nähe. Die Häuptlinge waren
befreundet, gleich am ersten Abend saßen sie rauchend beisammen.

[1] Eigentlich ist es völlig falsch, die nordamerikanischen Indianer als »Rothäute« zu bezeichnen. Denn ihre Hautfarbe zeigt nur Hellbraun, Dunkelbraun
oder Kupferbraun, von rötlichem Schimmer kann in Wahrheit keine Rede
sein. Ursprünglich war mit der »Roten Haut« auch gar nicht die natürliche
Haut gemeint, sondern ihre Bemalung. Als die ersten britischen und französischen Seefahrer die Insel Neufundland vor der kanadischen Ostküste erreichten, stießen sie dort auf den — inzwischen ausgestorbenen — Indianerstamm
der Beothuks, die sich ihr Gesicht mit hellroter Farbe anstrichen. Nur daher
stammt die Bezeichnung, hat sich aber später für alle Indianer so nachhaltig
eingebürgert, daß sie nicht mehr zu ändern ist. Genauso falsch wie »Rothaut«
ist ja auch die Bezeichnung »Indianer«. Nur weil Kolumbus seinerzeit glaubte,
er habe Indien erreicht, als er in Wirklichkeit Amerika entdeckte, nannte er die
Einwohner »Indios«, auf deutsch »Indianer«. Und dabei ist es geblieben.

Zum ersten Male erschienen in diesem Jahr auch die Sioux. Sie hatten die weiteste Anreise, denn sie kamen aus der Prärie westlich des Mississippi. Da sie selber keine Boote besaßen und auch nicht verstanden, damit umzugehen, hatten sie dem Stamm der Miamis zehnmal hundert Büffelzungen bezahlt, um mit ihnen zu reisen. Seitdem sie Pferde besaßen, waren die Sioux zum besten Reitervolk Amerikas geworden. Sie beherrschten das Grasmeer des Wilden Westens. Mit Hilfe ihrer schnellen Pferde und der Feuerwaffen erlegten sie weit mehr von den mächtigen Bisons, als sie selber brauchten. Deshalb lag ihnen daran, deren Felle gegen die guten Dinge der Weißen einzutauschen.

Sie hatten die schönsten Wigwams, straff gespannt umschlossen die enthaarten Bisonfelle das Gestänge. Jede dieser hellbraunen Häute war mit bunten Figuren bemalt und erzählte eine Geschichte. Da gab es umfangreiche Jagden zu sehen, die Darstellung des berühmten Sonnentanzes oder den Überfall auf einen benachbarten Stamm.

Als letzte indianische Abordnung kamen die Irokesen aus den Wäldern südlich des Erie-Sees. Jeder ihrer sechs Stämme hatte einen Häuptling mit elf Kriegern entsandt, die Mohawks, Oneidas, Onondagas, Cayugas, Senecas und Tuscaroras. Alle zusammen bildeten einen mächtigen Bund, der schon seit fast zweihundert Jahren bestand. Sie waren der Schrecken aller übrigen Stämme, sie hatten die einst so zahlreichen Huronen vernichtet und ihre Jagdgebiete vom Lorenz-Strom bis zum Ober-See ausgedehnt. Auch bei den Weißen galten die Sechs Nationen als äußerst gefährliche Nachbarn. Niemand übertraf sie an Mut und Grausamkeit, niemand an List und Hinterlist. Doch wem es gelang, mit ihnen die Friedenspfeife zu rauchen, der hatte nichts mehr zu befürchten.

Stolz und abweisend errichteten sie ihr Lager am Waldrand. Sie bauten keine Wigwams wie die übrigen Stämme, sondern lange, gewölbte Hütten aus biegsamen Ästen, abgedeckt mit großen Platten aus Baumrinde.

Der Kommandant und die Besatzung von La Portage hatten keine Zeit, sich um die indianischen Gäste zu kümmern. Die verlangten das auch nicht, konnte doch jeder sehen, wie eifrig die weißen Männer und die wenigen Frauen damit beschäftigt waren, alle Vorbereitungen für das große Rendezvous zu treffen. Ein Dutzend Kälber und ein halbes Dutzend Ochsen wurden geschlachtet. Hammel, Schweine und alle jungen Hühner ließen ihr Leben. Die Windmühlen waren Tag und Nacht in Betrieb, das Korn für tausend runde Brotlaibe zu mahlen, jeder einen Durchmesser von einem halben Meter. Alle Schornsteine rauchten, alle Hände rührten sich von Sonnenaufgang bis spät in die Nacht. Es wurde gebuttert und gebacken, gerieben und gestampft. Jäger zogen aus und kehrten mit Wildbret zurück. Fischnetze hingen im Fluß, und Fischreusen lagen im seichten Gewässer am Ufer. Man hämmerte in der Festung und schrubbte die Fußböden. Grande Portage machte sich bereit, für einige Wochen gastfreier Mittelpunkt der Wildnis zu werden.

Am Morgen des 11. Juli sichtete einer der Turmposten die heranpaddelnde Brigade. Die vier Kanonen schossen Salut, und alle Gäste, die sich schon in Grande Portage eingefunden hatten, eilten zum Strand.

»Nun, wie gefällt Ihnen unsere Flottenparade?« fragte der Kommandant von Grande Portage einen amerikanischen Landvermesser, der eben aus Washington angereist war, um die noch völlig unklare Grenze zu erkunden.

»Ich find's fabelhaft, Mr. Pentley, solche großartigen Ruderknechte habe ich noch nie gesehen.«

»Ruderknechte . . .? Lassen Sie das um Himmels willen niemanden hören, Mr. Redcliff, wenn Sie Wert auf heile Knochen legen. Das sind keine Ruderknechte, sondern Voyageurs.«

Der Landvermesser entschuldigte sich, ihm war alles vollkommen neu, was mit dem kanadischen Pelzhandel zusammenhing. In den Vereinigten Staaten, die erst seit knapp zehn Jahren bestanden, gab es weder Voyageurs noch Bourgeois und auch kein zusammenhängendes System von Wasserwegen.

»Bin gespannt, die Leute aus der Nähe zu betrachten . . .«

»Dann warten Sie mal erst, Redcliff, bis Sie die Wintermänner sehen, unsere halbwilden Paddler aus dem Pays-en-haut . . . in den nächsten Tagen werden sie kommen.«

Nun waren die Boote schon so nahe, daß man die Passagiere erkannte.

»Die untätigen Leute auf der Sitzbank gehören zu 'ner ganz anderen Klasse«, erklärte Pentley, »das sind die Herren Pelzhändler oder solche, die es werden wollen. Die Bourgeois, ich meine die Mitinhaber der beiden Handelshäuser, können Sie leicht von den Clerks und Junior-Clerks unterscheiden, nämlich am hohen Zylinderhut, den sie tragen. Das Material dazu sind feinste Biberfelle. In Europa kann sich jeder so einen Biberhut aufsetzen, wenn er 's nötige Geld dafür hat. Aber hierzulande, Mr. Redcliff, ist es eine Art von ungeschriebenem Gesetz, daß sich nur die Bourgeois damit schmücken.«

»Verdammt unpraktisch für solch 'ne Bootsfahrt durch die Wildnis.«

»Das find' ich auch«, gab Pentley zu, »aber die Herren bestehen darauf, es ist nun einmal ein Zeichen ihrer Würde.«

Der Kommandant nannte die wichtigsten Namen, als er der Reihe nach den Herren zuwinkte.

»Philipp McCormick und der kleine Hogarty von der Gregory-Company . . .«

»Die haben aber keinen Biberhut?«

»Nein, sind auch nur zwei von den älteren Clerks. Aber im dritten Boot sitzt John Gregory selber, er besitzt vier Anteile seiner Gesellschaft. Nur MacLead, der in Montreal die Stellung hält, hat genausoviel.«

»Wieviel Anteile sind's denn?«

»Bei der Gregory-Company sind es zwanzig, zwölf davon besitzen die übrigen Partner. Sehen Sie, Redcliff, der vorne im ersten Kanu sitzt . . . halb verdeckt von den Voyageurs, das ist der Marquis, eigentlich Simon MacTavish, der große Mann bei der Northwest. Neben ihm sein Freund Angus Shaw, natürlich auch ein Bourgeois, wie Sie schon an seinem Hut erkennen. Wer gleich danach heranschwimmt, das sind zwei Brüder, Thomas und Joseph

Am Fuß der kanadischen Felsenberge

Elchbulle und Elchkuh bei der Winteräsung

Frobisher, gleichfalls Mitinhaber der Northwest. Im fünften . . . nein, es ist das sechste Boot, sehen Sie Malcolm MacLean, Partner von Gregory. Die beiden Biberhüte nach ihm sind wieder Bourgeois von der Northwest.«

»Die Gregory-Company scheint nur schwach vertreten . . .«

»So scheint's, Mr. Redcliff, das ist richtig«, gab Pentley zu, »Gregory hat auch nur halb so viele Leute wie die Northwest, sind aber alle besonders tüchtig. Die meisten davon leben im Pays-en-haut, die werden erst später eintreffen.«

Der Kommandant mußte nun eilen, um MacTavish zu begrüßen, der soeben von zwei Voyageurs ans Ufer getragen wurde, damit seine Füße nicht naß wurden.

»Die Wintermänner noch nicht da?« fragte er als erstes.

»Bisher noch keiner, Sir, aber lange kann's nicht mehr dauern, von den Crees hab' ich gehört . . .«

»Ist gut, Pentley, sie werden schon kommen. Hatten wahrscheinlich wieder Schwierigkeiten mit dem Eis. Aber in zwei bis drei Tagen spätestens brauche ich die Herren.«

Als er dies mit strengem Gesicht gesagt hatte, schritt der »Marquis« den versammelten Häuptlingen entgegen und lächelte ihnen so liebenswürdig zu, wie man es nur selten bei ihm sah. Sogar seinen Biberhut nahm er ab, um den Rothäuten besondere Ehre zu erweisen.

»Das Glück eines Menschen ist groß, wenn er so viele gute Freunde erblickt«, sagte er mit gewinnender Stimme, »meine Boote sind tiefbeladen mit wertvollen Geschenken . . . natürlich auch mit Tauschwaren der besten Qualität. Wir haben manches zu besprechen mit den edlen Häuptlingen, deren Freundschaft uns glücklich macht. Aber erst werden wir essen und trinken, morgen bittet die Northwest zu einem Festmahl.«

Die größere Kompanie mußte auch die größeren Anstrengungen machen, hatte aber auch das Recht, als erste einzuladen.

»Unser Mund ist offen, unsere Kehle ist trocken«, sagte Makupé, Häuptling der Crees vom Nipigon-See, »groß sind die Kochkessel der weißen Freunde, gefüllt sind ihre Fässer mit Feuerwasser.«

Es war die übliche Form, Einladungen anzunehmen.

Danach begrüßte John Gregory die Stammesführer und lud sie zum Festmahl am übernächsten Abend.

»Konnt' ich mir's doch denken«, räsonierte der Marquis, »dann haben die Kerle noch 'nen vollen Bauch von meiner Veranstaltung und saufen werden sie auch viel weniger. Damit profitieren Sie von meinem Fest. Gregory, finden Sie das schön?«

»Sogar sehr schön, MacTavish, denn ich bin ein sparsamer Mann.«

John Gregory wandte sich zu den Voyageurs und dankte ihnen mit lauter Stimme für die gute Fahrt.

»Zwei Faß Rum stiftet die Gregory-Company zur Feier der glücklichen Ankunft.«

Ein freudiges Gebrumm aus dreihundert rauhen Kehlen antwortete. Da stieg MacTavish auf eine leere Kiste, um noch mehr zu bieten.

»Zutiefst beschämt vom Geiz meines ehrenwerten Freundes Gregory, stiftet die Nothwest drei Faß vom besten schottischen Whisky und dazu noch für jeden Mann eine Prämie von sechs Pfund Sterling.«

Die Voyageurs hatten weder mehr noch weniger erwartet. Nach so langer Reise, die ohne Verlust auch nur eines Gepäckstücks beendet war, stand ihnen gute Belohnung zu. Trotzdem ließen sie MacTavish und auch Gregory hochleben.

»Wann gehen die Beratungen los?« erkundigte sich Alexander McKay.

»In zwei bis drei Tagen, wenn die Wintermänner da sind«, gab James Finlay Bescheid, »jetzt wollen wir erst mal ausschlafen ... und zwar in einem richtigen Bett!«

Mitten in der Nacht krachten nacheinander alle vier Kanonen. Kurz darauf wiederholte sich der Spektakel, genügte aber nicht, den jungen McKay aus dem Schlaf zu reißen. James Finlay mußte ihn wachrütteln.

»Steh auf, Alec, sonst versäumst du was . . .«

Der so unsanft geweckte Junior-Clerk meinte, die Festung würde angegriffen.

»Meine Pistole . . . wo hab' ich meine Pistole?«

»Um deine Kopfhaut geht's noch nicht«, lachte Finlay, »die knallen nur so, weil die ersten Wintermänner da sind, gleich zwei Bourgeois auf einmal!«

Es gehörte sich, jeden Postenchef aus dem Pays-en-haut mit vierfachem Kanonenschlag zu begrüßen.

»Hoffentlich können sie's auch hören«, meinte Finlay, »denn wirklich hier sind die beiden noch nicht. Haben nur ein Schnellboot vorgeschickt, um sich anzumelden. Wenn du nicht so herumtrödelst, sind wir noch vor ihnen bei der Portage!«

Auch John Gregory war aufgestanden und die beiden Frobisher, ebenso ihre Clerks. Die Ankunft der ersten Brigade aus dem Pays-en-haut war immer ein großes Ereignis. Sogar MacTavish steckte seinen grauen Kopf aus der Tür und wollte wissen, wen man erwarte.

»William McGillivray und Alexander Mackenzie", sagte ihm der Kommandant, »sie kommen mit elf Kanus.«

»Und kommen beide zusammen?«

»Scheint so, Sir, haben sich wohl unterwegs getroffen.«

McGillivray war Bourgeois der Northwest und Mackenzie ein Partner von Gregory. Bei der scharfen Konkurrenz, mit der sich oben im Nordwesten die beiden Gesellschaften bekämpften, war es bisher nicht üblich gewesen, daß zwei Konkurrenten einen Teil der Reise gemeinsam unternahmen. Hinter Grande Portage hörte die Freundschaft auf.

Die Ochsenkarren waren schon abgerollt, um oberhalb der Portage die wertvolle Fracht der Wintermänner in Empfang zu nehmen. Die beiden Frobisher, John Gregory, Finlay und McKay mußten sich in einen wackligen Wagen drängen, vom einzigen Pferd der Siedlung gezogen. Im schwachen Licht einer hin und her schwankenden Ölfunzel rollten sie hinaus in die Nacht.

Auf halbem Wege überholten sie die schwerfälligen Ochsenkarren. Nach einer knappen Stunde kamen sie zur Landestelle und entfachten gleich ein Feuer, um den Wintermännern heißen Tee mit Rum zu bieten, sobald diese ankamen.

»Du kennst ja ihren Geschmack«, sagte Gregory zu dem jungen Finlay, der sich an die Zubereitung machte, »sei großzügig mit dem Rum, aber spare mit Wasser.«

»Seien Sie bitte ruhig, meine Herren«, unterbrach Thomas Frobisher die Unterhaltung, »ich glaube, etwas zu hören!«

Er hatte sich nicht getäuscht, von fern hallte rauher Gesang durch die düsteren Wälder. Die erste Pelzbrigade aus dem Paysen-haut näherte sich ihrem Ziel.

»Au clair de la lune...« sangen die Wintermänner in schnellem Takt, obwohl kein Schimmer von »la lune« durch die Wolken drang. Sie schienen noch gut bei Kräften, im raschen Rhythmus ihres Liedes mußten die Paddel nur so fliegen.

»Der Endspurt«, sagte John Gregory nicht ohne Bewunderung, »dafür geben die Wintermänner ihre letzte Kraft!«

Mit erstaunlicher Geschwindigkeit schossen die schlanken Kanus heran. Zu Lande hätte man geglaubt, die tanzenden Lichter gehörten einer Kavalkade galoppierender Fackelträger. Aber hier sprühten Wassertropfen im Feuerschein, flinke Paddel zuckten in hundert Armen, elf Rindenboote durchschnitten rasch die Flut. Die Männer am Ufer riefen und winkten, die Voyageurs antworteten mit rauhem Gebrüll.

In jedem Kanu wölbten sich die Pelzballen, kaum handbreit ragten die Boote aus dem Wasser.

»Schätze jede Ladung auf mindestens zwölfhundert Pfund Sterling«, sagte Joseph Frobisher.

»Wenn's zum größten Teil Biberfelle sind«, gab Gregory zurück, »glaube ich schon eher an fünfzehnhundert Pfund...« [1].

In der Mitte des Flusses stoppten die Kanus, um gleich danach mit elegantem Schwung ans Ufer zu stoßen.

Händeschütteln und Schulterklopfen, frohes Gelächter und derbe Scherze. Zutrinken mit vollen Bechern, Glückwünsche und Austauschen der ersten Nachrichten.

Die Wintermänner waren von Kopf bis Fuß in Leder gekleidet, in abgeschabtes und vielfach aufgerissenes Leder. Struppige Bärte umrahmten die Gesichter, ihre Hände waren zerkratzt und ihre Wangen eingefallen. Die gewaltige Anstrengung der weiten Reise und die restlose Erschöpfung waren jedem anzusehen. Aber sie gaben sich größte Mühe, noch frisch zu erscheinen. McGillivray hinkte etwas, er hatte sich vor einigen Wochen den Fuß gebrochen, und der war noch nicht ganz geheilt.

»Komm herüber, McKay«, sagte Gregory, »ich möchte dich Alexander Mackenzie vorstellen.«

Der Postenchef vom Churchill-River war nur mittelgroß, hatte breite Schultern, schlanke Hüften und hielt sich leicht vornübergebeugt wie ein Voyageur. Er wirkte noch jünger als fünfundzwanzig Jahre. Doch für einen Junior-Clerk konnte ihn niemand halten, weil er einen viel zu selbständigen Eindruck machte. Er hatte sich unterwegs besser gepflegt als seine Begleiter, trug auch als einziger von allen Wintermännern keinen Bart. Die Strapazen der Fahrt waren ihm kaum anzusehen.

»Also noch ein Unglücklicher«, lachte er beim Händeschütteln mit Alec McKay, »noch so ein bedauernswerter Mensch, der sich ins Gewerbe der Pelzhändler gestürzt hat. Da wirst du eine verflucht harte Zeit erleben, junger Mann, strebe ja nicht nach einem

---

[1] Etwa 100.000 Mark nach heutigem Geldwert. Der Gesamtertrag eines guten Außenpostens im Pays-en-haut erreichte in günstigen Jahren eine Million und noch mehr. Im Vergleich zu heutigen Preisen wurden feine Pelze damals viel höher bezahlt. Aber entsprechend hoch waren auch die Unkosten, sie nach Europa zu bringen.

Posten im Pays-en-haut! Sieben Monate klirrender Frost, elender Fraß und Schnee bis übers Dach. Bleib lieber bei den Kachelöfen von Montreal, im Nordwesten fressen dich hungrige Wölfe.«

»Ich möchte aber ins Pays-en-haut, Sir, dafür werd' ich alles dransetzen!«

Mackenzie schlug ihm lachend auf die Schultern.

»Ein stolzes Wort, mein Junge, hoffentlich tut's dir nicht eines Tages furchtbar leid!«

Er wandte sich ab, um einen Becher Rumtee mit McGillivray zu leeren.

»Wer hätte gedacht, alter Halunke, daß wir uns so gut vertragen. Der Herr Marquis wird's gar nicht gerne hören.«

William McGillivray, Teilhaber der Northwest, grinste gutmütig.

»Warum soll man sich die Köpfe einschlagen? Genug Pelze für uns beide stecken in den Wäldern. Habe schließlich den ganzen Winter in der guten Gesellschaft von deinem Vetter Roderick verbracht. Trotzdem sind meine Kanus voll beladen . . . übrigens auch die von Roderick. Und ich bin's, der sie mitbringt.«

Die beiden Frobisher erkundigten sich, ob das wirklich wahr sei.

»Natürlich ist's wahr, Roderick wollte unbedingt bleiben, ihm scheint's am Lake La Crosse recht gut zu gefallen.«

Er wandte sich zu seinen Leuten und hob den Becher.

»War keine schlechte Fahrt, mes amis, sind zwei Tage früher am Ziel, als ich dachte!«

Die Voyageurs vom Pays-en-haut schlürften das starke Gebräu mit größtem Behagen. Seit Monaten hatten sie keinen so guten Tropfen genossen, auch nichts anderes verzehrt als Fisch, Wildbret und Waldbeeren. Die meisten Indianer lebten besser als sie. Fast vierzig Tage hatte ihre Reise vom Churchill-River bis nach Grande Portage gedauert, allenthalben unterbrochen von Portagen, die viele Stunden sehr anstrengender Arbeit verlangten. Und dabei immer die Gefahr, daß raubgieriges Gesindel im Hinterhalt lag. Mit den Rothäuten im Nordwesten war das nicht so einfach, wie in der Umgebung von La Portage. Dort oben wehrte sich noch mancher Stamm gegen das Eindringen der Weißen. Hier und dort waren Skalpe begehrter als Tauschwaren, außerdem konnte man sich nützliche Dinge der Weißen auch durch einen plötzlichen Überfall beschaffen. Es gehörte wirklich großer Mut und viel diplomatisches Geschick dazu, mit den Völkerschaften im Pays-en-haut zu handeln. Wer aber die Kühnheit und die Gabe besaß, mit noch völlig wilden Indianern umzugehen, hatte im Nordwesten den größten Erfolg. Für die Eingeborenen dort galt jedes Messer noch als Kostbarkeit, drei Biberfelle gaben sie für einen gewöhnlichen Kochtopf, Whisky oder Branntwein wurde noch besser bezahlt. Wollte sich ein Indianer eine Muskete anschaffen, mußte er dafür einen Pelzballen aus Nerz oder Biber hergeben, der genauso hoch war wie der Lauf des Gewehrs. Weil dann sein Feuerrohr immer wieder Pulver und Blei brauchte, war der Mann gezwungen, ständiger Kunde beim nächsten Posten zu sein.

Endlich knarrten die Ochsenkarren heran, das Umladen konnte beginnen. Alle Hände griffen zu, sogar die beiden Frobisher und John Gregory halfen mit, die Ballen zu tragen.

»Warum denn auf einmal«, wunderte sich McKay, »ich denke, so ein Bourgeois rührt überhaupt keinen Finger?«

»Das gilt nur bis Grande Portage«, erklärte ihm Finlay, »im Pays-en-haut herrschen andere Sitten. Da geht's noch so zu, wie das in französischer Zeit überall war. Einem Bourgeois, der nicht selber anpackt, würden die Wintermänner davonlaufen. Du siehst auch keinen Biberhut bei Mackenzie und McGillivray. Damit blieben sie in jedem Gestrüpp hängen, ihre Leute würden sie nur auslachen.«

Alexander Mackenzie warf sich einen Pelzballen von mindestens hundert Pfund auf die Schulter, als wäre das Ding ein leerer Pappkarton.

»So möchte ich mal unseren Marquis sehen«, meinte McKay, »der läßt sich noch sein Taschentuch nachtragen.«

»Stimmt genau, nachdem er's so weit gebracht hat. Aber du wirst es nicht glauben, Alec, sogar MacTavish war früher im Pays-en-haut, lange bevor er die Northwest gegründet hat, schon gleich, nachdem die Franzosen weg waren. Da muß er sich genausogut

benommen haben wie jetzt Mackenzie und McGillivray, anders wär's gar nicht gegangen. Übrigens, wie gefällt dir Mackenzie?«
»Gut natürlich, aber noch unglaublich jung für einen Bourgeois. Wie hat er das geschafft?«

Die bisherige Laufbahn Alexander Mackenzies war ebenso kurz wie erfolgreich. Davor lag jedoch eine recht traurige Jugend. Seine Mutter hatte er schon im Alter von zehn Jahren verloren und war dann mit seinem Vater und zwei Tanten nach New York gekommen, wo die Familie Verwandte hatte. Bald darauf brach in Neu-England jene Revolte der Kolonisten aus, die schließlich zur Unabhängigkeit führte, zum Entstehen der Vereinigten Staaten. Vater Mackenzie kämpfte als ein treuer Untertan Georgs III. auf seiten der königlichen Truppen gegen die amerikanischen Rebellen und fiel bei der Verteidigung von Kingston [1]. Sein Sohn, nunmehr völlig verwaist, wurde von seinen Tanten nach Montreal gebracht und fand durch alte Familienbeziehungen eine Lehrstelle bei der Pelzgesellschaft Gregory, MacLeod & Co., besser bekannt unter dem Namen Montreal-Company. Noch keine fünfzehn Jahre alt, wenig vorbereitet und völlig mittellos, begann der Junge, sich in seine neue Welt einzuleben. Seine Lernbegier, seine wache Intelligenz und absolute Zuverlässigkeit konnte niemand übersehen. Schon nach zwei Jahren war er der persönliche Sekretär Alexander MacLeods, nach vier Jahren bekam er Handlungsvollmacht und wurde bald darauf als Postenchef nach Detroit geschickt. Damals war der Ort noch eine bescheidene Siedlung am Rande der Wildnis, heute ist Detroit eine Millionenstadt mit den größten Automobilfabriken der Welt. Der junge Mackenzie bewährte sich in seinem neuen Amt so ausgezeichnet, daß sich sein Firmenchef MacLeod selber auf den Weg machte, um dem Zwanzigjährigen mitzuteilen, daß ihn die Montreal-Company zum Partner gewählt habe.

Einen so jungen Bourgeois hatte es in Kanada noch nie gegeben. Binnen fünf Jahren war Alexander vom Lehrjungen zum Mit-

---

[1] Das ehemalige Fort Cataraqui, schon 1680 am Nordostufer des Ontario-Sees gegründet. Unter dem Namen »Fort Frontenac« Besitz des Sieur Robert de La Salle. (Siehe H.-O. Meissner, »Louisiana für meinen König«, in der gleichen Buchreihe, Cotta Verlag, Stuttgart.)

inhaber aufgestiegen, jedoch unter der Bedingung, daß er einen der entlegensten Außenposten übernahm, den kaum erforschten Distrikt am Churchill-River im Pays-en-haut.

Die neue Aufgabe war denkbar schwer, nicht nur wegen der unvorstellbar weiten Entfernung und der feindseligen Haltung der Indianerstämme. Die Northwest-Company beanspruchte den Alleinbesitz des riesigen Gebietes, weil es Joseph Frobisher gewesen war, der zehn Jahre zuvor den Churchill-River entdeckt, und Thomas Frobisher, der dort den ersten Handelsposten angelegt hatte. Als Konkurrent in dieses Territorium einzubrechen, war eine äußerst gewagte Sache. Wenn im Pays-en-haut ein Pelzhändler spurlos verschwand, wurde nicht viel gefragt, sondern nur vermutet, wie das geschehen konnte. Alexander Mackenzie hatte keinen Augenblick gezögert, den Auftrag zu übernehmen. In Kürze lernte er die Sprachen der wichtigsten Stämme, und vor allem gewann er die Bewunderung seiner Voyageurs. Er war ein Mann nach ihrem Herzen, tapfer und bisweilen tollkühn, von zäher Ausdauer und froher Lebensart. Es dauerte nicht lange, da galt der Dienst bei Alexander Mackenzie als Auszeichnung für jeden Wintermann. Kein Postenchef hatte bessere Voyageurs als er.

Als Mackenzie sein Blockhaus am Churchill-River gebaut und befestigt hatte, als er mit den Häuptlingen der benachbarten Stämme die Friedenspfeife geraucht hatte und als sein Handel in Schwung kam, begab er sich auf die Reise zur Konkurrenz, zur Frosch-Portage, wo damals Cuthbert Grant seinen Handel für die Northwest betrieb. Dem machte er klar, daß sie von Rechts wegen beide als Einbrecher ins Reich der Hudson-Bay-Company anzusehen waren, weil nämlich der Churchill-River, wie überhaupt alle Gewässer ihres Distrikts, in die Hudson-Bucht münden. Auch Grant konnte nicht bestreiten, daß nach dem Buchstaben des Gesetzes jedes Gebiet, dessen Fluß zur Hudson-Bay strömte, der HBC gehörte.

Also konnte die Northwest keinem anderen Pelzhändler vorwerfen, er verletze dort fremde Rechte, weil sie es selber tat. Nach heftiger Auseinandersetzung kamen beide Männer überein, sich gegenseitig nicht mehr zu schädigen.

So konnte zwei Jahre später geschehen, was vordem unter konkurrierenden Pelzhändlern unmöglich gewesen war. Alexander Mackenzie brachte es fertig, seinen Vetter Roderick Mackenzie, den er aus Schottland gerufen hatte, als Postenchef der Montreal-Company an den Lake La Crosse zu schicken, wo bereits McGillivray saß, Mitinhaber der Northwest. Obwohl der Lake La Crosse einer der besten Pelzdistrikte im ganzen Pays-en-haut war, ergab sich aus dem geschäftlichen Wettkampf der beiden Männer keine tödliche Feindschaft. Alexander Mackenzie hatte vorgebaut und McGillivray für eine vernünftige Haltung gewonnen.

»Alexander und Roderick Mackenzie sind eben nicht so halsstarrig wie die meisten Schotten«, meinte James Finlay, als sie auf einem der Ochsenkarren nach Grande Portage zurückfuhren, »man möchte meinen, sie hätten einen viel weiteren Horizont, besonders Alexander. Wie Gregory sagt, hat er einen unersättlichen Wissensdurst. Immer muß er über den nächsten Hügel schauen, immer noch ein Stück weiter gehen als jeder andere. Vielleicht hat seine Herkunft damit zu tun. Er ist ein Inselschotte, er stammt von den Hebriden und ist bestimmt ein Nachkomme der kühnen Wikinger. Sie haben ja vor tausend Jahren oder so die Hebriden erobert und sich dort niedergelassen. Ich habe mal gehört, die Mackenzies sollen direkte Nachkommen ihres alten Häuptlings sein. Wenn's stimmt, hat Alexander aber keine Reichtümer von ihnen geerbt. Das Schloß seiner Väter war nur ein strohgedecktes Bauernhaus in Melbost, ungefähr zwei Meilen westlich von Stornway. Andere erzählen großspurig, was ihre Familie mal hatte oder war, aber Mackenzie übertreibt nie.«

In jener Zeit, da vornehme Abstammung eine so große Rolle spielte, bei den Schotten ganz besonders, war Mackenzies Stillschweigen sehr ungewöhnlich. Tatsächlich hatte der Stammvater seines Hauses nicht weniger als fünf hochtrabende Titel geführt: Earl of the North, Lord of Seaforth, Lord of Glenshield, Lord of Loch Garron und dazu noch Lord of the Isles. Von all den vielen tausend Mackenzies, die je gelebt haben, wurde keiner so berühmt wie Alexander. Die Lords sind vergessen, aber auf dem Globus steht sein Name: Kanadas größter Strom heißt *Mackenzie-River*.

Gott schütze Sie vor Peter Pond!

Am nächsten Tag trafen nach und nach fast alle Wintermänner ein: Peter Pangman aus dem Fort des Prairies, Duncan Pollock vom Red River, Cuthbert Grant vom Sklaven-Fluß, Duncan Cameron vom Saskatchewan und die anderen vom Rainy Lake, vom Lake of the Woods und Winnipeg-See, siebzehn Chefs von den Außenposten mit ihren Voyageurs, die meisten auch mit ihren Dolmetschern und den indianischen Pfadfindern. Nur vom Athabasca-See fehlten noch Peter Pond und John Ross, der eine zur Northwest gehörig, der andere zur Gregory-Company.

»Wir können nicht mehr auf sie warten«, entschied MacTavish, »alle anderen sind hier und erwarten mit Recht die große Aussprache...«

»Die großen Feste, Simon, die erwarten sie noch viel mehr«, erinnerte John Gregory.

Die Versammlung bot ein Bild, wie man es sich heute kaum noch vorstellen kann. Die bemalten Rothäute im farbenprächtigen Schmuck ihrer festlichen Tracht, Adlerfedern in den Skalplocken oder wippende Federkronen auf dem Kopf. Auch die Voyageurs aus Montreal hatten sich fein herausgeputzt, mit knallroten Zipfelmützen, bunten Halstüchern und blankgewichsten Lederstiefeln, die bis zum Knie reichten. Um den Leib trugen sie eine reichbestickte Schärpe mit langen Fransen. Ihre Wollhemden waren frisch gewaschen und ihre Bärte sorgfältig geschnitten. Ganz anders die Wintermänner aus dem Pays-en-haut, die allen zivilisierten Firlefanz verachteten. Das immerwährende Zusammenleben mit den Indianern hatte auf sie abgefärbt. Sie trugen weiche, fast völlig weiße Mokassins aus den feinsten Fellen junger Karibus, ein Kunstwerk indianischer Frauen. Die Lederhosen hingen so leicht und locker am breiten Gürtel, als wären sie aus Wollstoff. Ihre Hemden, gleichfalls aus sorgfältig gegerbtem Hirschkalbleder, waren nach Art der Rothäute mit bunten Glasperlen und Federkielen bestickt. Den Kopf bedeckte eine Pelzmütze, verbrämt mit dunklem Nerzfell oder schneeweißem Hermelin.

Endlich wurden die Kessel herangebracht, dampfend und duftend nach Genüssen, die Waldläufer nur selten und Indianer sonst nie erlebten. Es gab gesottenes Schweinefleisch in scharf gewürzter Brühe, Erbsen und Speck mit dickflüssiger Kartoffelsuppe, Grießbrei und Hafergrütze, mit Zimt und Zucker bestreut, Kalbskeulen und Hammelrücken, Rouladen und Rippenstücke, dazu Spinat, weiße Bohnen und Blumenkohl aus den Gemüsegärten von Grande Portage, auch Roggenbrot und Pfefferkuchen. Nichts dergleichen hatte die Wildnis zu bieten, alles stammte aus den Vorräten des weißen Mannes. Was die Siedlung nicht selbst erzeugte, kam von der Ostküste, ja selbst aus dem fernen England. Um so größer war die Lust der Geladenen, sich solcher seltenen Dinge zu erfreuen. Sie füllten ihren Napf bis zum Rande, sie schlürften und schmatzten mit größtem Behagen.

Erst als der mächtige Appetit einigermaßen befriedigt war, begann der Ausschank von Feuerwasser: Rum aus Westindien und Whisky aus Schottland, prickelnde Schnäpse und scharfer Branntwein.

So erreichte die Stimmung bald den erwünschten Schwung. Die Voyageurs begannen lautstark zu singen. Ihre alten französischen Lieder dröhnten durch Rauch und Gelächter, was die angetrunkenen Indianer dazu bewegte, nun auch ihre gutturalen Gesänge anzustimmen: Loblieder auf die Heldentaten des Stammes oder jenes wilde Triumphgeheul, das sonst ihre Siegesfeiern begleitete. In dieses Durcheinander von Lärm und Lustigkeit mischte sich noch der Chor aus schottischen Kehlen. Selbst die reichen Handelsherren schlossen sich nicht davon aus. Simon MacTavish persönlich dröhnte am lautesten, als die Hochlandlieder seiner Heimat erklangen. John Gregory sprang auf, um seiner Stimme noch mehr Gehör zu verschaffen. Mit Löffeln und Blechtellern schlugen seine Anhänger den Takt dazu.

Die Männer standen auf, um mit ihren Freunden bei anderen

Feuern zu trinken oder längst begrabene Streitigkeiten zu erneuern. Dabei war es unvermeidlich, daß die alte Rivalität zwischen den Voyageurs der Montreal-Brigade und den Wintermännern wieder zum Ausbruch kam. Hielten doch die Bootsleute vom Osten ihre Kollegen aus dem Nordwesten für verwilderte Barbaren, um ihrerseits als Siebenschläfer zu gelten, weil sie fast sieben Monate des Jahres in molligen Federbetten übernachteten.

Als Charles Ducette, einer von Mackenzies Begleitern, am Feuer Sylvester L'Arronges vorbeischwankte, fragte ihn einer von den Montrealern hohnlachend, ob er nicht den Rattenbraten und die Krötensuppe vermisse, wovon sich seinesgleichen sonst ernähre. Sofort blieb der Wintermann stehen, ballte die Faust und nannte den Kerl einen schäbigen Schweinefleischfresser, einen saftlosen Siebenschläfer und ähnliches mehr. Der Brigadier wollte sie trennen, aber schon gingen die beiden aufeinander los. Vom Platz der Männer vom Churchill-River sah Joseph Landry, daß sein Kamerad einen Faustschlag bekam, sprang wutentbrannt auf und eilte ihm zu Hilfe. Andere Voyageurs vom Osten mischten sich ein, desgleichen die Gefährten von Landry und Ducette. Schon bald war die schönste Schlägerei im Gange, das Fest trieb seinem Höhepunkt entgegen. Jeder Griff schien erlaubt, jeder Tritt war zulässig. Die Männer brüllten und fluchten, packten sich am Gürtel und wälzten sich am Boden. Kochkessel wurden umgestoßen, Blechnäpfe rollten klappernd über den Kampfplatz. Die Gegner schlugen sich mit Holzscheiten, Servierbrettern und Zeltstangen, aber zu Beil und Messer griffen sie nicht. Das hätte gegen die guten Sitten verstoßen, solche Gemeinheiten gab es nicht.

An der wilden Prügelei hatten die weißen wie indianischen Zuschauer ihre helle Freude. Alle strömten herbei, lachten vergnügt und forderten die Kämpfer auf, tüchtig dreinzuschlagen. Jeder Bourgeois unterstützte die Paddler aus seinem Boot mit Zurufen, jeder Postenchef feuerte seine Wintermänner an.

Unversehens, wie das Getümmel begonnen hatte, hörte es wieder auf. Die Gegner hatten einfach genug von dem Spaß, sie ließen die Arme sinken und trennten sich.

Bald danach erklangen aufs neue die Lieder, doch mehr und

mehr von schallendem Gelächter verwirrt. Der Marquis ließ neue Fässer anrollen, zu Ehren und auf Kosten der Northwest-Company. Während die Nacht herabsank, ging das Gelage weiter, und der Lärm wurde noch lauter. Unbemerkt zog sich ein Bourgeois nach dem anderen zurück, denn am nächsten Tag sollte die erste Beratung stattfinden. Die Herren brauchten ein paar Stunden Schlaf, um mit klarem Kopf dabei zu sein. Aber die Voyageurs, die Indianer und alle übrigen Gäste ließen ihre Becher nicht aus der Hand. Nach und nach schliefen die meisten neben ihrem Feuer ein, andere jedoch hielten sich aufrecht und tranken, bis der Morgen graute.

Im großen Saal des Rathauses herrschten Ruhe und Würde. Man hatte die Fenster geschlossen, damit kein Geräusch von draußen die Herren störte. Ging es doch um wichtige Dinge, nämlich um die Bekanntgabe der Ergebnisse vom letzten Jahr, ebenso um die Entschlüsse für das kommende. Unter dem Mantel gemessener Höflichkeit verbarg sich die erbitterte Konkurrenz beider Gesellschaften. Jede hätte nur allzu gerne die andere aus dem Feld geschlagen, doch bei keiner reichte die Kraft hierfür aus. Immer aufs neue mußten die Gegner bemüht sein, ihre Streitigkeiten zu regeln, weil sonst beide Teile darunter litten.

Simon MacTavish erhob sich, schob seine Perücke zurecht und holte umständlich ein Blatt Papier aus seiner Tasche. Die Versammlung war gespannt auf die Zahlen, die er nennen würde, denn erst beim Rendezvous in Grande Portage gab jede Gesellschaft ihren Abschluß des vorigen Jahres bekannt.

»Die Northwest-Company beehrt sich mitzuteilen«, erklärte der Marquis höchst würdevoll, »daß sich die Gesamtzahl der eingebrachten Felle im vergangenen Jahr auf 174.276 Stück belief ...«

Er machte eine kurze Pause.

»Darunter befanden sich«, fuhr MacTavish fort, »die Pelze von 116.000 Bibern, 19.000 Nerze und Marder, 3000 Hermeline, 6000 Luchse, 4600 Fischotter, 4000 Blaufüchse, 3800 Wölfe, 2700 Decken von Elch und Wapiti sowie 3000 Walrosse. Der Rest verteilt sich auf Weißfüchse und anderes Getier. Mit diesem Ergebnis ist die Northwest einigermaßen zufrieden. Sie glaubt jedoch

aus guten Gründen, in diesem Jahr noch besser abzuschneiden [1].«
Er nickte den Herren zu, faltete seinen Zettel wieder zusammen
und setzte sich hin. Nun war John Gregory an der Reihe.

»Das Ergebnis unserer Gesellschaft ist noch besser«, sagte er
zur allgemeinen Verblüffung, »denn vernünftigerweise muß man
in Rechnung stellen, wieviel Leute eine Company beschäftigt, um
jeweils ihr Resultat zu erreichen. Während die Northwest insgesamt 1275 Angestellte für ihren Umsatz benötigt, sind es bei
uns nur 436 Leute. Trotzdem konnten wir 98.627 Pelze einbringen.
Gewiß ein beachtlicher Erfolg, Gentlemen, wie auch die Herren
der Northwest zugeben müssen. Aber zufrieden sind wir damit
noch lange nicht.«

»Sie haben zwar eine recht geschickte Art, sich auszudrücken«,
unterbrach ihn McGillivray, »aber an uns reichen Sie weder
heute noch beim nächstenmal und überhaupt nie heran!«

Duncan Pollock, Partner bei Gregory, forderte alle Anwesenden
auf, sich dieser Behauptung recht lange zu erinnern.

»Denn in ein paar Jahren wird nichts mehr stimmen, was
McGillivray soeben sagte. Dann liegen wir an der Spitze!«

Der Marquis gab ihm einen wütenden Blick, während andere
Partner der Northwest nur spöttisch lachten.

»In ein paar Jahren«, prophezeite Alexander Mackenzie, »liegt
keiner an der Spitze, bis dahin haben wir uns zusammen-
geschlossen.«

Er war mit Abstand der Jüngste unter allen Postenchefs der
beiden Kompanien. Eigentlich gehörte es sich nicht, daß er in die
Debatte eingriff. Die Strafe dafür war, daß man ihn überhörte.

»Wie üblich hat zunächst Mr. Pentley das Wort!« sagte Mac-
Tavish und wandte sich an den Kommandanten. »Erstatten Sie
uns Ihren Bericht über den Verbrauch und die Bedürfnisse von
Grande Portage.«

---

[1] Die Zahlen sind authentisch, sie stammen aus Unterlagen, die heute
noch vorhanden sind. Die Northwest-Company beschäftigte zu jener Zeit
120 Clerks und Junior-Clerks, 1120 Voyageurs, 18 Dolmetscher und 17 Pfadfinder. Von diesen entfielen auf das Pays-en-haut außer den Postenchefs
5 Clerks, 8 Dolmetscher, 10 Pfadfinder und 350 Voyageurs.

Man sah bereits, daß es ein langer Bericht wurde, Pentley hielt eine beachtliche Menge von Papieren in der Hand. Die meisten Herren lehnten sich gelassen zurück, während er sprach. Man wußte schon, daß Pentley trotz umfangreicher Notizen keine Überraschung zu bieten hatte.

Es war angenehm kühl in der großen Halle, obwohl im Freien drückende Hitze herrschte. Auch sonst konnte der Kontrast zwischen draußen und drinnen kaum größer sein. Nur die Holzmauern trennten Grande Portage von der weglosen Wildnis. Die Versammlung tagte in einer Halle, die viel besser in die City von London gepaßt hätte als hier an den Tauben-Fluß, wo sich Wölfe und Bären gute Nacht sagten.

Von dieser grenzenlos weiten Wildnis verspürte man im Sitzungssaal von Grande Portage keinen Hauch. Inmitten der Wälder, Seen und Sümpfe tagten die Herren des Pelzhandels mit der gleichen Selbstverständlichkeit wie andere Versammlungen im Herzen einer europäischen Hauptstadt.

Sie alle waren gebürtige Schotten, zumindest schottischer Herkunft. Fast keiner stammte aus einer Stadt, die meisten kamen aus dem Hochland oder von den rauhen Inseln des Nordens. Die Härte ihrer ursprünglichen Heimat, der tägliche Kampf ums Dasein auf kargem Boden und an stürmischer Küste hatten ihnen Härte, Ausdauer und Kühnheit verliehen. Weil die Scholle daheim nicht genügte, alle Söhne einer kinderreichen Familie zu ernähren, war damals die Auswanderung kein Abenteuer für junge Leute, sondern ein Gebot der Notwendigkeit. An emsige Arbeit ebenso gewöhnt wie an die sprichwörtliche Sparsamkeit ihrer Nation, waren die Schotten äußerst tüchtige Geschäftsleute. Sie scheuten keine Mühe und keine Gefahr, erkannten und ergriffen jede Gelegenheit, die sich in fremden Ländern zu bieten schien. Vor allem hielten sie wie Pech und Schwefel zusammen. Die Gemeinschaft von Sippe und Clan, jene uralten Stammesbindungen der Heimat, galten auch in der Fremde, oft noch stärker als im alten Schottland selbst.

Jede Verwandtschaft, mochte sie auch noch so entfernt sein, verpflichtete zur gegenseitigen Treue. Wer zum gleichen Clan gehörte und das Recht hatte, an schottischen Festen denselben Tartan [1] zu tragen, gehörte zeitlebens einer engen Gemeinschaft an, die ihn nie verließ.

Auf diese oder jene Weise waren alle Partner, Clerks und Junior-Clerks der beiden großen Pelzgesellschaften miteinander verbunden. Kein Außenseiter wurde aufgenommen, kein Außenstehender war in der Lage, alle persönlichen Querverbindungen zu durchschauen. Deshalb entzweite auch die Konkurrenz beide Kompanien nicht ganz so scharf, wie es den Anschein hatte.

Als Kanada 1762 den Franzosen verlorenging und zur britischen Kolonie wurde, hatten es die Schotten bald verstanden, in den gewinnbringenden Pelzhandel einzudringen. Man okkupierte die verlassenen französischen Posten, nahm deren arbeitslos gewordene Voyageurs in Dienst und stellte die abgerissenen Handelsverbindungen mit den Indianern wieder her. Aus praktischen Gründen ergaben sich bald größere Zusammenschlüsse, unter denen die Northwest- und die Montreal-Company die stärkste Bedeutung gewannen. Völlig anderen Ursprungs war die um vieles ältere Hudson-Bay-Company, deren riesiges Handelsgebiet auch vordem nicht zu Neu-Frankreich gehört hatte. Seit Henry Hudson im Jahre 1610 die nach ihm benannte Bucht entdeckt hatte, galt auch ihr ganzes Hinterland als britisches Territorium, zumindest nach Auffassung der Londoner Regierung.

Es war bei der Northwest- und Montreal-Company keine Seltenheit, daß ein Partner oder Clerk von der einen Gesellschaft zur

---

[1] Der schottische Männerrock, der sogenannte »Kilt«, hat für jeden Clan ein bestimmtes Farbmuster. Der echte Schotte kann an diesem Muster stets erkennen, zu welchem Clan ein anderer Schotte gehört. Diese Clans gehen auf vorgeschichtliche Zeit zurück. Ursprünglich waren es Sippenverbände, deren Mitglieder vermutlich von der gleichen Familie abstammten. Ein Mann namens MacDonald beispielsweise gehörte stets zum Clan der MacDonalds, hieß er gar »MacDonald of MacDonald«, so war er der Führer des Clans. Die Führung vererbte sich vom Vater auf den ältesten Sohn. Das Clan-System besteht noch heute, allerdings ohne praktische Bedeutung, nur als Anhänglichkeit zur Tradition. Die Nachkommen der einst so mächtigen Clan-Führer sind teilweise britische Peers geworden und sitzen als Lords oder Herzöge im Oberhaus des Londoner Parlaments.

anderen überwechselte, Peter Pond beispielsweise hat das mehrmals getan. Aber zur Hudson-Bay-Company ging man nicht, auch von der HBC stieß nur höchst selten ein Abtrünniger zu den schottischen Pelzhändlern. Es galt als schimpflicher Verrat [1].

Es dauerte fast anderthalb Stunden, bis Charles Pentley am Ende seines Berichtes anlangte. Eine Fülle von Kleinigkeiten hatte er geboten, eine Unmenge von Ziffern und Zahlen genannt. Jeder andere Kreis von Zuhörern wäre darüber eingeschlafen, nur nicht schottische Kaufleute vom Schlage MacTavishs und John Gregorys. Anteilmäßig mußten ja ihre Kompanien den Unterhalt von Grande Portage zahlen.

Danach dehnte sich die Schlichtung verschiedener Streitigkeiten bis zur Mittagspause aus. Hierbei war es in der Hauptsache William McGillivray und Alexander Mackenzie zu verdanken, daß schließlich ein Kompromiß erzielt wurde.

»Man könnte fast glauben, McGillivray steckt mit der Konkurrenz unter einer Decke«, beschwerte sich MacTavish.

»Wobei ich einzig und allein nur an die Northwest denke«, setzte sich McGillivray zur Wehr, »im Endergebnis haben wir mehr von einem vernünftigen Ausgleich als von Konflikten, die ungelöst bleiben. Das habe ich doch selbst erlebt und Ihnen bewiesen, meine Herren. Am Lake La Crosse steht mein Posten gleich neben dem Posten von Roderick Mackenzie. Trotzdem haben wir uns die Schädel nicht eingeschlagen. Wenn man bedenkt, daß unser Distrikt dreimal größer ist als ganz Schottland, war es doch wirklich am vernünftigsten, daß wir 'ne Art von Teilung vornahmen. So konnten die Indianer nicht mehr Roderick und mich gegeneinander ausspielen und dabei die Preise hochtreiben. Jeder

---

[1] Nach fünfzigjährigem Konkurrenzkampf, der zeitweise als erbarmungsloser Kleinkrieg geführt wurde, kam es endlich zur einzig vernünftigen Lösung: die Gesellschaften schlossen sich 1824 zusammen. Durch ihre einstigen Gegner nachhaltig verstärkt, konnte die Hudson-Bay-Company alle folgenden Schwierigkeiten mühelos überwinden. Sie besteht noch heute als das größte und älteste Handelshaus in Nordamerika. In dieser Fusion blieben auch die Northwest und Montreal-Company erhalten, mit all ihren Berichten und Geschäftsbüchern.

von uns gab ihnen dieselben Tauschwaren für dieselbe Qualität der Pelze. Beide haben wir besser abgeschnitten als im vorigen Jahr. Was die Northwest betrifft, müssen Sie's doch zugeben, MacTavish, oder etwa nicht?«

Die Antwort des Marquis kam nur knurrend.

»Man kann's nicht bestreiten, Simon«, sagte Martin Frobisher, »wenn's bei allen Außenposten so wäre, hätte ich kaum etwas dagegen. Unser Peter Pond könnte eine ganze Menge von McGillivray lernen, was den Umgang mit der Konkurrenz betrifft. Wenn ich an die Sache mit dem unglücklichen Wadin denke, bin ich noch heute ... nun ja, bin ich noch heute tief bekümmert. Soweit darf's nicht mehr kommen, unter keinen Umständen!«

Alle wußten, was gemeint war. Vor fünf Jahren hatte Peter Pond diesen Pelzhändler im Streit erschlagen. Charles Wadin, ein Schweizer, der keiner Kompanie angehörte, hatte Ponds Unwillen erregt, weil er nicht vom Athabasca-See verschwinden wollte.

»Machen Sie Peter Pond nicht schlechter, als er ist«, verteidigte Angus Shaw den Abwesenden. »Als ihm das Unglück mit Wadin passiert ist, hat er sich auf den weiten Weg nach Montreal gemacht, um vor Gericht alles klarzustellen. Mehr konnte wirklich niemand von ihm verlangen. In meinen Augen beweist das seine Unschuld!«

John Gregory war vom Gegenteil überzeugt.

»Es beweist nur, daß kein Zeuge gegen ihn auftreten konnte, sonst wäre Pond bestimmt nicht freiwillig vor Gericht erschienen. Hier, wo's keine Gerichte gibt, kennt doch jeder seine verdammte Streitsucht. Er hat schon früher jemanden umgebracht, bevor er ins Pays-en-haut kam ...«

»Das war ein regelrechtes Duell«, rief Duncan Cameron, »der andere hatte Pond herausgefordert!«

»Wofür es aber auch keine Zeugen gibt«, warf Malcolm Mac-Lean dazwischen, »hinterher läßt sich dann leicht behaupten, der Tote sei im Duell gefallen.«

Cameron schlug vehement auf die Tischplatte.

»Wenn sonst niemand dabei war, kann auch keiner das Gegenteil behaupten. Für mich bleibt Peter Pond so lange ein anständiger Kerl, bis man ihm 'ne wirkliche Schandtat nachweist!«

»Endlich ein vernünftiges Wort«, pflichtete MacTavish bei. »Uns hat er jedenfalls bewiesen, daß man sich auf seine Tüchtigkeit verlassen kann. Ihm verdanken wir den Außenposten am Athabasca-See, einen der besten überhaupt. Er hat unser Athabasca-Fort gegründet, bis zum Peace-River und sogar zum Großen Sklavensee hat er seine Leute geschickt, ich meine Leroux und Cuthbert Grant. So weit in unbekannte Ferne wie Peter Pond hat kein anderer Mann seine Fühler ausgestreckt. Es stimmt schon, daß er kaum lesen und schreiben kann, aber er versteht's, gute Karten zu zeichnen, und fragt systematisch die Indianer aus, wohin die Flüsse strömen. Davon hat auch unsere Konkurrenz profitiert und John Ross zum Athabasca-See geschickt. Sie müssen's doch zugeben, Gregory, daß Ihr Partner dort oben auf Wegen wandelt, die Pond erschlossen hat.«

Für den Athabasca-Distrikt könne das zutreffen, räumte Gregory ein. Aber wenn man sich immer auf Vorgänger berufe, hätten beide Kompanien ihre Felle zum größten Teil den französischen Vorläufern zu verdanken. Im übrigen sei kaum zu verstehen, warum sich beide Männer verspätet hätten. Sie wüßten doch, wie lange und beschwerlich ihre Reise sei.

»Vermutlich konnten sie nicht rechtzeitig aufbrechen«, meinte Joseph Frobisher, »beim Athabasca-See liegt noch Ende Mai tiefer Schnee, und die Flüsse sind vereist.«

»Für andere Leute wäre das eine Erklärung«, entgegnete Mackenzie, »aber nicht für John Ross. Der zieht mit Schlitten und Schneereifen los und macht sich selber ein Kanu, sobald er an offenes Wasser kommt. Beim Rendezvous hat er noch nie gefehlt. Pond hat's das letzte Mal genauso gemacht. Hoffentlich gab's keinen Zusammenstoß mit den Chipewyans...«

»Und keinen Zusammenstoß zwischen Ross und Pond«, ergänzte Gregory.

»So was kann's nicht geben«, behauptete MacTavish, »von mir hat Pond die ausdrückliche Weisung, Ihrem Freund Ross meilenweit aus dem Weg zu gehen...«

»Genau dasselbe habe ich unserem Partner bezüglich Peter Pond gesagt.«

»Also können sich die beiden nicht begegnen«, schloß Mac-Tavish die Debatte, »wir haben noch über andere Dinge zu sprechen.«

Sie sprachen vor allem über die Hudson-Bay-Company und waren sich darüber klar, daß ihre gemeinsame Konkurrenz letzthin bedenkliche Anstrengungen machte, tiefer ins Hinterland vorzudringen. Nach dem Wortlaut jener großzügigen Urkunde, die König Karl II. von England der HBC schon vor hundertsiebzehn Jahren ausgestellt hatte, gehörte auf dem geduldigen Papier alles Land, dessen Gewässer in die Hudson-Bucht strömten, zum Alleinbesitz der Hudson-Bay-Company. Schließlich hatte die Hudson-Bay-Company mit ihren großartigen Privilegien auch die Verpflichtung übernommen, das Hinterland zu erforschen. Aber außer Samuel Hearn und zwei, drei anderen Pfadfindern wurde niemand ausgeschickt.

Alle Clerks und Junior-Clerks waren zum Festmahl eingeladen, ebenso die Schreiber und Pfadfinder, auch die Besatzung von Grande Portage mit dem Arzt und den geistlichen Herren. Der amerikanische Landvermesser war dabei sowie einige Waldläufer und Trapper, die sich mehr oder weniger zufällig hier befanden. So sparsam im allgemeinen die schottischen Handelsherren waren, beim Rendezvous kannte ihre Gastfreundschaft kaum eine Grenze. Fast zweihundert Personen versammelten sich im großen Festsaal, vier lange Tische hatte man für sie gedeckt. Draußen vor den Palisaden fanden sich bereits die Voyageurs sowie alle vierhundert Indianer ein, um trotz der gestrigen Schlemmerei wieder die Kompanien nach Kräften zu schädigen.

Für die Leute aus dem Pays-en-haut war es die langentbehrte Gelegenheit, wieder in großer Gesellschaft zu sein. Es gab unendlich viel zu erzählen. Hier hörten die Wintermänner, was draußen in der Welt geschah, und die Besucher von der Ostküste konnten erfahren, was sich in der Wildnis zugetragen hatte.

Die Chipewyans hatten das Kriegsbeil gegen die Gelben Messer ausgegraben, beim Fort des Prairies war ein schneeweißer Elch gesehen worden, der alle Indianer der Umgebung in große Aufregung versetzte. Peter Pond sollte den phantastischen Plan gefaßt

haben, bis nach Alaska zu reisen, wo schon lange russische Pelzhändler lebten. Aber ganz bestimmt würde es MacTavish niemals
erlauben.

»Könnten Sie mir nicht helfen, Sir«, der junge McKay beugte
sich zu Alexander Mackenzie, »ich möchte so gerne zu irgend-
einem Außenposten. Aber ich soll hier in Grande Portage bleiben,
als Gehilfe des Kommandanten.«

»Ist auch richtig so, mein Junge, hier lernst du am besten,
was man später auf der Station weit draußen alles im Kopf haben
muß. Bleib ruhig ein paar Jahre bei Charles Pentley, steck deine
Nase in seine Bücher, das gehört auch dazu!«

McKay konnte sich nur schwer damit abfinden.

»Aber später könnte ich zu Ihnen kommen, Sir, an den
Churchill-River, oder wo Sie gerade sind.«

»Darüber läßt sich reden, Alec, aber warum möchtest du gerade
zu mir?«

»Weil... weil ich Sie so sehr bewundere, Sir, und weil Sie so
viel herumreisen. Es muß fabelhaft sein, Landschaften und Indianer
zu sehen, bei denen noch kein weißer Mann gewesen ist...«

»Du willst Entdeckungen machen?«

»Ja, Sir, wenn's nur irgendwie möglich ist.«

Dazu gehöre aber mehr als nur jugendlicher Ehrgeiz, sagte ihm
Mackenzie, man brauche erst einmal den entsprechenden Auftrag
und sorgfältige Organisation.

»Du mußt indianische Sprachen lernen, mein Junge, und mußt
überhaupt lernen, wie ein Indianer zu leben. Wo unsere Verbin-
dungen nicht mehr hinreichen, ist jeder auf sich selber angewiesen,
mit dem Paddel und bei den Portagen, mit der Ernährung und
mit dem Zurechtfinden in der Wildnis. Wenn's einer nicht versteht,
mit den wilden Stämmen richtig umzugehen, wird er skalpiert.
Und vergiß nicht den Marterpfahl, Alec!«

Alexander McKay wurde zwar bleich, ließ sich aber nicht einschüchtern.

»Ohne Gefahren gibt's wohl kein richtiges Abenteuer«, sagte
er mit naiver Kühnheit, »ich würde schon mein Leben wagen, um
über den letzten Posten hinauszukommen.«

56

Mackenzie schlug ihm auf die Schulter.

»Recht brav, mein Junge, wenn du in ein paar Jahren noch so denkst, werden wir uns wieder unterhalten. Vielleicht kann ich dich dann gebrauchen. Aber nicht als neugierigen Buben, nur als tüchtigen Gehilfen. Sorge dafür, daß du einer wirst!«

McKay versprach es und ging zurück auf seinen Platz.

»Ich glaube, aus dem kann eines Tages was werden«, meinte Mackenzie zu McGillivray, der neben ihm saß.

An der Tür entstand Bewegung. Erst lief einer der Wachposten herein und wollte zu MacTavish vordringen. Aber da kam schon ein anderer Mann hinter ihm her, der es noch eiliger hatte. Wer das sein mochte, ließ sich nicht erkennen.

»Sollte sich wirklich waschen, bevor er in den Festsaal rennt«, tadelte Martin Frobisher, »so viel Zeit hat man immer.«

Nur Mackenzie hatte den Menschen erkannt.

»Roderick . . . was ist los, was ist passiert?«

Aber in dem allgemeinen Lärm konnte ihn sein Vetter nicht hören. Er war schon bei MacTavish und beugte sich an dessen Ohr. Der Marquis schien nicht gleich zu begreifen, was ihm Roderick Mackenzie sagte.

Aber dann wurde er kreidebleich, erhob sich mit Mühe und schlug so kräftig an sein Glas, daß es zersprang.

»Ruhe, meine Herren, ich bitte um sofortige Ruhe!« schrie er über die Köpfe hinweg. Doch bis wirklich Ruhe eintrat, dauerte es eine Weile.

»Eine schlimme Nachricht, Gentlemen, eine sehr schlimme Nachricht hat uns Roderick Mackenzie soeben gebracht . . .«

Nun war es so still, daß man von draußen den Trubel des anderen Festes hörte.

»Ich muß Ihnen leider mitteilen, Gentlemen, daß Mister John Ross nicht mehr lebt . . . im Verlauf eines Handgemenges hat ihn Peter Pond niedergestochen.«

Atemloses Entsetzen, danach erschrecktes Raunen. Was diese neue Untat für Folgen haben konnte, war gar nicht abzusehen. Ein Partner der Northwest- hatte einen Partner der Gregory-Company umgebracht!

»Pond muß hängen!« schrie John Gregory durch den Saal. »Sonst bringe ich Sie in Montreal selber vor Gericht, MacTavish!« Beifall und Proteste gaben ihm Antwort.

»Was hat denn MacTavish damit zu tun?« riefen die beiden Frobisher wie aus einem Mund.

»Sehr viel hat er damit zu tun, wenn er einen dreifachen Mörder schützt.«

»Wieso dreifach... war's überhaupt ein Mord... wer hat's denn gesehen?«

MacTavish war so gebrochen, daß er gar keinen Versuch machte, an der Schuld Peter Ponds zu zweifeln. Er überließ Roderick Mackenzie das Wort. Der sollte selber sagen, was er über die Schandtat wußte.

»Nicht sehr viel, meine Herren, ich bekam die Meldung von unseren Voyageurs am Athabasca-See. Sie kamen völlig erschöpft zu meinem Posten am Lake La Crosse und erzählten, Pond und John Ross seien sich zufällig begegnet, beide am Beginn ihrer Fahrt zum Rendezvous. Erst saßen sie ganz friedlich am gemeinsamen Feuer, nur Pond und Ross. Alle ihre Voyageurs befanden sich etwa dreißig Schritt abseits, wie sich's gehört, wenn zwei Bourgeois miteinander sprechen. Dann plötzlich schrien sich beide fürchterlich an. Worum's ging, hat von den Leuten keiner verstanden. Jedenfalls gab's eine Schlägerei, nur mit den Fäusten, wie's den Anschein hatte. Aber mit einemmal fällt John Ross nach hinten über und hat Ponds Jagdmesser in der Brust. Der hat dann wieder behauptet, es sei Notwehr gewesen. Doch diesmal haben's ihm seine eigenen Leute nicht geglaubt.«

»Bekommt nun der dreifache Mörder den wohlverdienten Strick um den Hals?« forderte Gregory aufs neue. »Wenn's die Northwest nicht besorgt, rufe ich all meine Leute zusammen, und wir jagen den Schurken bis zum Höllentor!«

Also offener Krieg zwischen beiden Gesellschaften, denn natürlich konnte es die Northwest nicht zulassen, daß sich Gregory zum Richter und Rächer in der Wildnis machte.

Da erhob sich Alexander Mackenzie und forderte alle Bourgeois auf, sich in den Sitzungssaal zu begeben. Erleichtert gingen die

Partner auf seinen Vorschlag ein, war es doch äußerst peinlich für jeden von ihnen, das schlimme Zerwürfnis in aller Öffentlichkeit auszutragen. In bedrücktem Schweigen blieben die Gäste zurück. Ebenso beklommen schritten die Bourgeois hinüber ins Rathaus. Dort wußte niemand, wer als erster das Wort ergreifen sollte. Mit Recht oder Unrecht fühlte sich MacTavish unter Anklage. Noch während der Sitzung am Vormittag hatte er Peter Pond gelobt und verteidigt, hatte gewissermaßen die Garantie für sein Wohlverhalten übernommen. Und jetzt hatte Pond wieder einen Konkurrenten umgebracht. Es war John Gregory nicht zu verdenken, daß er die Todesstrafe forderte. Aber das zu beschließen, hatte die Versammlung keinerlei Recht. Sie konnte nur Ponds Verhaftung beschließen, um ihn gefesselt nach Montreal zu bringen, dort saß dann mit ihm die ganze Northwest auf der Anklagebank, jedenfalls in den Augen der Bevölkerung. Vorausgesetzt, Pond ließ sich ergreifen, was er bestimmt nicht tun würde. Denn diesmal traten Zeugen gegen ihn auf, die alles gesehen hatten.

Gregory hatte seine Forderung gestellt, nun war es Sache MacTavishs, darauf zu antworten. Jeder schien abzuwarten, wie sich die Chefs der beiden Gesellschaften verhielten. Davon allein hing jetzt ab, ob sie noch miteinander bestehen konnten.

Alexander Mackenzie, erst knapp fünfundzwanzig Jahre alt und daher kaum berechtigt, ein gewichtiges Wort mitzusprechen, unterbrach die peinliche Stille.

»Die gewaltsame Beseitigung unseres Partners ist eine Tatsache, Mr. MacTavish. Der Tod unseres Freundes erfolgte in Anwesenheit zahlreicher Zeugen, und John Ross trug das Messer Ponds in der Brust. Weil überdies noch das heftige Temperament Peter Ponds allgemein bekannt ist, dürfte nun niemand mehr bezweifeln, daß er auch am Tod Wadins die alleinige Schuld trägt. Woraus Gericht und Öffentlichkeit folgern werden, daß die Northwest — ich drücke es milde aus — einen äußerst gefährlichen Mann in ihre Reihen aufnahm, sogar als Mitinhaber ihrer Gesellschaft. Was das bedeutet, wenn die Nachricht schließlich nach London gelangt, kann sich jeder von uns denken.«

»Aber nicht berechtigte Empörung sollte die Stunde regieren, sondern kühle Vernunft«, fuhr Mackenzie mit veränderter Stimme fort, als habe er plötzlich einen ganz anderen Gedanken. »Das tragische Ende unseres Partners war die letzte und schlimmste Folge geschäftlicher Konkurrenz und gar nichts anderes. Um ähnliche Schreckenstaten für alle Zukunft zu verhindern, schlage ich vor, daß sich beide Gesellschaften vereinen, und das noch heute, meine Herren, noch in dieser Nacht!«

Sein Vorschlag war so unglaublich, so unerwartet gerade in diesem Augenblick, daß sich weder eine Stimme dafür noch dagegen erhob. Es herrschte nur verblüfftes Schweigen.

Dann raffte sich John Gregory auf, um Mackenzie zu sagen, er sei wahnsinnig und habe überhaupt kein Recht, im Namen seiner Kompanie Vorschläge zu machen.

»Und den Pond haben Sie dabei ganz vergessen, Mackenzie, er muß hängen! Darauf bestehe ich, sonst ist im Athabasca-Land keiner von uns seines Lebens sicher!«

Mackenzie ließ sich nicht beeindrucken.

»Überlassen wir's doch dem Willen Gottes, was mit Peter Pond zu geschehen hat. Unsere Sache ist es, aus dem Geschehen eine gute Lehre zu ziehen, nämlich Vereinigung statt gegenseitige Bekämpfung. Wenn John Gregory einverstanden ist, werde ich selber unseren Handel im Athabasca-Distrikt übernehmen, Seite an Seite mit Pond. Die Außenwelt soll nur erfahren, daß John Ross einem Streit zum Opfer fiel, ohne daß wir auf die Schuldfrage eingehen. Wenn sein Tod zur Vereinigung beider Kompanien führt, ist Ross nicht umsonst gestorben. Ich kannte ihn besser als die meisten von Ihnen, meine Herren, ich weiß genau, was er selber immer gewünscht hat, nämlich den Zusammenschluß aller Kräfte.«

Tageslicht schimmerte bereits durch die verhängten Fenster, als endlich die Beratung zu Ende ging. Aber nun gab es nur noch eine Kompanie, die Vernunft Alexander Mackenzies hatte die erhitzten Gemüter besiegt.

»Wann werden Sie zum Athabasca-See abreisen?« erkundigte sich MacTavish.

»Sobald wie möglich, vielleicht noch in dieser Woche.«

Fort Athabaska

Wo führt ein Weg zur Westküste?

Die Reise Alexander Mackenzies zum Fort Athabasca wurde ein Wettlauf mit dem Winter. Schon im September, sonst einem der schönsten Monate im Wilden Westen, bedeckte eine dünne Eisschicht alle stehenden Gewässer. Die Zugvögel waren bereits unterwegs nach dem Süden, die Erdhörnchen polsterten ihre Höhlen aus, und eifrig brachten die Biber Wintervorräte zu ihren Burgen. Mackenzie mußte von Tag zu Tag auf größere Eile drängen. Aber seine sieben Kanus waren schwer beladen. Sie hatten die üblichen Tauschwaren an Bord und mancherlei neue Ausrüstung für seinen fernen Posten. Außerdem trugen sie mehrere Tonnen Notproviant, falls im Winter Jagd und Fischfang nicht mehr ausreichten.

Mit Joseph Landry und Charles Ducette, seinen besten Wintermännern vom Churchill-River, fuhr Mackenzie der kleinen Flotte voraus, um schon das Lager zu richten, bevor die übrigen Leute eintrafen.

Von halb drei Uhr in der Früh bis zwei Stunden vor Dunkelwerden dauerte die tägliche Plage, also nicht ganz so lange wie bei den Voyageurs aus Montreal. Im Nordwesten brauchte man nämlich jene beiden Stunden, um zu fischen oder zu jagen. Nur im Falle unerträglichen Hungers durften sich die Wintermänner am mitgeführten Proviant vergreifen. Er war zu knapp und zu kostbar, um ohne echte Not davon zu zehren. Im Pays-en-haut hatte jeder Voyageur seinen Vorderlader bei sich, und jeder war ein guter Schütze. Ungleich ihren Kollegen aus dem Osten waren die Wintermänner auch geübte Waldläufer. Sie erkannten jene Stellen am Ufer, wo das Wild zur Tränke zog und legten sich dort in den Hinterhalt. Der späte Nachmittag war hierfür die beste Zeit. Doch es gelang nicht immer, einen starken Elch oder Wapiti-Hirsch zu erlegen, der allen vierzig Menschen eine Mahlzeit bot. Wilde Gänse und Enten waren leichter zu erbeuten, und wählerisch konnten die Männer nicht sein. So wurde ungefähr alles verzehrt, was nur einigermaßen Nährwert besaß: Füchse, Biber, Luchse, Waschbären, Murmeltiere, Stachelschweine und sogar Wölfe, wenn sonst nichts zu haben war. Das meiste von diesem Getier ließ sich unter günstigen Umständen bei Nacht in Fallen erbeuten, man sparte also Pulver und Blei. Meist wurde alles zusammengekocht, Fleisch, Fisch und Waldbeeren, auch wildwachsender Reis und die zarte Innenrinde junger Birken.

Vom Tauben-Fluß ging die Fahrt zum Rainy-See und von dort über eine meilenweite Portage an den wunderschönen, von vielen Inseln geschmückten Lake-of-the-Woods. Dann folgten die Ratten-Portage und bald darauf ein paar andere Stromschnellen, die nicht weniger Mühe machten. Man durchfuhr den weiten, oft sehr stürmischen Winnipeg-See, den von Süden der Red River speiste und von Westen der Saskatchewan. In diesen Strom glitt die Brigade hinein, um nach sechs oder sieben mühsamen Portagen den Cedar-Lake zu erreichen. Weiter ging es auf gewundenen Wasserwegen zum Sturgeon-See, durch den Biber-See, den Huron-See und noch andere Seen, danach über die Frosch-Portage zum Churchill-River.

Immer kälter wurden die Nächte, immer kürzer die Tage. Während der ersten Stunden mußte man die Drahtkörbe mit den Feuerbränden aushängen, um nicht unversehens ein Hindernis zu rammen. Viel Erfahrung gehörte dazu und ein ausgeprägter Sinn für Orientierung, um in diesem Labyrinth von Land und Wasser den rechten Weg zu finden. Oft verhüllte Nebel die Sicht, noch öfter rauschender Regen. Wütender Wind fauchte in die Gesichter, eiskaltes Spritzwasser durchnäßte die Männer.

Vom Churchill-River führte der Kurs nach Westen. Die Flotte durcheilte den Otter-See, den Schwarzbären-See und den Mause-See, jeder durch Stromschnellen vom anderen getrennt. Mit sechzig Paddelschlägen in der Minute eilten die Voyageurs über den Knie-See, den Lake La Crosse und den Clear-Lake zum Büffel-See. Erst hier näherte man sich dem Ziel der weiten Reise, denn vom Büffel-See strömte der Clearwater-Fluß, frei von jeder Portage, zum Athabasca-River. An dessen Ufer, etwa fünfzig Kilometer vom

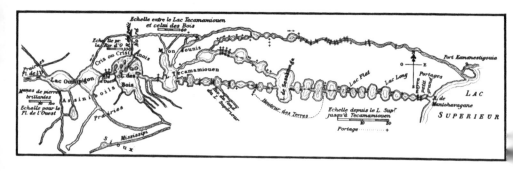

Diese indianische Kartenskizze zeigt den Wasserweg vom Obersee zum Winnipeg-See. Sie wurde von dem Cree-Häuptling Ochagach für den französischen Pelzhändler La Vérendrye um das Jahr 1750 angefertigt.

großen Athabasca-See entfernt, hatte Peter Pond vor zehn Jahren seinen Handelsposten erbaut.

Aber so einfach wie es sich Alexander Mackenzie für den letzten Teil der Reise erhofft hatte, gelangte er nicht dorthin. Der Winter war doch schneller als seine Voyageurs. Schon lag auf dem Büffel-See eine Decke aus festem Eis, die den Weiterweg sperrte. Die sieben Kanus wurden entladen und im Schnee vergraben, weil sonst ihre dünnen Wände im Frost zersprungen wären. Die gesamte Fracht zog man an Stricken hinauf ins Geäst starker Bäume, um sie vor der Neugier und Zerstörungslust der Bären zu schützen. Später konnten dann die Leute aus dem Fort alles mit Hundeschlitten abholen. Mackenzie und seine Männer mußten den Rest ihres Weges auf selbstgefertigten Schneereifen zurücklegen.

Durch bittere Kälte und Schneetreiben, übers glitzernde Eis des Flusses und steinhart gefrorenen Boden schleppten sich die vierzig Männer weiter. Während der Nacht lagen sie, in Pelzdecken gehüllt, neben einem prasselnden Feuer, das nie verlöschen durfte. Erst am 12. Oktober 1787, fast siebzig Tage nach ihrer Abfahrt, erreichten sie die Festung Peter Ponds.

Ein Wachtposten auf dem Holzturm hatte die anmarschierende Kolonne von weitem gesehen und gleich gemeldet. Alle Wintermänner, die zur Station gehörten, auch der indianische Anhang

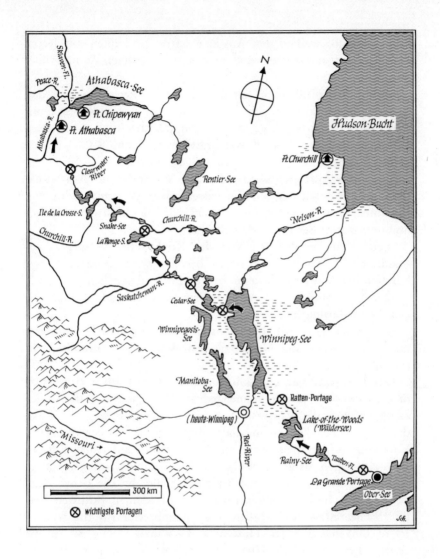

mit Frauen und Kindern, insgesamt über hundert Personen, standen, in Pelzkleider gehüllt, vor den Palisaden. Aber das freudige Winken und die Zurufe von Mackenzies Leuten wurden kaum erwidert. Athabasca bereitete ihnen einen frostigen Empfang. Viel-

65

leicht deshalb, weil es den Anschein hatte, sie kämen mit leeren Händen und erwarteten, daß man sie den ganzen Winter über versorgte.

»Wir fallen niemandem zur Last«, rief Mackenzie so laut, daß es jeder hören konnte, »unsere Fracht liegt am Büffel-See, mit allem, was Athabasca bis zum nächsten Jahr benötigt. Aber holen müßt Ihr das Zeug selber, wir brauchen erst mal Ruhe und ein warmes Quartier.«

Sein festes Auftreten blieb nicht ohne Wirkung. Die Athabasca-Männer umringten ihn, wollten wissen, ob er Post mitbrachte und begannen, seinen Voyageurs die Hände zu schütteln. Endlich mußte sich auch der Postenchef rühren.

»Seit wann werden wir von der Konkurrenz versorgt?« erkundigte sich Peter Pond, »was berechtigt zur Annahme, wir könnten den Winter nicht ohne fremde Hilfe überstehen?«

»Zunächst wollen wir uns aufwärmen, Mr. Pond, danach folgen die Erklärungen . . .«

Der Leiter vom Athabasca-Distrikt zuckte mit den Schultern, ging aber voraus, um Mackenzie den Weg in sein Blockhaus zu zeigen.

Das Fort war gut und solide gebaut. Im Quadrat der Holzmauern standen dicht zusammengedrängt die Quartiere, die Lagerschuppen und die Vorratshäuser, dazwischen die engen Hütten der indianischen Hilfsmannschaft. Bis zur Dachkante war überall Feuerholz aufgestapelt. Rauchschwaden stiegen aus jedem Schornstein und lagen als graue Wolke über der ganzen Anlage. Zottige Schlittenhunde strichen den Gästen knurrend um die Beine, dicht vermummte Indianerkinder rutschten auf kleinen Schlitten herum. Schneereifen, Schlagfallen und Spannbretter für die frischen Pelze hingen an jeder Hüttenwand. Winzig klein waren die Fenster. Bei den Unterkünften der Voyageurs waren sie aus Butzenscheiben zusammengesetzt, während sich die Indianer mit abgeschabten Tierhäuten begnügten, die zwar ein wenig Licht, aber keinen Blick hindurchließen. Mackenzie mußte sich bücken, um nicht mit dem Kopf anzustoßen, als er das Quartier Peter Ponds betrat. Es bestand nur aus zwei Räumen, der Schlafkammer und dem Wohnzimmer. Es herrschte darin wohlige Wärme, denn der Hausherr besaß einen richtigen Kachelofen aus sorgfältig gemauerten Feldsteinen. Bärenfelle lagen auf dem Boden, Jagdwaffen und Pulvertaschen hingen an den Wänden. Ein breiter Tisch aus gehobelten Tannenbrettern mit umlaufender Sitzbank füllte die gegenüberliegende Ecke. Auf Wandregalen standen Zinnkrüge, Blechgeschirr und angestaubte Flaschen, daneben zwei schmiedeeiserne Kerzenleuchter und ein großes Tintenfaß mit zerzaustem Gänsekiel. Eine Sammlung von Landkarten lag auf dem Schrank.

Pond stellte zwei verbeulte Becher auf den Tisch, füllte sie mit Rum und forderte Mackenzie auf, Platz zu nehmen.

»Ich nehme an«, sagte er ziemlich aggressiv, »Sie kommen wegen der Sache mit John Ross?«

»Auch deswegen, Mr. Pond, ich soll seinen Posten schließen und alle seine Felle vorläufig hierher schaffen. Das tragische Ende von John Ross hat uns natürlich sehr betroffen ... aber daran ist leider nichts mehr zu ändern.«

Der Schuldige zuckte nervös mit den Händen und biß sich auf die Lippen.

»Wie das Unglück geschah, darüber werden Sie ja noch berichten. Sie waren doch dabei, nicht wahr?«

»Was meinen Sie? Ja, gewiß ... ich war dabei. Das heißt, eigentlich nur in der Nähe ... ein Mißverständnis, besser gesagt, eine Verkettung tragischer Umstände.«

Mackenzie schaute in seine flackernden Augen.

»Was Sie darüber berichten, ist für MacTavish und Gregory bestimmt, möglicherweise auch für den Generalgouverneur in Quebec. Die werden sich mit Ihrer Darstellung begnügen. Aber wie Sie später vor Gott bestehen, Mr. Pond, kann in dieser Welt niemand voraussagen.«

Der andere hob die Schultern und ließ sie wieder sinken.

»Mir tut's jedenfalls leid, Mr. Mackenzie, das können Sie mir glauben ... verdammt leid tut's mir, das Ende von John Ross. Alles würde ich darum geben, könnte man's noch ändern.«

»Man kann es nicht«, bedauerte Mackenzie, »immerhin hat sein Tod eine große Veränderung bewirkt ... damit dergleichen niemals mehr geschieht, haben sich beide Gesellschaften vereint. Ich erscheine hier nicht als Konkurrent, sondern bin als Partner mit Ihnen verbunden.«

Peter Pond hatte gewisse Mühe, das zu begreifen. Auch war er in Gedanken noch zu sehr mit seinem persönlichen Problem beschäftigt.

Bei der letzten Sitzung in Grande Portage habe man beschlossen, fuhr Mackenzie fort, die nun vereinte Gesellschaft unter dem Namen »Northwest« zu führen. Auch die Herren von der Gregory-Company waren damit einverstanden, weil es so am zweckmäßigsten schien. In den verschiedenen Distrikten sollten nun die bisher konkurrierenden Postenchefs einander gegenseitig vertreten. Dann könnte immer einer auf Reisen sein, während der andere die Station verwaltet.

»Sie verstehen, Mr. Pond, welch große Vorteile sich daraus ergeben. Wir können gleichzeitig unseren Einfluß weiter in Gegenden ausdehnen, die man bisher nicht kannte, ohne dabei den Handel auf der Station zu vernachlässigen. Von jetzt ab gibt's also zwei Chefs in jedem Distrikt, die sich ergänzen und gegenseitig vertreten.«

Für Peter Pond war diese neue Regelung so interessant, daß er alles übrige vergaß.

»Sehr vernünftig, Mackenzie, das ist wirklich 'ne gute Lösung. Mir liegt schon lange daran, mit unserem Handel in Neuland vorzustoßen. Deswegen hab' ich ja Laurent Leroux zum Großen Sklavensee geschickt ... der hat dort unser Fort Resolution gebaut und dazu noch das kleinere Fort Providence am Nordufer des Sklavensees. Aber damit sind mir die Hände gebunden, mir fehlt ein Partner, der noch weiter geht. Ich konnte ja nicht mal zum Rendezvous fahren, Fort Athabasca hat mich zu sehr gebraucht.«

Die Wahrheit sah anders aus. Pond hatte nicht gewußt, wie er seinen Totschlag an John Ross erklären sollte. Es war ihm lieber gewesen, in weiter Ferne abzuwarten, ob man ihn des Mordes für schuldig hielt oder weiter bereit war, an Notwehr zu glauben.

»Den Großen Sklavensee hab' ich nicht selber entdeckt«, behandelte er das angeschnittene Thema, »das hat schon Samuel Hearne für die HBC getan, vor ungefähr fünfzehn Jahren. Aber bevor die Leute von der Hudson-Bay dort 'nen Posten hatten, standen schon zwei Stationen von mir an dem See. Das heißt zwei Stationen von uns... wie man jetzt wohl sagen muß. Sie sollten bald mal hinfahren, Mackenzie, und sich das ansehen. Es geht ja noch weiter von dort, ein beachtlich großer Fluß verläßt den See in westlicher Richtung...«

Aber sein neuer Partner stand auf.

»Wir haben noch den ganzen Winter vor uns, Pond, besprechen wir das ein andermal. Bitte, helfen Sie mir jetzt, meine Leute unterzubringen.«

Weil Laurent Leroux dreiunddreißig Voyageurs mitgenommen hatte, um die beiden Forts am Sklavensee zu besetzen, standen deren Quartiere zur Verfügung.

»Fürs erste genügt's wohl«, meinte Mackenzie, »aber dann müssen wir anbauen.«

Er selber bezog das Blockhaus von Leroux, noch kleiner und noch bescheidener ausgestattet als die Wohnung Peter Ponds. Doch es gab nichts anderes, er mußte damit zufrieden sein.

Und er mußte in enger Gemeinschaft mit einem Mann leben, der zwei, wenn nicht gar drei Morde auf dem Gewissen hatte. Daß Peter Pond fähig war, noch einen vierten zu begehen, war keineswegs auszuschließen. Einmal in Zorn geraten, konnte er sein gewalttätiges Temperament nicht beherrschen. Jeder Streit mit ihm, selbst eine Meinungsverschiedenheit, brachte den anderen Mann in tödliche Gefahr. Alexander Mackenzie wußte es und hatte sich vorgenommen, Pond kein Wort zu sagen, das ihn reizen konnte. Weil er jünger war als Pond, gab er sich den Anschein, es für selbstverständlich zu halten, daß sein Partner die Führung behielt. Mackenzie tat nichts, ohne ihn zu fragen und Pond, damit in seiner Würde bestätigt, ließ dem jungen Mann weitgehend freie Hand.

»Mit meinem Partner komme ich recht gut aus«, schrieb Mackenzie an seinen Vetter Roderick, »er scheint sogar an meiner Anwesenheit Gefallen zu finden. Und ich werde alles tun, damit sich daran nichts ändert.«

Roderick Mackenzie hatte Alexanders Posten am Churchill-River übernommen. Durch indianische Boten, die auf Schneereifen durch die Wälder liefen, standen sie miteinander in Verbindung. Obschon er äußerlich eher einem Südfranzosen glich, mit straffem, dunklem Haar und schwarzfunkelnden Augen, behauptete Pond, rein schottischer Abstammung zu sein. Doch waren seine Vorfahren schon so früh nach Amerika gekommen, daß vielleicht ohne eigenes Wissen auch indianisches Blut in seinen Adern rollte. Geboren war er nicht in Kanada, sondern in Milford, einer Ortschaft des heutigen US-Staates Connecticut. Eine regelrechte Schule hatte Peter Pond nie besucht, er konnte daher auch nur mit Mühe die Geschäftsbücher führen. Kaum sechzehn Jahre alt, war er seinen Eltern entlaufen und Soldat geworden, um am Feldzug der britischen Kolonialtruppe gegen die französische Herrschaft in Kanada teilzunehmen. Dabei mußte er sich gut bewährt haben, denn bald bekam er den Rang eines Sergeanten und wurde schließlich im Offiziersrang entlassen. Fast neun Jahre lang zog er danach mit einem Sioux-Stamm durch die Prärie, wurde zum halben Indianer und lernte auch mehrere indianische Sprachen.

Von den vielversprechenden Möglichkeiten des Pelzhandels angelockt, war Peter Pond um das Jahr 1775 ins Pays-en-haut gezogen. Während der ersten Zeit blieb er dort selbständig, fand es aber dann zweckmäßiger, sich der Northwest-Company anzuschließen, was den Vorteil hatte, daß er sich nicht mehr um den Verkauf seiner Pelze zu kümmern brauchte. Die Northwest-Company besorgte es für ihn. Allein Peter Pond war die Erschließung des Athabasca-Gebietes zu verdanken, das in manchen Jahren mehr Felle bester Qualität einbrachte als drei oder vier andere Distrikte zusammen. Das Athabasca-Fort hatte Pond 1778 gegründet und mit jedem Jahr den Pelzhandel weiter nach Westen und Norden ausgedehnt. Weil er so lange mit den Sioux gelebt hatte, konnte er die indianische Denkungsweise besser begreifen als so viele andere Partner der Northwest. Er verhandelte mit den Crees, den Assiniboines und Chipewyans in ihrer eigenen Sprache und hielt sie davon ab, ihre Pelze an die Hudson-Bucht zu bringen. Aber nie zufrieden mit dem, was er schon erreicht hatte, war

Peter Pond unablässig bemüht, noch weiter vorzustoßen. Er befragte jeden Indianer, der aus größerer Entfernung kam, nach seinem Weg und nach dem Verlauf der Flüsse, die noch kein Weißer kannte. Er sammelte Gerüchte und Nachrichten, auch wenn sie aus dritter und vierter Hand stammten. Er ließ sich über Berge und Ströme berichten, von denen kein Forscher jemals gehört hatte. Ob sie wirklich oder nur in der blühenden Phantasie fremder Indianer existierten, mußte sich in Zukunft erweisen. Die geographischen Vorstellungen, die sich aus all jenen zweifelhaften Informationen ergaben, zeichnete Pond in seine Karten ein. Obwohl sich später zeigte, daß sie zum großen Teil nicht mit den wirklichen Verhältnissen übereinstimmten, hat der Postenchef von Athabasca doch vieles vorausgeahnt und so manche Entdeckungsreise angeregt. Auch Alexander Mackenzie war von seinen Karten fasziniert.

»Warum haben Sie denn noch keines von diesen Blättern an die Königliche Geographische Gesellschaft in London geschickt?« fragte er seinen Partner. »Man wäre bestimmt daran interessiert.«

Pond schüttelte den Kopf.

»Weil ich nicht sicher bin, ob auch alle Angaben stimmen.«

»Um so mehr freut's mich, daß ich die Karten sehen darf . . .«

»Sie haben eben das richtige Verständnis dafür, Mackenzie, Sie wissen aus eigener Fahrung, was 'ne Karte wert ist, die größtenteils nach indianischen Angaben gemacht wurde.«

»Jedenfalls sind's bessere Angaben als gar keine. Champlain und Radisson, überhaupt alle großen Entdecker mußten sich danach richten, was ihnen die Rothäute sagten.«

Er konnte Peter Pond keine größere Freude machen, der gefährliche Mann strahlte übers ganze Gesicht.

»Sehen Sie dort zum Beispiel, da verläßt ein breiter Fluß den Croßen Sklavensee. Er strömt nach Westen und soviel mir meine indianischen Freunde sagen, behält er diese Richtung bei.«

Mackenzie beugte sich über die grob skizzierte Karte, um Ponds Erklärungen besser folgen zu können. Aber schon nach kurzer Entfernung vom Sklavensee war der Flußlauf nur noch punktiert.

»Weil ich selber im Zweifel war, ob er die westliche Richtung immer beibehält«, sagte Pond, »aber nun glaube ich doch, man kann den Strich durchziehen. Neulich haben's mir drei weitgereiste Jäger von den Gelben Messern wieder bestätigt. Entweder hören da oben die Felsengebirge auf, oder der Fluß hat irgendwo die Rocky Mountains durchbrochen.«

Mackenzie hielt das für möglich. Gab es doch in Arizona, damals noch zu Spanisch-Mexiko gehörend, das berühmte Gran Cañon, wo sich der Colorado-River sechzehnhundert Meter tief durch ein Gebirge frißt.

»Mit anderen Worten glauben Sie, der Fluß könnte ein Wasserweg zum Pazifischen Ozean sein . . . die langgesuchte Verbindung zur Westküste unseres Kontinents?«

Pond wollte es nicht ohne weiteres behaupten.

»Das kann sein, Mackenzie, und kann auch nicht sein. Aber immerhin besteht die Möglichkeit . . .«

Die Suche nach der Ost-West-Passage, also der Wunschtraum, über Land die jenseitige Küste Nordamerikas zu erreichen, bewegte die Geographen schon seit den Zeiten Cartiers und Champlains. Jeder Entdecker, der ins Hinterland aufgebrochen war, hatte gehofft, diesen Weg zu finden. Wußte doch zu Anfang noch niemand, daß die Entfernung vom Atlantischen bis zum Pazifischen Ozean fast viertausend Kilometer Luftlinie betrug. Statt dessen glaubte man, Nordamerika wäre kaum breiter als Mexiko, das spanische Expeditionen schon sehr früh durchquert hatten. Sobald die Ost-West-Passage gefunden wäre, gäbe es auch einen neuen Handelsweg nach Japan, China und Indien. Weder die Spanier noch die Portugiesen könnten ihn stören, erst recht keine arabischen Seeräuber. Als Samuel Champlain, der erste Gouverneur Französisch-Kanadas, im Jahre 1608 den Lorenz-Strom so weit hinaufgefahren war, daß er die Gegend der heutigen Stadt Montreal erreichte, verlieh er den dortigen Stromschnellen im Ottawa-Fluß den Namen «La Chine«, weil er annahm, von dort aus müßte man schon bald die Westküste und damit den Seeweg nach China erreichen. In Wahrheit hatte er noch nicht den zehnten Teil des Weges zum Pazifik erkundet.

Um die Mitte des achtzehnten Jahrhunderts wußte man immerhin, daß die Ausdehnung von Nordamerika nach allen Seiten mehrfach größer als die Europas ist. Die Wissenschaftler konnten nun ziemlich genau abschätzen, welche große Entfernung die letzten Außenposten der Pelzhändler noch immer von der Westküste trennte. Seit 1730 war der Winnipeg-See bekannt, der französische Entdecker Boucher de Niverville hatte zwanzig Jahre später die Rocky Mountains aus der Ferne gesehen. Spanische, britische und russische Seefahrer kannten bereits einen großen Teil der Westküste. Jedenfalls bestand kein Zweifel mehr daran, daß es nur noch eines relativ kurzen Weges bedurfte, um vom letzten Posten der Pelzhändler aus den Pazifik zu erreichen.

»Zweihundert Jahre sind schon mit dieser Suche vergangen«, erinnerte Mackenzie, »viele tüchtige Männer zogen aus, um den Weg an die Westküste zu finden. Keiner hat sein Ziel erreicht, mancher ist spurlos verschwunden. Und mir scheint, der Traum wird sich noch lange nicht erfüllen.«

Warum er das meine, fragte Pond, der bei weitem größte Teil der Entfernung sei doch zurückgelegt.

»Weil die Rocky Mountains dazwischen liegen, daher geht's nicht weiter. Bis hier in unsere Gegend führen noch die langen Wasserwege, und trotz aller Portagen sind's eben doch relativ bequeme Wege. Aber weiter im Westen steigen überall himmelhohe Gebirgszüge auf. Selbst wenn sich dieser Fluß vom Sklavensee aus hindurchwindet, wird er gerade deshalb aus einer Kette von Wasserfällen und Stromschnellen bestehen... kein Boot kann ihn befahren.«

Aber Pond wollte nichts hören, was seinen Hoffnungen zuwiderlief.

»Ein Fluß, der genügend Zeit hatte, um ganze Gebirge zu zernagen, hat sich auch ein breites Bett geschaffen, in dem er ruhig dahinströmt. Das können Sie doch nicht bestreiten?«

Mackenzie zog seinen Widerspruch gleich zurück.

»Sie haben ganz recht, Peter Pond, niemand kann's bestreiten. Dem Zahn der Zeit ist alles möglich... fließendes Wasser hat unglaubliche Kraft.«

»Ob man durchfahren kann bis zum Pazifik«, gab er nun selber zu, »das wird man erst wissen, wenn's jemand versucht hat.«

Er kam von dem Gedanken nicht los, er brachte ihr Gespräch immer wieder auf dieses Thema zurück.

»Wenn ich jünger wäre, Mackenzie, wenn ich gar keine anderen Pflichten hätte, könnte mich nichts von dem Versuch abhalten.«

Peter Pond schmiedete Pläne.

»Dann fahre ich an der Küste hinauf bis zu den Russen in Alaska. Dort nehme ich ein Schiff, das mich nach Sibirien bringt, und reise durchs asiatische Rußland nach Europa.«

Wenige Tage später kam ein Bote Roderick Mackenzies vom Churchill-River, der als Weihnachtsgeschenk ein paar Bücher mitbrachte. Roderick hatte sie vor zwei Jahren in London bestellt und bereits gelesen. Im Begleitschreiben empfahl er besonders ein Buch von Kapitän James Cook, dem berühmten Entdecker so vieler Südsee-Inseln. In seinem letzten Bericht, erst 1784 erschienen, beschrieb Sir James Cook seine Suche nach der Ost-West-Passage über See, die er sechs Jahre zuvor unternommen hatte.

Was kanadische Entdecker vorher von Osten nach Westen versucht hatten, wollte Kapitän Cook in umgekehrter Richtung erzwingen. An der pazifischen Küste war er in jede Meeresbucht eingefahren, stets in der Hoffnung, sie werde ihm erlauben, so weit nach Westen zu segeln, bis er im Atlantik eintraf. Aber im hohen Norden Alaskas, wo sich die Bering-Straße zwischen Sibirien und Nordamerika schiebt, versperrten ihm mächtige Eisfelder den Weg [1]. Dann jedoch öffnete sich tiefer im Süden eine Bucht, die größere Hoffnung versprach. Keine Eisscholle schwamm auf dem Wasser, keine Untiefe schien die freie Fahrt zu hemmen. Doch nach einigen Tagen endete für Kapitän Cook auch dieser Vorstoß mit bitterer Enttäuschung.

»Ein Fluß aus dem Westen strömt in diese Bucht, mit gro-

---

[1] Erst in den Jahren 1903—1906 gelang es dem norwegischen Polarforscher Roald Amundsen, einen Seeweg vom Atlantik durchs Nördliche Eismeer in den Pazifik zu finden. Aber nur in besonders günstigen Jahren läßt sich die vielgewundene Strecke befahren, sonst wird sie durch Packeis blockiert. Einen praktischen Wert hat die Passage daher nicht.

74

ßen Mengen Treibholz, das er aus dem Hinterland mitbringt. Kapitän Cook beschreibt ganz genau, daß solche Bäume in der dortigen Gegend gar nicht wachsen. Schauen wir doch auf Ihre Karte, Pond . . . vielleicht endet Ihr Fluß aus dem Sklavensee in dieser Bucht.«

»Ich glaube fest daran, Mackenzie, ganz bestimmt. Er fließt nach Westen, das hab' ich selber gesehen und von den Indianern gehört, daß er noch ziemlich lange weiter nach Westen fließt. Wenn Cook sonst von keinem anderen großen Fluß berichtet, der sich da droben in den Pazifik ergießt, muß meine Rechnung stimmen [1].

Je länger sie beide auf die Karte starrten und Cooks Bericht studierten, desto mehr verdichtete sich auch die Hoffnung Mackenzies, es könnte sich wirklich um denselben Fluß handeln, also um einen direkten Wasserweg zum Pazifik.

»Wollen wir's nicht zusammen versuchen«, drängte Peter Pond, »dafür könnte man sein Leben riskieren«

»Wir sind an Verpflichtungen gebunden«, bedauerte Mackenzie, »leider sind wir Pelzhändler und keine Entdecker.«

»Im Pays-en-haut gehört beides zusammen . . .«

»Aber nur wenn's dem Pelzhandel dient, sonst wollen unsere Partner nichts davon wissen. Immerhin, Sie könnten ja mal ver-suchen, Pond, beim nächsten Rendezvous in Grande Portage Ver-ständnis für Ihren Plan zu finden.«

Peter Pond rollte die Karte wieder zusammen.

»Hat ja doch keinen Zweck, mit MacTavish ist über solche Dinge nicht zu reden. Dem muß man klipp und klar sagen, was für Gewinne dabei 'rausspringen, sonst ist er gleich dagegen.«

Alexander Mackenzie, viel kühler und gewissenhafter als sein impulsiver Partner, ließ aber den Plan so schnell nicht fallen.

---

[1] Die Bucht Kapitän Cooks wurde nach ihm »Cook-Inlet« genannt. Sie liegt an der Südostküste Alaskas. Die dortige Stadt Anchorage, zu deutsch »Ankerplatz«, leitet ihren Namen von einem Ankerplatz Kapitän Cooks ab. Das Ende der Bucht heißt Turnagain, zu deutsch »Wiederumkehr«, weil sich dort der Entdecker mit größtem Bedauern gezwungen sah, seine Suche nach einer Durchfahrt aufzugeben.

Beutel aus einem Birkbildg
Ottawa

Fort Chipewyan

»Wenn du als mein Vertreter nach Athabasca kommst«, erklärte Alexander Mackenzie schon am ersten Abend, »werd' ich bei MacTavish und Gregory dafür sorgen, daß du in ein paar Jahren zum Partner wirst. Das kann ich schon durchdrücken.«

Am Churchill-River war Roderick völlig allein mit seinen Voyageurs und sechzig Indianern. Dort hatte er niemanden, um sich über andere Dinge zu unterhalten als über die tägliche Arbeit.

»Du brauchst mir gar nichts zu versprechen, Alex, ich bin schon froh, wenn ich 'ne passable Gesellschaft habe. Aber laß mich bloß nicht mit Peter Pond allein.«

»Bin ich ganz gut mit ihm ausgekommen, wirst du's auch. Im übrigen redet er davon, über kurz oder lang aus der Wildnis zu verschwinden. Ich hab' ganz den Eindruck, daß Pond nur noch aus Liebhaberei in seinen Karten herumzeichnet. Sicher würde er schon gerne wissen, ob sie stimmen oder nicht stimmen. Aber mir scheint, es wäre ihm ganz recht, wenn's ein anderer feststellt. In diesem Winter hat er keinen großen Ausflug gemacht, meist war er in der Nähe des warmen Ofens. Wenn Pond seinen Anteil verkauft, hat er genug, um ganz gut zu leben. Aber dann, Roderick, dann bin ich den ganzen Sommer über fort ... vielleicht noch den ganzen Winter.«

»Was hast du vor?«

»Vorläufig darf's außer dir noch niemand wissen ... ich will versuchen, an den Pazifik vorzustoßen.«

Sein Vetter war sprachlos vor Erstaunen.

»Du hast ganz recht, Alex, wenn's jemand erfährt, hält man dich für ziemlich verrückt.«

»Ich bin's genausowenig wie vorher und hab' mir alles genau überlegt.«

Den anderen Herren der Kompanie wollte Mackenzie nur sagen, daß er bei passender Gelegenheit eine größere Reise beabsichtige, zur Ausweitung des Handels natürlich. Mit den »Gelben Messern« und den sogenannten Hunderippen-Indianern bestanden noch keine Beziehungen. Aber aus ihrem Gebiet, nördlich und westlich des Großen Sklavensees, kamen durch Vermittlung der Chipewyans besonders langhaarige Felle. Es lag durchaus im geschäftlichen Interesse der Northwest, daß ein Postenchef selber mit diesen Stämmen in Verbindung trat.

»Das wird den Herren einleuchten, Rory, und meine Reise werd' ich so lang ausdehnen, bis der Fluß zu Ende ist oder ich sonst nicht mehr weiterkomme.«

Jeder Bourgeois konnte bestimmen, wie er seine Zeit einteilte, nur mußte er dafür sorgen, daß während seiner Abwesenheit alle Geschäfte in bester Ordnung weiterliefen.

»Du weißt, verehrter Cousin, es ist einer der besten Distrikte, mit achtzig Leuten allein im Athabasca-Fort, dazu noch Resolution und Providence am Sklavensee. Du brauchst ein gutes Jahr, um dich einzuarbeiten, vielleicht sogar zwei.«

Roderick war fest dazu entschlossen und hoffte nur, daß sich Peter Pond möglichst bald zurückzog.

Ihre Fahrt verlief ohne Zwischenfälle, pünktlich zu Beginn des Rendezvous erreichten sie Grande Portage.

Sehr zufrieden über jenes gute Einvernehmen, das Mackenzie mit Pond herstellen konnte, erfüllte ihm die Versammlung der Bourgeois jeden Wunsch. Die Versetzung Rodericks in den Athabasca-Distrikt wurde genehmigt und an seiner Stelle James Finlay zum Churchill-River geschickt.

»Mein erstes Jahr in Portage ist vorbei, Sir«, meldete sich Alexander McKay, »wie lange muß ich noch warten, bis Sie mich rufen?«

An ihn hatte Mackenzie nicht mehr gedacht. Er erinnerte sich aber nun, daß der junge Mensch sehr darauf versessen war, gelegentlich eine Entdeckungsreise mitzumachen.

»Hast du immer noch keine Angst vor Skalpmesser und Marterpfahl?«

»Natürlich habe ich Angst davor, Sir, aber ich werde alles tun, damit's gar nicht soweit kommt.«

»Gut gebrüllt, Löwe«, lachte Mackenzie. »Nur dumme Leute haben keine Angst, weil ihnen die Voraussicht fehlt, was alles passieren kann. Kluge Leute wissen das ... die sind entweder feig, oder sie überwinden ihre Angst. Erst das nenne ich Tapferkeit, sonst gar nichts!«

Im Augenblick hatte McKay an solchen Betrachtungen kein Interesse.

»Wann kann ich zu Ihnen kommen, Sir?« fragte er beharrlich.

»Offen gestanden bist du mir vorläufig noch zu jung, Alec McKay, sagen wir in zwei bis drei Jahren ... vorausgesetzt, du kannst bis dahin aus dem Lande leben wie ein richtiger Wintermann.«

Viel später an diesem Abend führte Alexander Mackenzie noch eine Besprechung mit John Gregory. Es ging dabei um Peter Pond und dessen zunehmendes Alter. Ein Mann von Fünfzig und darüber sollte nicht mehr lange im Pays-en-haut bleiben, in Montreal lebte man bequemer, wahrscheinlich auch viel länger.

»Sagen Sie ihm, Mackenzie, wenn er seinen Anteil verkaufen will, ich werd' ihn gerne übernehmen und vermutlich mehr dafür zahlen als jeder andere.«

Für Pond sicher ein verlockendes Angebot. Die Partner der Northwest durften ihren Anteil nur einem anderen Partner verkaufen. Wenn keiner ihn wollte, war nichts zu machen. Peter Pond hatte also hier eine Gelegenheit, die sich nicht zu jeder Zeit so günstig bot.

»Ich will's ihm gerne sagen ... auch dazu raten.«

Gregory nickte befriedigt.

»Sie scheinen wirklich gut mit ihm zu stehen. Wie haben Sie's nur fertiggebracht, seine Untaten zu vergessen?«

»Dinge, an die man nicht denken will, geraten bald in Vergessenheit. Peter Pond ist kein schlechter Mensch und auch kein Verbrecher ...«

»Obwohl er drei Menschen umbrachte? Vielleicht noch mehr, wenn man alles von ihm wüßte.«

»Er hat's nicht kalten Blutes getan, Gregory, sein reizbares Temperament ging mit ihm durch. Ich stell' mir vor, Pond kann nicht mehr an sich halten, wenn sein Gegner im Wortgefecht eine besonders empfindliche Stelle trifft. Wer sich aber nur halbwegs seiner Meinung anschließt, hat nichts zu befürchten. Fast möchte ich sagen, daß wir Freunde wurden.«

McGillivray schüttelte seinen kahlen Kopf.

»Ich weiß nicht, worüber ich mehr staunen soll, über Ihren Mut oder Ihre Vergeßlichkeit?«

Am nächsten Morgen fand die letzte Beratung statt, die eigentlich diesen Namen nicht mehr verdiente, denn alle Fragen waren besprochen, Beschlüsse wurden nicht mehr gefaßt. Simon Mac-Tavish hielt nur noch einen kurzen Vortrag über die Lage des Pelzhandels im allgemeinen. Weil er den letzten Winter in England verbracht und sich nicht gescheut hatte, den Geschäften der Hudson-Bay-Company nachzuspionieren, war er über den neuesten Stand der Dinge gut informiert.

»Die Transportkosten steigen, meine Herren, und sie steigen immer weiter. Ich fürchte, eines Tages werden uns die langen Wege ruinieren, denn die Zeitspanne zwischen Einkauf und Umsatz ist viel zu groß.«

Das waren keine neuen Probleme, jeder Partner hatte sich schon oft Gedanken darüber gemacht. Ein volles Jahr — mitunter auch zwei Jahre — verging, bis die Pelze aus dem Pays-en-haut in London eintrafen. Von ihrem Erlös wurden neben vielen anderen Unkosten die Tauschwaren, der Proviant und die Ausrüstung für die Handelsstationen bezahlt. Abermals verstrichen zwei Jahre, bis diese Notwendigkeiten im letzten Außenposten ankamen. Erst im Verlauf eines weiteren Jahres konnte man sie in kostbare Felle umtauschen, wonach der ganze Zyklus von neuem begann.

»Das mochte hingehen, Gentlemen, als der Welthandel auch mit anderen Kontinenten so langsam verlief. Aber wir schreiben das Jahre 1788 und leben in einer modernen Zeit. Nach spätestens zehn

Der Portage-Gletscher am Ostende des Cook-Inlet

Ein Gespann Schlittenhunde bei der Eismeerküste

Monaten kehren die Handelsschiffe aus China und Indien zurück, noch viel rascher aus Mexiko und Südamerika. Nur wir müssen noch mit vier bis fünf Jahren rechnen, weil unsere Ware aus der fernsten Wildnis stammt. Viel zu langsam arbeitet unser Geld, zuviel Zeit vergeht von einem Umsatz zum nächsten . . .«

»Können Sie's ändern, MacTavish?« rief McGillivray dazwischen.

»Wir Northwester können nichts dagegen tun, aber die Hudson-Bay hat's getan!«

Die Herren waren nicht nur erstaunt, sondern machten sich beträchtliche Sorgen, denn jeder Vorteil der großen Konkurrenz mußte sich zu ihrem Nachteil auswirken.

»Neuerdings schicken die Leute von der HBC einen großen Teil ihrer Pelze nach China . . .«

»Wie kommen sie denn darauf?« fragte Peter Pangman. »Was haben die Hudsonier davon?«

In China seien kanadische Pelze noch begehrter als in Europa, erklärte der Marquis. Sie hätten in China auch höheren Wert als die sibirischen Felle, denen man nachsagt, ihr Haar sei weniger dicht und habe nicht den erwünschten Seidenglanz. In China galt edles Pelzwerk als Zeichen von Rang und Würde. Man trug Pelzmäntel im Winter und pelzverbrämte Kleider im Sommer. Nur deshalb machten die russischen Pelzhändler in Alaska so gute Geschäfte. Was sie von den Eskimos und Indianern eintauschten, wurde zum größeren Teil über Sibirien nach China gebracht. Demgemäß war auch die Hudson-Bay-Company auf den Gedanken verfallen, das eine oder andere Schiff direkt von der Hudson-Bucht ums Kap der Guten Hoffnung nach Kanton zu schicken, wo chinesische Händler begierig darauf warteten. London bekam diese Ladungen überhaupt nicht zu sehen, also sparte man die Zölle.

»Vom Erlös werden die Schiffe mit Seide und chinesischem Tee beladen«, fuhr MacTavish fort, »diese Fracht wird auf schnellstem Weg nach London gebracht, und von dort segeln die Schiffe mit Tauschwaren wieder zur Hudson-Bucht. So ergibt sich ein dreifaches Geschäft, für das unsere Konkurrenz trotz der langen Seewege nur zwei Jahre braucht. Wir können's leider nicht so machen, weil wir keinen Posten an der Hudson-Bucht haben. Wir müssen jeden Pelzballen über Montreal und Quebec ausführen. Und dort bestimmt das Gesetz... Sie wissen's ja, meine Herren... daß aller Export über England gehen muß. Uns ist der Weg über die Hudson-Bucht verschlossen, uns hat kein König mit so großartigen Privilegien beschenkt wie die HBC. Die Zukunft sieht nicht rosig aus, Gentlemen, langsam, aber sicher wird unsere Northwest von den Hudsoniers abgehängt.«

Nachdem dieser und jener gesprochen hatte, ohne wesentliche Vorschläge zu machen, bat Alexander Mackenzie ums Wort.

»Keine Station der HBC liegt so weit im Westen wie unsere Außenposten. Also haben wir die beste Chance, eines Tages die ersten an der Westküste zu sein, ich meine, die ersten Pelzhändler Kanadas. Dann entfällt der zeitraubende und kostspielige Weg nach Montreal... und an der Westküste gibt's keine Behörden, die unseren Handel mit Zoll und Steuern belegen. Über den Pazifik segeln unsere Pelze spätestens in zwei bis drei Monaten nach China. Von dort bringen wir Tee, Seide und Porzellan nach England, fahren dann mit Tauschwaren um Kap Horn hinauf zu unserer Station an der Westküste, und der Ring ist geschlossen. Was halten Sie von diesem Plan, meine Herren?«

Zu seiner Enttäuschung fand Mackenzie keinen Widerhall.

»Sie schwelgen in Phantasien«, erklärte MacTavish, »was Ihr jugendliches Alter einigermaßen entschuldigt.«

»Sie vergessen die Rocky Mountains«, rief Martin Frobisher, »die liegen als unüberwindliche Sperre zwischen dem Pays-en-haut und der pazifischen Küste.«

»Noch kein weißer Mann hat diese Berge aus der Nähe gesehen«, erinnerte Duncan Cameron, »man kennt nicht einmal ihre Höhe und Breite.«

Von Peter Pangman wurde Mackenzie mit Spott bedacht.

»Und wo finden Sie Voyageurs, die Ihre Kanus nebst Proviant und Pelzballen über himmelhohe Gebirge schleppen? Erst wenn Sie ein paar hundert Gemsen zu Tragtieren dressiert haben, sprechen wir uns wieder.«

Schallendes Gelächter dröhnte durch den Saal. Es hatte keinen

Zweck, daß Mackenzie seine Pläne weiterspann. Viel besser war es, jenen Fluß gar nicht zu erwähnen, der nach Peter Ponds und seiner Ansicht die Rocky Mountains durchquerte. Dafür gab es keinen Beweis, niemand würde daran glauben. Jeder würde behaupten, falls der Fluß wirklich existiert, wäre er bestimmt nicht zu befahren. Gleich danach erklärte MacTavish die letzte Beratung für abgeschlossen. Die Herren eilten hinüber in den großen Saal, um ihr feuchtfröhliches Abschiedsfest zu begehen.

»Mir scheint, du hast dich zu weit vorgewagt«, sagte Roderick Mackenzie zu seinem Vetter, als er sicher sein konnte, daß niemand zuhörte.

»Ja, ich gebe zu, es war ein Fehler. Mir ist nun vollkommen klar, daß ich selbständig handeln muß . . .«

»Kannst du das, so ohne Einverständnis der Ratsversammlung?«

»Natürlich wär's mir lieber gewesen, alle hätten zugestimmt. Aber schließlich bin ich Mitinhaber der Northwest und kann mir Handelsreisen auf eigene Faust erlauben . . .«

»Aber nur in deinem Distrikt«, wandte Roderick ein.

»Stimmt, mein Bester, aber wo hört er denn auf, mein Distrikt? Nach Norden und Westen stehen irgendwelche Grenzen nicht einmal auf dem Papier. Es ist doch mein gutes Recht . . . man kann auch sagen, es wäre meine Pflicht, die Wasserwege in meinem Handelsgebiet zu erkunden. Komme ich dabei zum Pazifik, sind all die heutigen Einwände vergessen. Mit stolzgeschwellter Brust wird jeder Northwester erklären, daß ein Partner seiner Kompanie die Ost-West-Passage gefunden hat. Gelingt's mir nicht, habe ich eben nur eine Handelsreise unternommen.«

Das war die beste Lösung, mußte Roderick zugeben, so ließ sich alles erklären. Aber der Plan mußte geheim bleiben, außer Peter Pond durfte niemand davon erfahren.

»Und wenn er darauf besteht, die Reise mitzumachen?«

»Dann macht er sie mit, Rory, schließlich war's seine Idee. Aber ich hab' das Gefühl, es wird ihm genügen, nur in Gedanken mitzufahren. So sind die Menschen, wenn sie älter werden. Dann wollen sie nur noch die Ausführung ihrer Pläne erleben . . . ganz gleich, von wem. Sollte mich sein Fluß wirklich zur Westküste bringen, werde ich Peter Pond bestimmt zur Anerkennung verhelfen. Jedem werd' ich sagen, daß er als geistiger Vater des Erfolgs zu gelten hat.«

Als die beiden Mackenzie Ende September im Athabasca-Fort eintrafen, hatte sich Pond eben erst von langer Krankheit erholt.

»Wenn's nicht zu spät wäre, ginge ich am liebsten noch in diesem Jahr nach Montreal. McGillivray kann meine Anteile haben ... dreißig Jahre in der Wildnis und davon zehn im Pays-en-haut, das genügt mir jetzt.«

»Und die West-Passage, Peter Pond, haben Sie keine Lust mehr dazu?«

»Im Frühjahr hatte ich sie noch, nun ist's damit vorbei ... aber es kommt mir ganz so vor, als hegen Sie gewisse Pläne. Ohne bestimmten Grund haben Sie doch Ihren Vetter nicht mitgebracht.«

Mackenzie gab es zu.

»Ihnen will ich auch gar nichts vormachen, Pond, aber so bald wird's kaum möglich sein. Erst muß sich Roderick einarbeiten, und ich muß noch viel mit Ihnen darüber reden.«

Pond nickte ihm zu.

»Ich stehe zur Verfügung, Mackenzie, jederzeit stehe ich zu Ihrer Verfügung. Sie können ganz und gar auf mich zählen.«

Alexander Mackenzie betrieb keine umfangreichen Vorbereitungen. Er führte nur Gespräche mit Pond, saß stundenlang im beizenden Rauch der Indianerhütten und suchte Klarheit darüber zu gewinnen, wen er auf die gewagte Reise mitnehmen könnte. Auf jeden Fall Charles Ducette und Joseph Landry, die ihn schon seit Jahren auf jeder Fahrt begleitet hatten. Auch François Barrieau schien ein besonders tüchtiger Mann zu sein. Peter Pond hielt große Stücke von ihm, ebenso von Pierre de Lorme. Der könne drei Tage und Nächte durchpaddeln, ohne auszuruhen. Beide waren offensichtlich »Bois-Brulés« und hatten einen kräftigen Schuß irokesischen Bluts in den Adern. Das sprach für ihre Kühnheit und Ausdauer.

Der fünfte Mann, zu dem sich Mackenzie nach reiflicher Überlegung entschloß, war wohl der seltsamste Voyageur, den man im Pays-en-haut jemals gesehen hatte. Er hieß Johann Steinbrück und stammte aus dem preußischen Königreich. Mehr ist nicht über ihn bekannt [1]. Wie ein Deutscher zu jener Zeit ins fernste Kanada gelangte und Paddler einer Pelzbrigade wurde, muß leider ohne Erklärung bleiben. Mit der einen Ausnahme Johann Steinbrücks waren alle Wintermänner französischer und teilweise indianischer Abstammung. Im Archiv der Hudson-Bay-Company, mit der sich die Northwest 1824 vereinte, wird die Namensliste aller Voyageurs damaliger Zeit noch heute aufbewahrt. Außer diesem preußischen Paddler findet sich darunter kein anderer Ausländer. Von Mackenzie wird Steinbrück mehrfach als Deutscher bezeichnet, in späteren Schilderungen liest man, daß ihn seine Gefährten »Le Prussien« nannten. Damit müssen wir uns begnügen.

Mackenzie wollte seine Expedition so klein wie möglich halten. Unterwegs war man zur Ernährung allein auf Jagd, Fischfang und Notproviant angewiesen. Je weniger Leute mitkamen, desto leichter waren sie zu versorgen. Daher beschränkte er seine Mannschaft auf jene fünf Voyageurs, die wir eben nannten, und drei Indianer vom Stamme der Chipewyans. Alle gehörten zur Gefolgschaft des Athabasca-Forts und standen seit Jahren als Pfadfinder oder Dolmetscher im Dienst der Northwest. Von ihnen war ohne Zweifel »English Chief« der bedeutendste Mann. Wie er tatsächlich hieß, wird nirgendwo erwähnt. Als »Englischer Häuptling« galt er sowohl bei den Weißen wie den Indianern, weil er im Fort Prince-of-Wales aufgewachsen war, einem Posten der HBC an der Hudson-Bucht. Er sprach Englisch fast ebensogut wie ein geborener Engländer. Mit seinem Adoptivvater, Matonabi, hatte er von 1770 bis 1772 den Entdecker Samuel Hearn begleitet, mit ihm war er dem Coppermine-River bis zum Eismeer gefolgt. Auf der

[1] In den verschiedenen Quellen erscheint sein Name in verschiedener Schreibweise: Johann Steinbrück, John Steinbruik und John Steinbuck. Auf einer Liste, die für das Jahr 1799 — also zehn Jahre später — die Partner und Clerks im Athabasca-Fort angibt, wird auch John Heinbuck genannt, und zwar an dritter Stelle. Wenn es sich bei Heinbuck um denselben Mann wie Johann Steinbrück handeln sollte, ist er vom einfachen Voyageur zum Senior-Clerk aufgestiegen, denn nach den beiden Postenchefs bezog er das höchste Gehalt.

Rückreise hatte Hearn den Großen Sklavensee entdeckt. Dorthin war der English Chief später zurückgekehrt und in den Dienst Peter Ponds getreten. Wegen seiner Sprachkenntnisse, die ein gutes Dutzend indianischer Dialekte umfaßten, auch wegen seiner großen Erfahrung, war er für die Northwest ein wertvoller Mann.

Allerdings wollte der English Chief nicht auf die Mitnahme seiner beiden Frauen verzichten. Denn wie er mit aller Bestimmtheit sagte, brauchte man sie zur Arbeit im Lager, zum Ausbessern der Kleider und für die Zubereitung der Mahlzeiten. Außerdem sollten sie die drei Rothäute beim Paddeln ablösen. Zunächst war Mackenzie nicht damit einverstanden, denn er hielt weibliche Begleitung für störend und belastend. Doch ließ er sich dann von Peter Pond überzeugen, daß die Vorteile bestimmt größer seien als die Nachteile. Die Männer brauchten sich nicht mit Kochen, Waschen und Reparaturen abzugeben, sie hatten mehr Zeit für Jagd und Fischfang. Die Weiber zerwirkten das Wild, räucherten die Fische und schleppten auch das Feuerholz herbei. Also bewilligte Mackenzie dem English Chief, daß er sich von seinen Frauen begleiten ließ.

Dies hatte zur Folge, daß auch Pierre de Lorme und François Barrieau dringend darum baten, in Gesellschaft ihrer Frauen zu reisen. Madame de Lorme war eine Häuptlingstochter der Chipewyans, während Frau Barrieau einen französischen Waldläufer zum Vater und eine Irokesin zur Mutter hatte.

»Mit denen ist alles in Ordnung«, versicherte Peter Pond, »die beiden Paare sind regelrecht verheiratet, ein Jesuitenpater hat sie getraut. An Ihrer Stelle, Mackenzie, hätte ich nichts dagegen, daß sie mitreisen. Beide Frauen verstehen wirklich gut zu kochen. Die machen Ihnen aus dem ältesten Karibu ein zartes Gulasch. Und wenn sonst nichts zu finden ist, entsteht unter ihren Händen ein Topf voll feiner Spaghetti aus der Bastrinde junger Birken. Sie können sich drauf verlassen, Mackenzie, daß keiner verhungert, wenn solche Frauen dabei sind. Die kennen mehr eßbare Kräuter als jeder Waldläufer.«

»Ich hab's noch nie getan«, mußte Mackenzie zugeben, »aber von Ihren guten Erfahrungen lasse ich mich belehren.«

Als der Schnee dahinschmolz und die Eisdecke der Flüsse aufbrach, faßte Alexander Mackenzie plötzlich den Entschluß, das Fort und seine ganze Besatzung an den Athabasca-See zu verlegen. Peter Pond, gerade im Begriff nach Montreal abzureisen, hatte nichts dagegen. Er wunderte sich nur über die Eile, mit der Mackenzie dieses Projekt so unversehens betrieb. Hatte es denn nicht Zeit bis zu seiner Rückkehr?

»Eben nicht, denn ich möchte Rodericks Aufgabe erleichtern. Die achtzig Leute unseres Postens leben vorwiegend von Fischen, und mir ist aufgefallen, welche Mühe es macht, hier im Fluß den täglichen Bedarf zu decken. Am seichten Ufer des großen Sees genügt's schon, die Netze über Nacht ins Wasser zu hängen. Wenn man sie am frühen Morgen wieder einzieht, zappeln darin genügend Fische, um alle Leute drei Tage lang damit zu füttern. Dort gibt's im Herbst auch viel mehr fette Lachse als hier. Ich glaube sicher, das ewige Problem der Ernährung wird am See viel einfacher sein als am Athabasca-River [1].«

Mackenzie ließ die Palisade und alle Blockhäuser abreißen. Zu Flößen gebündelt, schaffte man die Stämme den Fluß hinab, etwa siebzig Kilometer weit, bis zur Mündung des Athabasca-River. Auf anderen Flößen folgten das gesamte Material und jedes Stück des Inventars. Voyageurs und Indianer, auch die beiden Mackenzie selber, schufteten von drei Uhr früh bis spät in die Nacht. Es schwammen noch Eisschollen auf dem Fluß, und nachts froren die getauten Lagunen wieder zu.

»So bald kann ich doch nicht zum Sklavensee aufbrechen«, erklärte Mackenzie, »bis dort oben Tauwetter einsetzt, sind wir mit der Arbeit fertig.«

Nach vierzig Tagen war der große Umzug tatsächlich beendet. An einer der schönsten Buchten des Athabasca-Sees, von rauschenden Wäldern eingefaßt und durch eine Landzunge vor der Brandung geschützt, lag die neue Festung aus dem alten Material. Mac-

---

[1] Mackenzie wußte noch nichts von Kalorien, aber heute weiß man, daß Lachse siebenmal mehr Kalorien enthalten als Forellen, die am häufigsten in den Gewässern Kanadas vorkommen. Sie mögen noch so gut schmecken, haben aber nur ganz geringen Nährwert.

kenzie gab ihr den Namen »Fort Chipewyan«, um dem großen Stamm der Chipewyans seine Freundschaft deutlich zu beweisen. Peter Pond blieb nur bis zur Einweihung, dann war sein Aufenthalt im Pays-en-haut für immer beendet.

»Viel haben Sie geleistet in dem schönen Land«, sagte ihm Mackenzie, »kein anderer Europäer war vor Ihnen am Athabasca-See, und Ihnen wird's zu verdanken sein, wenn mich der Fluß aus dem Sklavensee zum Pazifik bringt.«

Es fiel Peter Pond nicht leicht, sein Königreich zu verlassen. Er hatte es für den Handel geöffnet und Frieden zwischen den Stämmen gestiftet. Nun sollte ein anderer den Traum seines Lebens erfüllen.

»Ich werd's versuchen, Pond, mehr kann ich nicht versprechen. Als Sie mir zum ersten Male von dem sagenhaften Fluß erzählten, hatte ich noch Zweifel. Aber dann wurde ich von Ihrer Zuversicht angesteckt ... von Ihrem Glauben, daß es möglich sei, die Ost-West-Passage zu finden. Hatten Sie denn vorher wirklich noch nie mit einem anderen darüber gesprochen?«

Im flackernden Schein einer heruntergebrannten Kerze saßen sie einander gegenüber, in Mackenzies Quartier, dem noch so manches fehlte.

»Doch ... ich hab' schon vorher drüber gesprochen«, sagte Pond mit gedämpfter Stimme. »Zwei andere Männer hab' ich gefragt, ob sie einen Vorstoß zum Pazifik mitmachen wollten.«

Mit brennenden Augen schaute er Mackenzie an, der jedoch klug genug war, keine Fragen zu stellen.

»Der eine hieß Charles Wadin«, fuhr Pond flüsternd fort, »der andere hieß John Ross. Mit ihnen habe ich davon gesprochen, von meinem Fluß und vom Pazifik. Wadin und John Ross habe ich gefragt, jeden zu seiner Zeit, ob sie mich begleiten wollten auf der Suche nach der West-Passage ...«

Seine Hände zuckten, und er war kaum zu verstehen.

»Beide haben schallend gelacht, Mackenzie, beide sagten mir, ich sei wohl verrückt. Das war der wirkliche Grund ihres Todes, Mackenzie. Möge sich Gott meiner Seele erbarmen.«

Hermeline für die Königin

»Juni 1789 — Mittwoch und dritter Tag des Monats — 9 Uhr am Vormittag — Abreise von Chipewyan, meinem Fort am Südufer des Athabasca-Sees — Länge 58/40 Nord — Breite 110/30 West von Greenwich — Abweichung des Kompasses 16⁰ Ost — in meinem Kanu außer mir: François Barrieau mit Ehefrau, Pierre de Lorme mit Ehefrau, Charles Ducette — Joseph Landry und John Steinbrück, ein Deutscher. Im zweiten Kanu: Laurent Leroux, English Chief mit zwei Weibern und zwei Chipewyans.«

Mit dieser knappen Feststellung beginnt die erste Seite im Tagebuch Alexander Mackenzies. Er hat dieses Tagebuch nur in knappen Worten geführt und auch später nie ausgeschmückt. Seiner Ansicht nach bestand dafür keine Notwendigkeit, er war als sparsamer Schotte auch sparsam mit jedem Wort. Er verzichtete auf Beschreibung der Landschaft, schilderte keine Eindrücke und erwähnte nie eigene Empfindungen. Mackenzie machte nur Angaben, sehr präzise und klar verständliche Angaben. Seine Nachfolger haben sie Punkt für Punkt bestätigt. Er besaß die Gabe scharfer Beobachtung, nichts von Wichtigkeit konnte ihm entgehen. Tag für Tag, sogar Stunde für Stunde läßt sich sein Weg verfolgen. Jede Windung der Flüsse wurde notiert und kartographisch festgehalten. Mackenzie berechnet mittags wie abends die zurückgelegte Strecke und die dafür benötigte Zeit. Er nennt die Art der Bäume, Büsche und der sonstigen Vegetation am Ufer, zählt alle Lebewesen auf, die er zu sehen bekommt, und vergißt nicht das geringste Ereignis. Die Besonderheit der Eingeborenen wird zu Papier gebracht. Er gibt an, welche Kleinigkeiten er ihnen schenkte und was sie ihm dafür gaben. Mackenzie teilt in seinem Tagebuch mit, wie lange jeweils die Nachtruhe dauerte, was Jagd und Fischfang einbrachten und welche Mengen seine Leute an diesem oder jenem Tag verzehrten. Jeder Wechsel des Wetters ist aus seinen Notizen zu ersehen.

Aber es fehlen darin Farbe und Stimmung, es fehlen die menschlichen Erlebnisse, sowohl seine eigenen wie die seiner Gefährten. Kein persönliches Wort über sich selber, keine Betrachtung über das große Abenteuer und all die vielen Gefahren, die sie gemeinsam bestanden. Auch kein Wort über den eigentlichen Zweck der Reise, ihre Probleme und Verlockungen.

Hätte man nicht andere Berichte, die ihn selber schildern, so wüßte niemand, daß er seine großen Abenteuer in vollen Zügen genoß. Er war ein Mann, der das freie Leben liebte, heiter und aufgeschlossen gegenüber seiner Umwelt. Stets fand er den richtigen Ton mit anderen Menschen, erst recht mit den Menschen der Wildnis. Der Drang nach weiten Reisen lag in seinem Blut, die Sehnsucht nach der fernsten Ferne beherrschte ihn. Doch er gab sich große Mühe, daß hiervon nichts in seinem Tagebuch zu erkennen war. Fremde würden es lesen, denen wollte er sich nicht enthüllen.

Wie anders dagegen seine Briefe an Roderick Mackenzie, die wunderbarerweise fast vollzählig erhalten sind. Darin spricht er zu einem Freund und Verwandten, so wie ihm der Schnabel gewachsen ist. Er öffnet ihm sein Herz und läßt ihn vertraulichste Gedanken wissen. Mit Lob und Tadel bedenkt er die Leute, schimpft auch hemmungslos über solche, die ihm gründlich mißfallen. Oft gebraucht er humoristische Redensarten, mitunter sogar Ausdrücke, die sich ganz und gar nicht gehören. Jedenfalls ist der wirkliche Mackenzie ein vollkommen anderer Mensch, als sein trockener Reisebericht vermuten läßt.

»Das Mysterium des Unbekannten«, schreibt er einmal an Roderick, »hat für mich unwiderstehlichen Reiz. Gefahren machen mir nur das Maul wäßrig nach neuen Gefahren. Ich bin mit der gleichen Passion hinter der Ferne her wie andere Leute hinter hübschen Frauen . . .«

Er wußte nicht, ob er jemals zurückkommen würde. Er verließ eine gesicherte Existenz, um sich in ein Abenteuer zu stürzen, das keiner von seinen Partnern billigte. Er verstieß gegen seine Pflicht, er täuschte seine Auftraggeber. Niemand außer Roderick Mackenzie war in sein wirkliches Vorhaben eingeweiht. Seine Begleiter erfuhren nicht mehr, als daß er den Verlauf eines bestimmten Flusses erkunden wollte, der am Westufer des Großen Sklavensees begann. Zweck der Reise sollte angeblich nur sein, neue Handelsverbindungen mit jenen Stämmen herzustellen, die am Ufer des noch namenlosen Flusses lebten. Daß Mackenzie die feste Absicht hatte, diesem Wasserweg so weit zu folgen, wie das nur menschenmöglich war, hatte er seinen Voyageurs und dem English Chief verschwiegen. Sie alle begaben sich auf die Suche nach der Ost-West-Passage, aber nur Mackenzie wußte es.

Für ein Unternehmen von solcher Tragweite hatte Mackenzie, was die materielle Ausrüstung seiner Expedition betraf, nur geringe Vorbereitungen getroffen. In der Hauptsache bestanden sie aus dem Zubereiten von dreihundert Pfund Pemmikan, dem Notproviant für die Tage, an denen Jagd und Fischfang nicht genügten. Die Herstellung solch konzentrierter Nahrung war mühevoll und zeitraubend. Die Eingeborenen im Pays-en-haut kannten Pemmikan damals noch nicht, das Rezept stammte von den Indianern der Prärie. Vor allem die Sioux waren Meister in der Kunst, erstklassigen Pemmikan herzustellen. Dort hatten weiße Waldläufer die Zubereitung gelernt und an die Pelzhändler im kanadischen Nordwesten vermittelt. Welch große Vorteile die Mitnahme von Pemmikan auf weiten Reisen bot, stellte sich bald heraus. Es gab keine Dauerverpflegung, weder in der Wildnis noch in zivilisierten Ländern, die im Verhältnis zum Gewicht den gleichen Nährwert besaß [1].

Der Rohstoff ist das Fleisch von Bison, Elch, Karibu und anderem großen Getier. Es wird in schmale, dünne Streifen geschnitten,

---

[1] Erst in unserer Zeit, etwa seit 1950, wurde der indianische Pemmikan durch den Nährwert von einigen dehydrierten Lebensmitteln übertroffen. Aber die Entziehung des Wassergehalts — um das Gewicht auf ein Drittel oder Viertel zu vermindern — kann nur mit Hilfe komplizierter Verfahren geschehen, ist also unter einfachen Verhältnissen gar nicht möglich, weshalb Pemmikan noch heute von einsam lebenden Menschen hergestellt wird. (In seinem Buch »Blockhaus in acht Tagen« — Sigbert Mohn Verlag, Gütersloh — beschreibt der Verfasser ausführlich Herstellung und Verwendung von Pemmikan.)

in der Sonne gut getrocknet und danach in einem soliden Gefäß faserig gestampft. Als weiterer Bestandteil des Pemmikans dient ausgelassenes Tierfett, vor allem knusprig gebratene Grieben. Sie werden mit dem zerstampften Trockenfleisch gemischt und so lange durchgeknetet, bis daraus ein zäher, fetter Teig entsteht. Waldbeeren, Knochenmark und Gewürze kommen hinzu. Dann wird die Masse in Ledersäcke gepreßt, verschnürt und wochenlang in frischer Luft aufgehängt. Erst dann ist Pemmikan fertig und bleibt in einigermaßen kühlem Klima jahrelang haltbar. In jedem Zustand ist das Produkt genießbar, roh und gekocht, gebraten und gefroren. Ein Viertelpfund pro Tag genügt, um den Menschen am Leben zu erhalten, mit einem halben Pfund täglich kann er volle Arbeit leisten. Pemmikan enthält so gut wie alle Nährstoffe und Vitamine, mit Ausnahme des Vitamins C. Die alten Waldläufer waren gewohnt, sich bitteren Tee aus grünen Tannennadeln zu brauen, und darin steckte das fehlende Vitamin [1].

Warum man trotz all seiner Vorzüge Pemmikan nicht auf jede Reise mitnahm, lag an seiner umständlichen Zubereitung. Das Wild mußte erlegt werden, wenn es sich im besten Futterzustand befand, also im späten Sommer oder frühen Herbst. Man brauchte verhältnismäßig große Mengen, um nur wenige Säcke zu füllen. Es war daher nicht möglich, die Voyageurs einer ganzen Flotte, wie etwa der Montreal-Brigade, damit zu versorgen. Auch dies war einer der Gründe, weshalb Mackenzie nur wenige Begleiter mitnahm.

Dreißig Pfund Pulver und sechzig Pfund Blei befanden sich an Bord beider Kanus. Jeder Voyageur und jeder Indianer besaß ein Gewehr, Mackenzie dazu noch zwei Pistolen. In fünfundsechzig Paketen trugen die Boote wasserdicht verpackte Tauschwaren und Geschenke für die fremden Indianer, Äxte und Messer, Kochtöpfe, Metallspiegel und bunte Glasperlen, nicht zu vergessen zwei kleine Fässer mit schottischem Whisky und westindischem Rum. Zur Ausrüstung der Mannschaft gehörten Fischnetze und drei Zelte aus ölgetränktem Segeltuch, zwei Dutzend Wolldecken, Kochkessel

---

[1] Seit undenklicher Zeit galt Tannentee als gute Medizin bei den Indianern, die natürlich von seinem Vitamin-C-Gehalt (im »Tannin«) keine Ahnung hatten. Wer Tannentee trank, konnte nicht an Skorbut erkranken.

und Kochgeschirr, warme Winterkleidung und mancherlei Werkzeug. Die Frauen hatten natürlich ihr Nähzeug bei sich. Für die Boote selber wurden Segel, Zugseile, Kiefernharz, Lederschnüre und riesengroße Schwämme mitgenommen, die zum Aufsaugen von eindringendem Wasser dienten. Jeder Paddler brachte seine eigenen Paddel mit und jeder zweite eine lange Stange mit eiserner Spitze. Man brauchte sie, um die Boote vom Fels abzustoßen.

Alexander Mackenzie wollte kein unnötiges Risiko eingehen. Statt den Athabasca-See geradewegs zu überqueren, folgte er der Südküste und blieb dabei stets in der Nähe des Ufers, denn seine schmalen, wendigen Boote waren nicht stabil genug, um draußen einen Sturm zu überstehen. Mit einer Breite von siebzig und einer Länge von fast zweihundert Kilometern ist der Athabasca-See ein Binnenmeer von imponierendem Ausmaß. Seinen plötzlichen Stürmen und Strömungen, seinen Riffen und Klippen ist auch noch in neuerer Zeit so manches Frachtschiff zum Opfer gefallen.

Trotz des weiten Umwegs erreichten die beiden Boote das gegenüberliegende Ufer schon am späten Abend des ersten Tages. Am Eingang des Sklaven-Flusses, der von hier in zahlreichen Windungen zum Großen Sklavensee strömt, ließ Mackenzie das Nachtlager aufschlagen. Da er Zelte mitführte, bot das Lager mehr Bequemlichkeit, als er und seine Begleiter von früheren Reisen gewohnt waren. Für unbestimmte Zeit hatte man kein anderes Quartier zu erwarten, und was die Tage brachten, ließ sich nicht voraussehen. Zumindest während der Nächte sollten die Männer, erst recht ihre Frauen, vor Wind und Wetter geschützt sein.

»Meine Indianer erlegen eine Graugans und drei Wildenten«, schreibt Mackenzie in sein Tagebuch, »ein Kanu aus dem Wasser genommen, kleines Leck mit Kiefernharz verklebt.«

Die Jagdbeute dürfte nur knapp gereicht haben, um zwölf Personen satt zu machen. Der Pemmikan wurde nicht angebrochen, Mackenzie hätte es sonst erwähnt. Doch ist anzunehmen, daß man so bald nach der Abfahrt andere Lebensmittel bei sich hatte.

Aufbruch um vier Uhr früh, die Strömung ist auf seiten der Expedition, und schnell geht die Fahrt den Sklaven-Fluß hinab. Gegen Mittag öffnet sich zur Linken eine weite Lücke im Waldmeer, die Einmündung des Peace-Rivers. Er ist anderthalb Kilometer breit, hat eine viel stärkere Strömung als der Sklaven-Fluß, und Mackenzie rechnet aus, daß eine so große Wassermenge auch ein sehr weites Einzugsgebiet braucht.

»Ist der Wasserstand auch im Sommer so hoch?« erkundigte er sich bei Laurent Leroux.

»Nein, dann sinkt der Fluß, und überall erscheinen Sandbänke.«

Demnach führte er jetzt Schmelzwasser aus den Rocky Mountains, die noch kein weißer Mann aus der Nähe gesehen hatte. Selbst vom Peace-River waren nur die letzten fünfzig bis sechzig Kilometer stromauf bekannt. Vor der Abfahrt hatte Mackenzie seinen Vetter beauftragt, einen Mann namens Charles Boyer den Peace-River hinaufzuschicken. Er sollte mit sechs oder sieben Voyageurs so weit vorstoßen, bis eine besonders lange oder schwierige Portage den Weg behinderte. Dort wünschte Mackenzie einen neuen Posten, nur von diesen paar Leuten besetzt und nur bestehend aus einem Blockhaus mit Palisaden. So hoffte er den Felsenbergen ein gutes Stück näher zu rücken. Auch Leroux hielt das für eine gute Idee. Oben am Peace-River lebten verschiedene Gruppen von Crees- und Biber-Indianern, tüchtige Jäger und geschickte Fallensteller. Erst vor kurzem hatten sie nach langen Kämpfen das Kriegsbeil begraben und die Friedenspfeife geraucht [1]. Wenn man dort eine kleine Station besaß, mußte sie den ganzen Pelzhandel der Gegend an sich ziehen.

»Genau so habe ich mir das gedacht«, beeilte sich Mackenzie zu versichern, »ein neuer Außenposten, möglichst hoch droben am Peace-River, wird der Northwest gutes Geld bringen. Boyer hat den Auftrag, sein Blockhaus nach Möglichkeit dort anzulegen, wo ein vielversprechender Nebenfluß einmündet, dann hat er gleich zwei Wasserwege vor seiner Tür.«

Der junge Bourgeois verstand sein Geschäft, Laurent Leroux war davon überzeugt. Das bewies schon die Wahl jenes Voyageurs, den er für das Unternehmen bestimmt hatte. Ein Wintermann von der besten Sorte war dieser Boyer, aber ebensowenig schottischer

---

[1] Von diesem Friedensschluß stammt der Name Peace-River, »Friedensfluß«.

Herkunft wie Leroux. Hier und da begann man wohl einzusehen, daß auch unter den Voyageurs ein paar Männer waren, denen man selbständige Aufgaben übertragen konnte. Mackenzie jedenfalls hatte es begriffen.

Gegen sieben Uhr erreichten die beiden Kanus die erste Stufe einer langen Strecke von Stromschnellen. Bei der Einmündung des Dog-Rivers, schon in Hörweite tosender Wasserfälle, wurden die Zelte aufgebaut und prasselnde Feuer entfacht. Der English Chief entdeckte frische Elchfährten, mit den beiden Chipewyans ging er ihnen nach und verschwand im Dickicht. Pierre de Lorme und Charles Ducette hängten ein Netz in den Fluß. Quer zur Strömung wurde es ausgespannt zwischen einem Baum am Ufer und einer Stange, die man draußen in den Grund stieß. Landry schnitzte ein neues Paddel zurecht, Steinbrück bastelte an einer Falle, und Barrieau reinigte sein Gewehr. Seine Frau und die Frau de Lormes hantierten mit den Kochtöpfen. Die Weiber des English Chief suchten trockenes Treibholz zusammen. Mackenzie hatte schon die Ortsbestimmung gemacht und hielt sie in seinem Tagebuch fest.

»Wie heißen die Stromschnellen vor uns«, erkundigte er sich bei Laurent Leroux, »haben sie schon einen Namen?«

»Nun ja, den haben sie schon, er steht aber noch auf keiner Karte, und ich finde, man sollte ihn wechseln. Seit Cuthbert Grant vor drei Jahren hier war und das Unglück hatte, nennen wir das obere Wildwasser ›Strudel der Verdammten‹, und was danach kommt, den ›Kessel der Ertrunkenen‹. Es klingt aber zu abschreckend für Neulinge, finden Sie nicht?«

»Nein, Laurent, ich find's ganz richtig, das warnt jeden, der nach uns kommt. Fünf Menschen und zwei Boote auf einer Durchfahrt zu verlieren, das berechtigt zu der Bezeichnung.«

Beim Dunkelwerden kamen die drei Indianer zurück. Den Elch hatten sie nicht erreicht, seine Spur führte in einen Sumpf. Dafür brachten sie Honig von Wildbienen mit, der English Chief hatte einen selbstgemachten Topf aus Birkenrinde damit gefüllt.

Häuptling der Shuswap-Indianer vom Alkali-See
in den Rocky Mountains

Pelzrobben an der Eismeerküste

»An dem Tümpel da hinten steht reifer wilder Reis«, berichtete er Mackenzie, »ich werd' meine Frauen hinschicken, die sollen davon einsammeln, soviel sie können.«

Nach einer Stunde war die Mahlzeit fertig, frischer Wildreis, in Honig gekocht. Viele Gerichte hat das Pays-en-haut zu bieten, wenn man nur versteht, seine Gaben zu nützen.

»Kein Pemmikan verbraucht«, schrieb Mackenzie in sein Tagebuch, »obwohl die Jagd erfolglos. Am Morgen nur elf Forellen von durchschnittlich zwei Pfund im Netz, haben den restlichen Reis gekocht. Aufbruch um 4.15 Uhr.«

Zweiundzwanzig Kilometer weit floß der Slave-River durch ein Labyrinth von glattgewaschenen Felsblöcken. Zu wild war das Gestrudel, um eine Schußfahrt zu wagen. Jedes Boot wurde von drei Mann an einer langen Leine gehalten, während ein vierter darin stand, um es mit seiner Stange von den Riffen abzustoßen. Mackenzie und Laurent halfen dabei, während sich die vier Frauen am Ufer durchs Gestrüpp schlugen.

Aber an sechs Gefällen mußte man die Kanus entladen, um Last und Boote über Land zu tragen. Jede dieser Portagen wurde viermal begangen, einmal mit den Booten und dreimal mit dem Gepäck. Das war eine anstrengende Arbeit, denn die Träger mußten auf halsbrecherischen Pfaden steil absteigen. Auf dieser kurzen Strecke fiel der Sklavenfluß um sechzig Meter.

»Auf der Rückreise müssen Sie wieder hier hinauf«, warnte Leroux, »dann wird's noch beschwerlicher!«

»Irrtum, mein Freund, grober Irrtum«, lachte Mackenzie, »dann sind wir nämlich alle Geschenke los und haben unseren Pemmikan restlos verbraucht. Also schaffen wir die Portagen in zwei Gängen.«

»Und die Pelzballen, Sir, sollen die fliegen?«

Fast hätte sich Mackenzie verraten.

»Die Pelze, Laurent, die liefere ich erst mal bei Ihnen ab, im Fort Resolution. Ihre Leute können sie dann nachbringen.«

Mitten im tosenden Wasser lag eine Insel, aus ihrem dichten Buschwald erhoben sich einige Klippen. Zu seinem Erstaunen sah Mackenzie dort über ein Dutzend weißer Pelikane. So hoch im Norden hatte er sie nicht mehr vermutet. Eine bessere Zuflucht ließ sich gar nicht denken, weder Menschen noch Raubtiere konnten diese Insel erreichen. Das hochschäumende Wildwasser umgab sie von allen Seiten. Die Pelikane fühlten sich ganz sicher, das Erscheinen der Menschen in knapp dreißig Schritt Entfernung störte sie überhaupt nicht [1].

Das letzte Wildwasser lag schon hinter Mackenzie und den Voyageurs. Auch dort hatten sie ihre Kanus aus der schäumenden Flut gehoben und durchs Gestrüpp getragen. Als dann der English Chief bei der gleichen Strudelstrecke anlangte, wollte er sich nicht die gleiche Mühe machen. Seiner Meinung nach konnte man, ohne viel zu riskieren, das Boot an einem Zugstrick hinablassen. Er befahl einer seiner Frauen, darin zu bleiben, um das Kanu mit der Stoßstange von den Klippen fernzuhalten. Er selber, die beiden Gehilfen und seine andere Frau ergriffen die Halteleine, stiegen ins rauschende Wasser und hielten das hinabtreibende Boot. Sie folgten ihm Schritt für Schritt, während sich die verängstigte Frau vorn im Kanu bemühte, jeden Aufprall zu verhindern. Aber plötzlich riß die Leine und das Boot schoß mit der Strömung davon.

Mackenzie und Leroux hörten das Geschrei der Frau. Sie sahen, wie sich droben das Boot im Kreis drehte, konnten aber nicht helfen. Die verzweifelte Indianerin fand keinen Halt mit ihrer Stange und vermochte auch keinen überhängenden Ast zu fassen. Das gebrechliche Boot wurde weitergerissen, stürzte über einen haushohen Wasserfall und versank.

Die Frau tauchte gleich wieder auf, rief jammernd um Hilfe, wollte sich an einer Klippe festklammern, glitt jedoch wieder ab. Schwimmen konnte sie offenbar nicht, sie ruderte nur verzweifelt mit Armen und Beinen. Dabei trieb sie einem neuen Wasserfall entgegen.

Indessen hatte sich Mackenzie einen Strick um den Leib gebunden, und Ducette und Landry hielten ihn fest. Dann warf er sich in die kalte Flut und versuchte das ertrinkende Weib zu fassen. Zwar gelang ihm das nicht, aber die Frau konnte seine Leine grei-

---

[1] Heute steht diese kleine Insel unter Naturschutz, sie gilt als der nördlichste Brutplatz, den man bisher von weißen Pelikanen (Pelecanus erythrorhynchos) entdeckt hat.

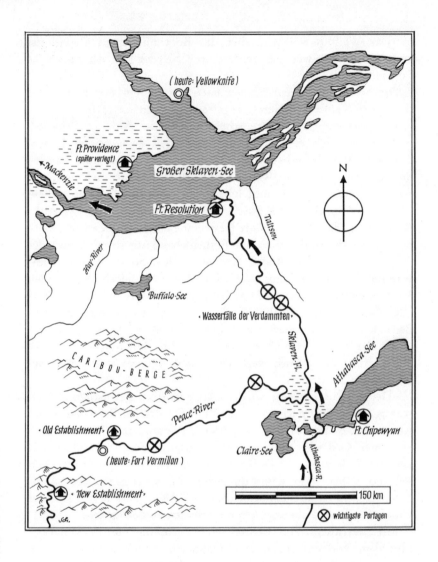

fen. Mit vereinten Kräften zogen alle fünf Voyageurs an dem
Strick. Auch Leroux kam zu Hilfe, schritt bis zur Brust ins Ge-
brodel und stützte die Frau. Zitternd vor Erschöpfung und
Kälte zog man sie an Land. Fluchend kam Mackenzie hinterher.

»Das Weib haben wir, aber das Boot mit allem Gepäck ist zum Teufel, nur weil der verdammte Chief zu faul war, noch 'ne Portage zu machen!«

Die beiden Voyageur-Frauen hatten schon ein Feuer entfacht, damit sich Retter und Gerettete daran wärmten.

»Da schwimmt das Boot«, schrie Steinbrück.

Kieloben trieb es den Fluß hinab, stieß gegen einen Felsen, prallte wieder ab und strandete an der nächsten Kiesbank. Landry und Leroux liefen hin. Gerade als sich das Wrack wieder lösen wollte, konnten sie es noch halten und in stilles Wasser ziehen.

Einem Wunder kam es gleich, daß der größte Teil aller Gepäck-stücke noch darin war. Nach Gewohnheit der Chipewyans hatte man die Säcke und Ballen am Bodenbelag festgeschnürt, und der war wieder mit dem Boden fest verbunden. So leicht und dünn-wandig die Rindenkanus auch sind, haben sie doch den großen Vorteil, elastisch zu sein. Zwar kann jeder scharfe Stein ihren Kiel oder die Wanten aufschlitzen, aber gegen glatte oder runde Hin-dernisse getrieben, federn solche Boote zurück.

Als der English Chief herankam, machte ihm Mackenzie keine Vorwürfe, war es doch weit wirksamer, ihn mit spöttischen Be-merkungen zu strafen.

»Deine Frau hat sich wieder mal gründlich gewaschen, Chief, war ja auch nötig nach so langer Zeit! Da drüben liegt dein Boot, ich glaube, es braucht ein paar kleine Reparaturen. War wirklich ein guter Gedanke von dir, es vorauszuschicken! So geht's viel einfacher, als wenn man's trägt oder zieht! Aber das nächste Mal setz dich selber ' rein, damit du auch mal gewaschen wirst!«

Unter dem schallenden Gelächter der Voyageurs begab sich der Chief zu seinem Fahrzeug, um die Schäden zu betrachten.

Mit herrischem Ton rief er seine Frau, die nur mit knapper Not dem Tod entgangen war. Gehorsam schlurfte sie zu ihrem Mann, der nichts Besseres zu tun wußte, als sie zu verprügeln.

Die Chipewyans verzogen keine Miene, die Weißen mischten sich nicht ein. So war nun mal das Los indianischer Frauen, ihr Mann konnte mit ihnen machen, was er wollte. Gerade weil der Chief wußte, wie sehr er sich blamiert hatte, schlug er das arme Weib.

Am nächsten Tag legten sie hundertzwanzig Kilometer zurück, trotz heftigem Gegenwind und frostigem Wetter. Das war der raschen Strömung zu verdanken, die sie nach Norden trug. »18 Stunden unterwegs«, notierte Mackenzie in sein Buch, »von 2 Uhr früh bis 6 Uhr abends, 7 Gänse und 6 Enten geschossen.« Am 7. Juni begann die Weiterfahrt um halb drei Uhr früh, wurde aber wegen heftigen Regens schon gegen Mittag abgebrochen, nicht etwa aus Rücksicht auf die Menschen, sondern weil sich die Kanus schneller mit Wasser füllten, als man sie ausschöpfen konnte. Unablässig strömender Regen, schneidender Wind und scharfer Frost zwangen die Expedition, auch den ganzen nächsten Tag im Lager zu bleiben. Zum ersten Mal war Mackenzie gezwungen, den Notproviant anzugreifen. Er verteilte dreihundert Gramm Pemmikan pro Kopf und stiftete einen halben Becher Whisky pro Mann. Den Frauen erlaubte er nur, sich ein wenig Rum in den Tannentee zu schütten.

Ganz im Gegensatz zu fast allen anderen Entdeckern machte ihn ein Aufenthalt, den schlechtes Wetter veranlaßte, nicht ungeduldig. Sagte ihm doch seine Vernunft, daß man bei jeder Reise solche Zeitverluste hinnehmen mußte. Es war vollkommen selbstverständlich. Seiner Ansicht nach war es unklug, gegen die Naturgewalten zu kämpfen. Viel besser ging alles, wenn man sich ihren wechselnden Launen anpaßte.

Am 9. Juni, schon kurz nach Mitternacht, weckte Mackenzie seine Gefolgschaft, zeigte auf den klaren Nachthimmel und trieb zum schleunigen Aufbruch. Als die Sonne hochstieg, hatten beide Kanus schon dreißig Kilometer hinter sich.

»Weißtannen, Blaufichten, Erlen, Pappeln und Weidenbäume stehen am Ufer«, liest man in Mackenzies Tagebuch, »zum Teil wachsen sie auf verfaultem Treibholz, das der Fluß heranschwemmt. Habe heute morgen festgestellt, daß der Grund bis jetzt erst 35 Zentimeter tief aufgetaut ist — die Schlammbänke am Ufer bedeckt mit Wasservögeln — Jagdpause von 1 Stunde — erlegt und mitgenommen: 2 Singschwäne, 10 Graugänse, 14 Wildenten, 1 Biber — hätten noch mehr haben können, aber genügt vorläufig.«

Genau um die Mittagsstunde öffnete sich der Fluß, und vor ihnen lag eine Wasserfläche ohne sichtbares Ende. Nur weil dieses Meer aus Süßwasser besteht, muß man es als See bezeichnen. Der Große Sklavensee bedeckt 11.000 Quadratmeilen, fast 500 Kilometer ist sein westliches Ende vom östlichen entfernt, und 100 Kilometer trennen sein Südufer von der gegenüberliegenden Seite. Als Mackenzie dieses Gewässer erblickte, war seine ganze Ausdehnung noch nicht bekannt. Erst achtzehn Jahre vorher hatte Samuel Hearn den Sklavensee entdeckt, und vor drei Jahren hatte Cuthbert Grant mit Laurent Leroux die beiden kleinen Außenposten am See gebaut. Sein unschöner Name war ein Spottname, erdacht von den Crees und gerichtet gegen die Hunderippen-Indianer [1]. Sie waren nach einem mörderischen Kampf von den Crees besiegt worden und mußten sich ihnen unterwerfen. Obwohl inzwischen längst wieder unabhängig, blieb ihnen bei den umwohnenden Stämmen die schimpfliche Bezeichnung »Sklaven«, und so nannten die weißen Männer auch ihren See den »Großen Sklavensee«, zum Unterschied vom »Kleinen Sklavensee«, der sich im heutigen Staat Alberta befindet.

Trotz des imposanten Anblicks, den die Sonne herrlich bestrahlte, war Alexander Mackenzie keineswegs entzückt, denn weit und breit schwammen schimmernde Eisschollen auf der Wasserfläche. Sie waren ein sicheres Zeichen, daß auch die meisten Flüsse, die von Norden oder Westen in den See strömten, treibende Schollen mitführten, wenn sie nicht ganz mit Eis bedeckt waren.

Dicht am Ufer, vorsichtig zwischen den Schollen lavierend, fuhren die Boote nach Osten. Hier kannte Laurent Leroux jede Bucht und jeden Landeplatz. Oft hatte er an dieser Küste gefischt und gejagt, war überhaupt der erste Pelzhändler, der sie befahren hatte.

»Sehen Sie, dort, Mister Mackenzie, die dünne Rauchsäule über dem Wipfel! Sie steigt aus dem einzigen Schornstein meiner Festung.«

---

[1] »Dogribs« auf englisch, ebenfalls ein herzloser Spottname, weil nach einer langen Hungersnot fast alle Mitglieder des Stammes so abgemagert waren, daß ihre Rippen hervorstanden.

Gewiß ein hochtrabendes Wort für Fort Resolution! Denn nur aus drei niedrigen Blockhäusern und einer Palisadenwand bestand der Außenposten. Ein Dutzend Wintermänner hauste darin mit ebenso vielen Chipewyans, die Peter Pond vom Athabasca hergeschickt hatte. Alle übrigen Gefolgsleute Leroux' befanden sich auf Handelsreisen in dem unendlich großen Distrikt oder gehörten zur Besatzung von Fort Providence am gegenüberliegenden Ufer.

Die Fenster im Blockhaus konnte man nicht öffnen. Weil es keine Angeln dafür gab, hatte man sie fest eingebaut. Manche von den Butzenscheiben waren zerbrochen und durch ein Stück Tierhaut ersetzt worden. Dicker Ruß bedeckte die Wände, weil der Schornstein so schlecht gebaut war, daß der Rauch nach allen Seiten entwich. Die Felle auf dem Boden waren angefault, das Zinngeschirr starrte vor Schmutz.

Man konnte die eingesammelten Felle nicht in Lagerschuppen aufbewahren, denn zu viele Waldratten und Mäuse waren ins Fort eingedrungen. Sie hätten in wenigen Nächten den ganzen Vorrat zernagt. So hingen nun die Pelzballen in den Quartieren der Wintermänner. Sie hingen an rostigen Drahtschleifen, wurden vom Rauch konserviert und von den Voyageurs kontrolliert. Aber großenteils waren sie noch nicht völlig trocken und erfüllten den Raum mit penetrantem Gestank.

»Gut riecht er nicht, der Reichtum an der Decke«, mußte Leroux zugeben, obwohl er schon seit Jahren diesen Duft gewohnt war, »aber die Bündel in meiner Hütte sind alles Felle aus dem Norden, von unbekannten Stämmen über befreundete Stämme bis hierher gelangt. Sehen Sie den Glanz dieser schwarzen Nerze, fassen Sie nur ins Fell der Blaufüchse, so dichte und so lange Haare sind wirklich eine große Seltenheit. Und dort über dem Tisch, dieses Bündel Hermeline! Weiß wie Schnee und rabendunkel der letzte Zipfel am Schwanz. Die feinsten Felle aus dem Pays-en-haut, die schönsten Hermeline der Welt hängen in meiner Kammer!«

Mackenzie unterbrach seine Schwärmerei, weil ihm eben etwas einfiel, was Leroux gewiß mit Stolz erfüllen würde.

»Sie erinnern sich an die erste Sammlung von Hermelinen, die Sie nach Grande Portage brachten?«

»Ja natürlich, MacTavish war begeistert, er gab mir eine Sonderprämie dafür.«

»Die Sie verdient haben, mein Freund, denn noch entzückter von den Hermelinen war die Königin von Frankreich.«

Zweimal mußte Mackenzie den Satz wiederholen, bis ihn Leroux völlig begriff.

»Marie Antoinette, die Tochter einer Kaiserin, die eleganteste Frau Europas, sie hat meine Felle bewundert?«

Er konnte sich vor Freude kaum fassen, er fühlte sich wieder ganz als Franzose und träumte vom Glanz des französischen Hofes, freilich ohne zu ahnen, daß im fernen Paris die Revolution vor der Tür stand.

»Leider haben Ihre Felle noch nicht gereicht«, sagte ihm Mackenzie, »um für Madame Marie Antoinette einen Hermelinmantel zu schneidern. MacTavish brachte den Auftrag mit, von der gleichen Qualität noch hundert weitere Pelze zu besorgen.«

Laurent Leroux verbeugte sich tief, ganz so, als würde ihn die Königin selber darum bitten.

»Ihre Majestät wird den schönsten Mantel tragen, den jemals eine Königin besaß.«

Ein größerer Gegensatz ließ sich kaum denken als diese schmutzige Hütte am äußersten Ende der bisher entdeckten Welt und der schimmernde Spiegelsaal des Schlosses von Versailles. Hier diese üble Stickluft und dort die raffinierten Parfüms. Hier am Sklavensee ein verlauster Wintermann und dort in Paris die juwelengeschmückte Königin Frankreichs. Dennoch waren die beiden Orte und die beiden Menschen miteinander verbunden: Laurent Leroux beschaffte jene kostbaren Pelze, nach denen sich die Königin sehnte. Über seinem grob zusammengehauenen Tisch pendelten sechzig Hermelinfelle, dazu bestimmt, dem Glanz einer stolzen Königin noch ein wenig mehr Glanz zu verleihen.

»Sie werden's mir nicht übelnehmen«, erklärte Mackenzie, als er meinte, die Gedanken Leroux' seien wieder aus Versailles zurückgekehrt, »Sie werden sicher dafür Verständnis haben, daß ich es vorziehe, in meinem Zelt zu wohnen. Meine Nase sehnt sich nach frischer Luft.«

»Kitschi-Emko«, der schnelle Mann

Eine ganze Woche mußte Mackenzie warten, bevor er seine Reise fortsetzen konnte. Aber er nutzte die Zeit, um Fleisch und Fische zu beschaffen. Mit dem Chief und den Chipewyans zog er einen Bach hinauf, den auch Leroux nicht kannte. Für Wapiti und Weißwedelhirsch lag die Gegend schon zu hoch im Norden, Karibus gab es nur vereinzelt, weil sich die großen Herden schon auf der Wanderung in die Tundra befanden. So blieben vom Schalenwild nur noch die Elche übrig, die sich im Weidendickicht feuchter Niederungen aufhielten. Es waren so viele, daß die Jäger wählen konnten. Mackenzie entschied sich für junge, gutgenährte Bullen. Sie hatten das meiste Fett, und ihr Wildbret war weniger zäh als bei älteren Stücken. Nicht die Jagd machte Schwierigkeiten, sondern das Heimschaffen der Beute. Der ausgewachsene Elch hat immerhin die Größe und das Gewicht eines Ackergauls. An Ort und Stelle mußte man das Tier zerteilen, um nur die besten Stücke mitzunehmen. Der Chief erschlug auch ein paar Stachelschweine und fing drei Fischottern. Aber nie berichtet Mackenzie von einer Bärenjagd, obwohl Schwarzbären und auch Grizzlies vorkamen.

Was die Männer mitbrachten wurde geräuchert und eingesalzen. Jedes Netz, das die Voyageurs abends ausspannten, war am Morgen mit Forellen, Äschen und Hechten gefüllt. Die Frauen sammelten Vogeleier und Waldbeeren, sie schälten die zarte Zwischenrinde von jungen Birken und kochten zuckersüßen Sirup aus dem Saft der Ahornbäume. Singschwäne, Graugänse und Wildenten nisteten im Schilf.

Es paßte Mackenzie ganz und gar nicht, daß am 13. Juni ganz überraschend ein Boot mit drei Leuten aus dem Fort Chipewyan eintraf, die darauf bestanden, seine Fahrt zu begleiten. Der Vater und die beiden Söhne waren Angestellte der Northwest, als Jäger gehörten sie zum eingeborenen Personal des Postens. Sie hatten erst sieben Jahre Peter Pond gedient und waren dann mit dem ganzen Athabasca-Fort nach Chipewyan umgezogen. Jetzt wollten sie unbedingt bei Alexander Mackenzie bleiben und alles mitmachen, was er unternahm. Nur aus Anhänglichkeit, nur um in seiner Nähe zu sein — gewiß ein geradezu rührender Beweis für das Ansehen und Vertrauen, das Mackenzie bei seinen Indianern genoß. Er konnte diese Leute nicht brauchen, sie waren für ihn nur eine Belastung, zumal sie keine Vorräte mitbrachten. Trotzdem schickte er sie nicht zurück, diese Kränkung wollte er ihnen ersparen. Kein Wunder, daß Mackenzie beliebter war als jeder andere Bourgeois im Pays-en-haut.

Endlich, am 15. Juni, schien der Sommer anzubrechen. In Südwind und Sonne schmolz das schwimmende Eis. Um keine Zeit mehr zu verlieren, entschloß sich Mackenzie, unverzüglich abzureisen. Durch ein Gewirr von Inseln ging die Fahrt, immer noch gehemmt durch Eisschollen, die brachen und zerbröckelten. Von seinem Kanu aus erlegte der English Chief ein weibliches Karibu mit jungem Kalb, das sie sogleich an Ort und Stelle verzehrten. Am nächsten Tag zwang sie ein heftiges Gewitter, auf einer Insel zu kampieren. Die hinzugekommenen Chipewyans hatten kein Zelt, aber der English Chief gewährte ihnen Gastfreundschaft.

Als sich das Unwetter beruhigt hatte, fuhr die Expedition weiter, teilweise mit Hilfe der ausgespannten Segel. Doch bald danach, zwischen langgestreckten Inseln, blockierten wieder Eisschollen ihren Weg. Sie schmolzen zwar zusehends dahin, aber der letzte Sturm hatte sie hoch übereinandergeschoben. Zwei Tage vergingen, bis die Passage endlich frei wurde. Während dieser Nächte blieb es so hell, daß Mackenzie noch um Mitternacht lesen konnte. Die Sonne sank überhaupt nicht mehr hinter den Horizont. Er hatte dieses Phänomen noch nie mit eigenen Augen gesehen und schilderte es in seinem Tagebuch ausführlicher als so manche andere, weit wichtigere Beobachtung. Drei ausgewachsene und zwei junge Karibus wurden am 21. Juni erlegt, zuviel für sofortige Verwertung und auch zuviel, um den Rest im geräucherten Zustand mitzunehmen.

»Wir werden noch oft bedauern«, notierte Mackenzie, »daß wir gutes Wildbret zurückließen, weil wir im Überfluß lebten. Die Tage der Not werden gewiß nicht ausbleiben.«

Am 23. Juni war das letzte Eis verschwunden. Sie legten in flotter Fahrt noch hundert Kilometer zurück, wurden aber entsetzlich von Mücken geplagt, wenn sie für kurze Rast eine Insel betraten. Stets mußte sofort ein Feuer mit modrigem Holz entfacht werden, dessen starke Rauchentwicklung die Moskitos vertrieb.

An diesem Abend kamen sie an das westliche Ende des großen Binnenmeeres und zum Anfang jenes Flusses, von dem Peter Pond überzeugt war, daß er zum Pazifischen Ozean führte. Weil er noch keinen Namen hatte, bezeichnete ihn Mackenzie vorläufig als »Grand River«, doch mit der Absicht, ihn »Cook-River« zu benennen, falls er wirklich im Cook-Inlet die Westküste erreichte. Wo er den Sklavensee verließ, befand sich ein kleines Dorf der Gelben Messer. Die gesamte Bevölkerung lief sogleich herbei. Weiße Männer hatte man schon öfter gesehen. Die wollten Pelze haben und schenkten dafür ganz herrliche Sachen. Peter Pond war mehrfach hier gewesen, ebenso Laurent Leroux. Den Grand River hatten sie nicht befahren, keinen Schritt weit.

»6 Ballen gute Biberfelle gekauft«, notierte Mackenzie in sein Tagebuch, »dazu noch 2 Ballen Nerze bester Qualität. Dafür genügten 11 Kochtöpfe, 2 Äxte, 3 Spiegel und 2 Pfund Perlen. Leroux nimmt die Felle mit zum Fort Resolution.«

Er sah nun selber jene »gelben Messer«, nach denen dieser Stamm genannt wurde. Gelb waren sie eigentlich nicht, sondern bestanden aus Kupfer. Aber woher sie kamen und wo dieser Rohstoff zu finden war, wußte niemand zu sagen. Sie bekamen die Messer im Tauschhandel von anderen Stämmen, die in weiter, sehr weiter Ferne lebten. Auch über den Verlauf des Grand River konnte Mackenzie nicht mehr erfahren, als ihm schon Pond mitgeteilt hatte. Die Gelben Messer lebten erst seit kurzem am Sklavensee, mit freundlicher Genehmigung der Hunderippen. Offenbar hatten sie Angst vor den fremden Stämmen droben am Strom.

»Der Fluß ist so lang«, erklärten sie Mackenzie, »daß du ein alter Mann bist, bevor du sein Ende erreichst.«

Der English Chief mußte dolmetschen, weil Mackenzie die Gelben Messer nicht verstand. Ihre Auskunft schien den Chipewyan ebenso zu erschrecken wie das Befragen durch Mackenzie. War das etwa keine der üblichen Handelsreisen, die nur ein paar Wochen weit über den letzten Posten hinausging? Statt ihn aufzuklären, lachte Mackenzie.

»Wenn du nach Hause willst, Chief, kannst du gleich wieder umkehren ...«

»Aber nein, Sir, ich fahr mit dir bis ans Ende der Welt ... wenn es nicht zu weit ist.«

»Ich geb' dir mein Wort darauf, bevor wir graue Haare bekommen, ist die Reise längst zu Ende ...«

Von hier aus begann die Fahrt ins völlig Unbekannte, hier hatte Mackenzie die letzte Möglichkeit, ein paar Briefe abzuschicken. Über Fort Resolution würden sie eines Tags in Montreal und nach ein bis zwei Jahren in London ankommen. Er holte nach, was eigentlich schon längst hätte geschehen sollen. Für den Fall seines Todes traf er die letzten Bestimmungen, sandte an John Gregory seine bisherigen Aufzeichnungen und empfahl Roderick, den Handel mit den Gelben Messern stärker zu beleben.

Am Donnerstag, dem 25. Juni, um drei Uhr morgens trennte sich Mackenzie von Leroux, der ins Fort Resolution zurückkehrte. Er ließ eine Salve in die Luft schießen, um die Bedeutung des Augenblicks krachend zu feiern. Auf Gedeih und Verderb hatte sich Alexander Mackenzie dem unsicheren Verlauf des Grand River anvertraut. Die Voyageurs sangen aus vollen Kehlen und schon bald war von dem Indianerdorf nichts mehr zu sehen.

Bei den Gelben Messern hatte er einen Führer angeworben, doch bald stellte sich heraus, daß der Mann so gut wie gar nichts wußte. Er war nur wenige Tage weit den Fluß hinabgefahren, und das vor acht Jahren. Worauf es ankam, nämlich die jeweils beste Passage zwischen den vielen Sandbänken und bewaldeten Inseln zu finden, dazu konnte das Gelbe Messer kaum etwas beitragen. Die Voyageurs hatten ein viel feineres Ahnungsvermögen, wo ungefähr eine gute Durchfahrt liegen mußte. Das Tempo der Strömung und die Färbung des Wassers wiesen darauf hin.

Am Ufer sahen sie verlassene Dörfer und leere Lichtungen, die einst besiedelt waren, leider ein häufiges Bild in der kanadischen Wildnis, die Folge immerwährender Stammeskämpfe. Sie waren die Ursache, daß sich die eingeborene Bevölkerung nicht vermehrte, sondern eher verminderte. Wenn in so vielen Schriften gesagt wird, der weiße Mann habe bis auf geringe Reste alle Indianer ausgerottet, so widerspricht das der Wahrheit. Die Rothäute selber haben sich viel erbarmungsloser bekämpft, massenweise haben sie einander abgeschlachtet, oft auf bestialische Art. Viel Unrecht, viel Mord und Totschlag wurde auch von den Weißen begangen, das läßt sich nicht bestreiten. Sie nahmen das Land und drängten die eigentlichen Herren Nordamerikas immer tiefer in die Wildnis. Schlimmer noch wirkten sich eingeschleppte Krankheiten aus, vor allem die Pocken und Masern. Vorher waren diese Infektionen bei den Indianern unbekannt, und sie hatten dagegen keine Abwehrkräfte im Blut. So nahmen die Krankheiten in den meisten Fällen tödlichen Verlauf. Viel Unheil richtete auch das Feuerwasser an, denn die Eingeborenen waren nicht daran gewöhnt.

Trotz aller Verluste und Schädigungen, welche direkt oder indirekt auf das Schuldkonto der weißen Männer entfallen, hat ihr Vordringen den Indianern letzten Endes mehr genutzt als geschadet, denn sie brachten schließlich den allgemeinen Frieden ins Land. Erst die Herrschaft der Weißen machte der indianischen Selbstzerfleischung ein Ende und sorgte für Sicherheit. So gibt es heute wahrscheinlich mehr Indianer als zu Zeiten Mackenzies, wenn sie auch ihre alte Lebensweise völlig verloren haben.

Der 27. und 28. Juni brachten strömenden Regen und stürmisches Wetter. Es goß so unablässig, daß die großen Schwämme nicht genügten, um das viele Wasser in den Kanus aufzusaugen. Die Frauen mußten es mit dem Kessel ausschöpfen. Erst am dritten Tag hörte das Unwetter endlich auf.

Sie gelangten in einen See, hißten ihre Segel und suchten nach dem Abfluß ihres Stroms. Da es wieder sehr viele Inseln gab und tiefe Buchten ins Land griffen, war lange nicht zu erkennen, wo der Grand River seinen Fortgang nahm. Der nutzlose Pfadfinder mußte zugeben, daß er völlig vergessen hatte, wo man wieder aus dem See hinauskam. Darüber wurde der English Chief so wütend, daß er ihn umbringen wollte. Mackenzie konnte es gerade noch verhindern, begann aber zu befürchten, der Fluß sei schon hier zu Ende, und der See habe womöglich keinen Abfluß.

»Doch, Sir, unser Fluß muß wieder hinaus«, erklärte François Barrieau, »so viel Wasser kann nicht verdunsten.«

Charles Ducette bat um ein leeres Blatt aus dem Tagebuch, machte daraus ein Papierschiffchen und setzte es aufs Wasser.

»Wollen mal sehen«, sagte er hoffnungsvoll, »ob uns der Pilot nicht doch 'ne Strömung verrät.«

Alle Augen folgten dem Schiffchen, das sich bei völliger Windstille überhaupt nicht zu rühren schien. Aber nach einer Weile begann es sich langsam zu drehen, dann segelte es sehr behutsam nach Westen. Die drei Kanus folgten, gegen Abend wurde der Ausgang endlich entdeckt.

Zwei Tage später kamen sie zur Mündung eines Flusses, der von Süden in den Grand River strömte. Weil ihn ausnahmsweise das Gelbe Messer richtig vorausgesagt hatte, gab ihm Mackenzie — vielleicht nur zum Spott des Pfadfinders — den Namen Yellow Knive River, zu deutsch »Gelbmesser-Fluß«. Am letzten Tag des Monats hörte man vor sich das Rauschen eines Wildwassers. Mackenzie ließ halten, um zu erkunden, ob es eine Portage erforderte. Aber kaum waren die Kanus gelandet, brach ein fürchterliches Unwetter los, mit Hagelschauern und Donnerschlägen, fauchendem Wind und zuckenden Blitzen. Bevor es gelang, die Zelte aufzurichten, wurden sie alle völlig durchnäßt. Da es unmöglich war, ein Feuer zu entfachen, verbrachte man die nächsten Stunden in übler Lage. Als schließlich der Regen aufhörte, schickte Mackenzie seine Indianer auf die Jagd und ging selber am Ufer stromab, um festzustellen, was das Rauschen zu bedeuten hatte. Es hatte sich schlimmer angehört, als die Ursache tatsächlich war. Er fand eine Kette von Stromschnellen, die man durchfahren konnte.

Mit fünf Schwänen und fünf Graugänsen kehrten der English Chief und die Chipewyans zurück. Doch waren sie von ihrem langen Ausflug durch Dickicht und Dornen so erschöpft, daß Mackenzie die Abfahrt bis zum nächsten Morgen verschob.

Die Fahrt durch zwölf Kilometer Stromschnellen verlief ohne Zwischenfall. Danach erschien zur Linken ein neuer Fluß, noch breiter, rascher und mächtiger als der Yellow Knive River. Mackenzie schätzte die Breite seiner Mündung auf etwa achthundert Meter. Von diesem Fluß hatte das Gelbe Messer zuvor noch kein Wort gesagt, desto bestimmter sagte er nun mächtige Wasserfälle voraus und dazu noch eine Strecke von tosenden Stromschnellen, die gar nicht mehr aufhörten. Kein Gelbes Messer und kein Dogrib waren jemals darüber hinausgekommen. Daraufhin riet der English Chief dringend zur Umkehr.

»Auf einmal glaubt ihr diesem Mann«, spottete Mackenzie, »aber sein Kopf ist hohl, und seine Hände zittern. Seine Worte sind die Worte der Angst. Sie dringen nur in die Ohren, aber nicht ins Herz. Hier ist jene Stelle, wo die Hasen flüchten und die Adler weiterfliegen.«

Seine Voyageurs lachten allesamt und erklärten dem English Chief, daß sie zu den Adlern gehörten.

»Natürlich gehöre ich auch dazu. Es war ja nur wegen der furchtsamen Weiber ...«

»Also, wie steht's mit euch«, wandte sich Mackenzie an die Frauen, »zurück ins Chipewyan-Fort oder weiter zu den schrecklichen Wasserfällen?«

Die beiden Frauen der Voyageurs waren sofort für die Weiterfahrt, aber die Frauen des Chief äußerten sich erst, als ihr Besitzer das erlaubte. Sie wollten Mackenzie auf keinen Fall verlassen.

Er ließ zwei Säcke Pemmikan hoch oben in einen Baum hängen, als Notproviant für die Rückreise. Sie wurden an Drahtschlaufen befestigt, damit kein Nagetier sie erreichen konnte. Zur Abschreckung gegen Vögel hängte man noch bunte Bänder an die Säcke. Mackenzie war nicht so fest davon überzeugt, daß der sogenannte Führer wirklich unrecht hatte mit seinen Warnungen. Mochten sie auch maßlos übertrieben sein, wie so oft bei den Indianern, wollte er doch seine Boote erleichtern, um besser durch die Stromschnellen zu kommen.

Um neun Uhr früh des anderen Tages tauchten Berge auf, die höher in den Himmel stiegen, als Mackenzie je gesehen hatte. Sie waren das Rückgrat der Rocky Mountains und sollten bald eine Wendung des Grand River nach Norden erzwingen. Alexander Mackenzie wußte nicht, daß er an diesem Punkt so nahe der großen Wasserscheide war wie noch kein anderer Europäer zuvor. Jedes Rinnsal, das von dort oben zur anderen Seite hinabsickerte, fand schließlich seinen Weg zum Pazifischen Ozean.

Tatsächlich kam nun eine Folge von Wirbelwasser und Stromschnellen, unheimliches Zischen verriet sie schon Meilen im voraus. Die Weiber der Chipewyans zitterten vor Furcht, das Kanu des English Chief blieb weit zurück. Aber Joseph Landry, der in Mackenzies Boot das Steuer führte, glaubte nicht an die Notwendigkeit einer Portage. Sein Zuruf genügte, und die Voyageurs wußten Bescheid. Sie faßten die Paddel noch fester, schauten scharf voraus und steuerten das Kanu mitten hinein in die schäumenden Wellen. Durch Wolken von Spritzwasser, knapp an buckligen Felsen und Riffen vorbei, ging die tollkühne Fahrt. Wohl oder übel mußten der Chief und die Chipewyans folgten.

Weiter und immer weiter dehnte sich die Reise ins Unbekannte. Wohl hatte Mackenzie bemerkt, daß schon seit Tagen der Grand River beharrlich nach Norden strömte. Doch in seinem Tagebuch geht das nur aus den Ortsbestimmungen hervor. Er gibt keinen Kommentar und erwähnt mit keinem Wort seine Sorge, daß er sich möglicherweise nicht in jenem Fluß befand, der schließlich im Cook-Inlet mündet. Es schien ihm nur darauf anzukommen, den Flußlauf zu erkunden, ganz gleich, wohin er dabei geführt wurde. Seine Voyageurs erhoben keine Einwände, aber immer lebhafter wurden die Proteste des English Chiefs. Auch die Chipewyans gaben deutlich zu verstehen, daß sie Mackenzies rasches Tempo mißbilligten. Bei gutem Wetter gönnte er seinen Leuten nur vier bis fünf Stunden Schlaf. Kaum war man spätnachmittags irgendwo an Land gegangen, schickte er die Chipewyans zur Jagd und erwartete, daß keiner mit leeren Händen zurückkam. Indianer sind zäh und ausdauernd, wenn es sein muß. Aber sie schätzen gelegentlich Rast und Ruhe, falls für schnelle Reisen kein besonderer Grund besteht. Und hier sahen sie nicht ein, warum Mackenzie so sehr zur Eile trieb.

Er mußte all seine Kunst der Menschenbehandlung aufbieten, um die Chipewyans bei Laune zu halten. Mit schroffen Befehlen oder gar mit Drohungen war nichts zu erreichen, das hätte eher zu offenem Widerstand geführt. Statt dessen hielt er kurze, kernige Ansprachen, stachelte ihren Ehrgeiz an und amüsierte sie mit allerhand Späßen. Mackenzie wußte, daß ihn die Frauen des English Chief wie einen Halbgott verehrten und es wahrscheinlich vorzogen, mit ihm zu sterben, als mit dem eigenen Mann zu leben. Denn so gut wie Alexander Mackenzie hatte sie noch niemand behandelt. Wo war es je geschehen, daß ein Mann irgendeiner Frau die schwere Last abnahm, um sie selbst zu tragen? Wo hatte jemals ein männliches Wesen sein Leben gewagt, um eine ertrinkende Frau zu retten?

Auch der Chief hatte vor ihm den größten Respekt, fühlte er doch in seinen weichen Worten den stahlharten Willen. Man konnte diesem Bourgeois nicht widerstehen, man mußte ihm folgen. Wer heimlich umkehrte, hätte ewige Schande auf sich geladen. Wer Alexander Mackenzie verließ, wurde seines Lebens nicht mehr froh, denn überall, wohin Kitschi-Emkos[1] Ruf gedrungen war, empfing den Treulosen tiefe Verachtung. Nur wenn der Postenchef selbst umkehrte, war alles in Ordnung. Aber daran dachte Mackenzie keinen Augenblick.

Am 3. Juli bestieg er einen Gipfel von schätzungsweise tausend Meter Höhe, um so weit wie nur möglich den Lauf des Stromes zu übersehen. Er führte nach Norden, wenn auch mit vielen Windungen. Eine wirkliche Schwenkung nach Westen war weder abzusehen noch zu erwarten, denn im Westen setzte sich die Kette der Felsenberge fort. Es bestand für den Grand River keine Notwendigkeit, sie zu durchbrechen. Nach Norden hin lag weites, hügeliges Land, von lichtem Wald und zahllosen Seen bedeckt. Dort hindurch fand der Fluß seinen Weg.

Seit der Begegnung mit den Gelben Messern am Ende des Großen Sklavensees war die Expedition keinem Indianer begegnet. Nur die Reste alter Lagerfeuer verrieten hin und wieder, daß die

---

[1] »Kitschi-Emko« heißt in der Sprache der Chipewyans »schneller Mann«.

Gegend nicht völlig von Menschen verlassen war. Erst am 4. Juli sah Mackenzie Rauch in der Ferne und hoffte auf ein bewohntes Dorf. Als die drei Kanus herankamen und man weiße Männer erkannte, liefen alle Weiber kreischend davon. Zwar griffen ein paar junge Leute mutig zu den Waffen, aber dann hielten auch sie es für besser, im Schutz des Waldes zu verschwinden. Zunächst ging der English Chief an Land, um friedlich zu verhandeln, dann folgten die übrigen Indianer Mackenzies. Aber die verängstigten Leute kehrten nicht zurück. Erst spät in der hellen Nacht, als man Geschenke ausgelegt hatte, zeigten sich nach und nach ein paar furchtsame Gestalten. Der Chief konnte ihre Sprache, und seine Erklärungen brachten es allmählich fertig, auch die übrigen Flüchtlinge aus dem Wald zu locken.

Sie gehörten zu einer versprengten Gruppe der Hunderippen. Mackenzie war enttäuscht von ihrem Aussehen und der armseligen Einrichtung ihrer Hütten. Schon lange von ihren südlichen Stammesbrüdern getrennt, lebten sie so primitiv, wie es primitiver kaum noch denkbar war. Sie hatten nicht einmal Kupfermesser, sondern bedienten sich abgeschliffener Steine. Sie jagten mit Speer und Pfeilen, besaßen kein Fischnetz und verstanden nicht, richtige Fallen zu bauen. Im Gegensatz zu den meisten Indianern rauchten sie nicht und kannten überhaupt keinen Tabak. Als Mackenzie dem Häuptling einen Becher mit Whisky reichte, spuckte der das scharfe Getränk schon nach dem ersten Schluck wieder aus, was ein Schotte gewiß nicht gerne sah. Aber bisher hatte dieser arme Mensch noch keinen Tropfen Feuerwasser getrunken, ihm schien das ein teuflisches Gebräu zu sein.

Mit Hilfe des English Chief gab sich der Entdecker alle Mühe, aus den Männern des Dorfes herauszubringen, was sie über den weiteren Verlauf des Flusses wußten. Aber es war nicht viel, nur unbestimmte Gerüchte, die man gelegentlich von anderen Stämmen hörte. Noch viele »Schneezeiten« brauchte man bis zum Ende des Stromes, aber noch niemand hatte es gesehen. Überhaupt war es gar nicht möglich, dorthin zu kommen. Denn gewaltige Wasserfälle stürzten jedes Kanu in unermeßliche Tiefe, gewaltige Felswände stiegen so hoch und steil in den Himmel, daß sie niemand ersteigen konnte. Danach gelangte man in eine Gegend voll neuer Schrecknisse. Dort gab es schwimmende Ungeheuer mit riesigen Flügeln und Fische, so lang wie zehnmal zehn Kanus. Ein ganzes Dorf fand in ihrem riesigen Maul Platz, falls es der Fisch nicht sogleich verschlang. Ferner gab es entsetzliche Geister, deren Blick allein genügte, um jedes Lebewesen zu töten.

Ähnliche Greuelmärchen bekam jeder Entdecker zu hören, wenn er primitive Menschen über weit entfernte Gebiete ausfragte, die keiner von ihnen oder ihren Freunden gesehen hatte. Man sollte darüber nicht gar so laut lachen. Auch in Europa waren solch tolle Geschichten im Umlauf, bevor sich nach und nach die Welt den Entdeckern enthüllte. Bei den Indianern war einerseits die Angst vor fremden Verhältnissen der Grund für diese wilde Phantasie, andererseits wollte man den freigebigen weißen Mann, der so schöne Geschenke brachte, möglichst lange bei sich halten. Auch Robert de La Salle hatte mehrfach die gleiche Erfahrung gemacht, als er seine berühmte Reise bis zur Mündung des Mississippi unternahm. Mackenzie kannte seinen Bericht. Ebenso wie damals La Salle glaubte er kein Wort von diesen Albernheiten. Und doch war nicht alles reine Phantasie, und nach Abzug sinnloser Übertreibungen blieb ein Körnchen Wahrheit übrig. Nur hatten sich die armen Hunderippen in einer Weise ausgedrückt, die so leicht kein Europäer verstand. Die »schwimmenden Ungeheuer mit den großen Flügeln« waren vermutlich Segelschiffe der russischen Pelzhändler, und bei den »Fischen, so lang wie zehnmal zehn Kanus«, dürfte es sich um Walfische gehandelt haben. Die Furcht vor jenen bösen Geistern, deren glühender Blick genügte, um auf Sichtweite zu töten, konnte sich auf weiße Jäger beziehen. Wer nicht wußte, daß der plötzliche Tod aus einem Gewehrlauf kam, konnte schon annehmen, die übernatürliche Kraft des rechten Auges habe das Opfer durchbohrt. Denn beim Schuß war es ja haargenau dorthin gerichtet.

Aber Mackenzie hatte keine Zeit, sich mit der Suche nach der Wahrheit in den Erzählungen der Hunderippen zu beschäftigen. Er mußte den katastrophalen Eindruck bekämpfen, den die schreckliche Schilderung auf seine Begleiter machte. Selbst die Voyageurs waren kleinlaut geworden, was nicht zu verwundern ist, weil zu jener Zeit auch hochgebildete Menschen noch an böse Geister glaubten. Die letzte Hexenverbrennung lag noch keine dreißig Jahre zurück. Die Wintermänner im Pays-en-haut lebten in so enger Gemeinschaft mit den Indianern, daß sie manche Geistergeschichte der Rothäute für durchaus möglich hielten.

»Kann es nicht sein, daß der verdammte Fluß geradewegs zur Hölle führt...?« sorgte sich François Barrieau.

»Wenn wir zu Drachen kommen«, meinte Steinbrück, »... sind wir verloren. Sie spucken Feuer und Schwefel...«

»Weiter machen sie nichts«, fragte Mackenzie, »keine Kanonenkugeln donnern aus ihren Augen?«

Doch seine Leute waren nicht zum Lachen aufgelegt.

»Ihr seid komplette Rindviecher«, schimpfte nun Mackenzie, »wenn noch kein Mensch über die Wasserfälle hinauskam, woher soll dann jemand wissen, was dahinter liegt? Wer hat denn jemals so einem Riesenfisch ins Maul geschaut, um hinterher zu erzählen, wie's darin aussieht?«

Darauf wußte keiner eine Antwort.

»Chief, sag diesen lausigen Lügnern vom Stamme der Hunderippen, daß wir weißen Männer kein Wort von ihrem Unsinn glauben. Auf dem Rückweg können sie von uns hören, wie es am Ende ihres Stromes aussieht. Ein weißes Haar auf unserem Kopf werden sie vergeblich suchen, denn noch in diesem Jahr... spätestens im nächsten Jahr kommen wir an ihrem dreckigen Dorf wieder vorbei!«

Er ließ den Voyageurs keine Zeit zur Überlegung, sondern schritt zu seinem Boot und schob es ins Wasser. Ducette und Steinbrück folgten sofort, etwas zögernd de Lorme und Barrieau, denen ihre Frauen vorangingen. Da konnte auch Joseph Landry nicht länger zögern. So war die Mannschaft im ersten Kanu komplett.

»Abstoßen, Ducette, sofort abstoßen... es ist die einzige Möglichkeit, unsere Indianer mitzureißen!«

Aber vielleicht wären sie trotzdem geblieben, hätten nicht die beiden Weiber des English Chief die Situation gerettet. Mit schrillem Geschrei liefen sie zu ihrem Kanu, ergriffen die Paddel und waren im Begriff, Mackenzie allein zu folgen. Um sich nicht für alle Zeit lächerlich zu machen, blieb dem Mann nichts anderes übrig, als schleunigst dem Beispiel seiner Frauen zu folgen. Ohne ihn wollten auch die Chipewyans nicht zurückbleiben.

»Es sind häßliche Leute«, schreibt Mackenzie über die Bewohner des Dorfes, als er später Zeit fand, seine Notizen nachzutragen, »ihre Körper sind mager und schlecht gebaut, besonders die Beine sind mit Schorf bedeckt, denn sie haben die Gewohnheit, ihre Beine im Feuer zu rösten [1]. Viele machen einen sehr ungesunden Eindruck, gewiß eine Folge ihrer ständigen Verschmutzung. Alle sind nur mittelgroß, und soweit man durch die Schicht von Dreck und Fett erkennen kann, haben diese Leute eine hellere Hautfarbe als sonst die Indianer ...«

Ob es sich wirklich um eine isolierte Gruppe der Dogribs handelte, erscheint demnach fraglich. Auch die weitere Beschreibung entspricht nicht dem Bild, wie es die Dogribs am Großen Sklavensee boten.

»Einige tragen ihr offenes Haar sehr lang herabhängend, andere flechten sich einen Zopf, der auf dem Rücken hängt. Aber sonst pflegen sie es nicht. Bei manchen von den alten Leuten ist der Bart sehr lang [2], während sich andere jedes Haar mitsamt der Wurzel auszupfen. Alle Männer sind tätowiert, mit schwarzen oder blauen Doppelstreifen vom Ohr bis zur Nase. Durch ihr Nasenbein bohren sie ein Loch und stecken sich einen Schweinestachel hindurch, auch tragen sie ein kleines Holzstück in den Ohrläppchen. Ihre Sommerkleider bestehen nur aus abgeschabten und schlecht gegerbten Fellen von Elch und Karibu. Davon tragen sie ein Lederhemd, das bis zur halben Wade reicht, und Leggings an den Beinen, die bis zum halben Oberschenkel hinaufreichen. Beide Kleidungsstücke sind mit Schweinestacheln und buntgefärbtem Elchhaar verziert, ebenso mit Lederfransen. Diese Arbeiten sind sorgfältig ausgeführt, ebenso die Mokassins an den Füßen. Männer und Frauen tragen dieselben Kleider, darin schlafen sie auch.«

Während der kurzen Zeit, die Mackenzie bei ihnen verbrachte,

---

[1] Kaum zu glauben!
[2] Eine große Seltenheit bei Indianern, die meisten haben keinen oder nur geringen Bartwuchs.

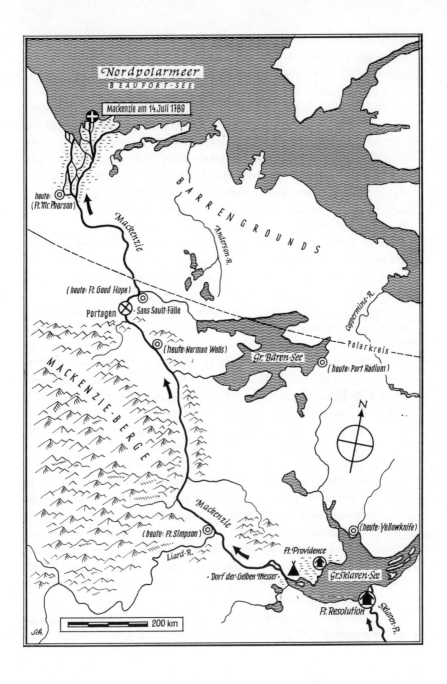

hatte er noch vieles andere beobachtet. Die Armbänder und Fuß-
ringe dieser Leute bestanden aus Horn, Knochen und Holz. Sie
trugen Halsketten aus Bärenklauen, Vogelfedern und gefärbten
Stacheln. Ihre Waffen waren Pfeil und Bogen, Speere, Dolche,
Keulen und Tomahawks, die meisten aus Holz mit Steinspitzen.
Aber Mackenzie hatte auch einige Pfeile gesehen, deren Spitze aus
Kupfer oder Eisen bestand, letzteres gewiß eine große Kostbarkeit.
Die Kanus der angeblichen Dogribs waren sehr schmal und an beiden Enden hochgebogen. Nur eine Person, höchstens zwei konnten
darin Platz finden. Alles in allem waren es Menschen, die noch in
der Steinzeit lebten, trotz jener wenigen Pfeilspitzen aus Metall,
die sie von irgendwoher eingetauscht hatten. Dennoch ein inter-
essantes Völkchen, weil es sich so sehr von seinen Nachbarn unterschied und möglicherweise der Restbestand eines sonst ausgestorbenen Volkes war, von dem keine Kunde überliefert wurde. In
späteren Berichten tauchen sie nicht mehr auf.

Am Tage danach sah Alexander Mackenzie mehrfach Rauch-
säulen aus den Wäldern steigen und nahm an, es müßten dort größere Siedlungen liegen. Weil man sie aber nur auf einem stunden-
langen Fußmarsch erreichen konnte, fuhren die Boote weiter. Zum
Glück wurde diese Erkundung auf dem Rückweg nachgeholt, sonst
wäre dem Entdecker ein beachtliches Naturwunder entgangen!

Gegen Mitternacht glitten die drei Kanus an der Mündung eines
Flusses vorbei, der sich zur rechten Seite in den Grand River ergoß.
Mackenzie konnte nicht wissen, daß er hier die Gelegenheit ver-
paßte, den Großen Bärensee zu entdecken. Der Fluß hätte ihn
schon nach etwa hundert Kilometern dorthin geführt, ohne Portage
und Stromschnellen. Im hellen Licht der nordischen Sommernacht
fiel Mackenzie nur die herrliche Färbung auf, ein klares, kräftiges
Grün, durchsichtig bis zum Grund. Andere Wintermänner der
Northwest, deren Namen nicht mehr feststehen, haben zehn Jahre
später den Großen Bärensee entdeckt. Noch weiter und breiter als
der Athabasca-See, ist er überhaupt der größte Süßwassersee im
nordwestlichen Amerika.

Erneut wurde Mackenzie von wildem Wetter aufgehalten. Rol-
lender Donner und zuckende Blitze, ein gewaltiges Gewitter kün-

digte sich an. Rasch stießen die Kanus zum Ufer, in großer Hast wurden die Zelte aufgerichtet. Kaum war dies geschehen, öffneten sich die Schleusen des Himmels. Vierundzwanzig Stunden tobte das Unwetter, schüttelte die Zelte, und jederzeit mußte man fürchten, daß stürzende Bäume ein paar Menschen unter sich begruben. Als es vorbei war und die Sonne das Land wieder beschien, erhoben sich Milliarden Moskitos aus den Sümpfen. Sogleich hatten sie die fünfzehn Opfer entdeckt. Weil alles Holz triefend naß war, gelang es nicht, sie durch qualmendes Feuer auf Abstand zu halten. Jeder wurde von vielen tausend Mücken bedeckt und halb wahnsinnig vor Verzweiflung. Nur schnelle Flucht in die Boote und rasche Fahrt zur Flußmitte konnten die Qual erleichtern. Geplagt, verfolgt und zerstochen, warfen sie all ihr Zeug in die Kanus und stießen in wilder Verwirrung vom Ufer ab.

Zum ersten Mal mußte Mackenzie seine Indianer anbrüllen, weil erst der English Chief, dann auch die Chipewyans in fliegender Hast stromauf paddelten. Sie hatten genug von der Reise und wollten zurück!

Wieder hatte es Mackenzie den beiden Frauen des Chief zu verdanken, daß sich sein Wille durchsetzte. Mit ein paar Schlägen ihrer Paddel warfen sie das Kanu herum. Ihr fluchender Mann kam nicht dagegen an und mußte die Wendung mitmachen. Gleich danach befand sich auch das dritte Boot wieder in der nördlichen Richtung. Alexander Mackenzie hatte gewonnen.

Kurz nacheinander fuhren sie an zwei westlichen Flußmündungen vorbei, dann folgten etwa sechs Kilometer rauschendes und brausendes Wildwasser. An eine Portage war nicht zu denken, sah man doch, daß Wolken von winzigen Blutsaugern über beiden Ufern hingen. Mit atemberaubender Geschwindigkeit schossen die Kanus durch die Stromschnellen. Erst um ein Uhr nachts ging die Expedition an Land, um sogleich drei lodernde Feuer zu entfachen, zwischen denen man das Lager aufschlug. Denn nur im Rauch der drei Feuerstellen blieb man auch bei wechselndem Wind vor der Plage geschützt.

Gesicht und Haar mit Tüchern umwickelt, die Hände mit feuchtem Lehm bestrichen, wollte Mackenzie mit Landry und Steinbrück einen kahlen Bergrücken besteigen, um Ausschau zu halten. Doch die Mücken krochen durch ihre Kleider, auf halbem Wege mußten sie umkehren.

Weiter, immer weiter ging die Fahrt nach Norden. Immer lichter wurden die Wälder, immer sparsamer wurde die Vegetation. Wiederum hatte man Stromschnellen zu überwinden, weil ein Felsenriff den Grand River um die Hälfte verengte. Der Lärm war ohrenbetäubend, die Gewalt des Wassers riß die Boote mit sich fort. Aber alle gelangten ohne Schaden hindurch.

Dann sahen sie Rauch und fanden ein kleines Dorf mit sechs Hütten. Bis auf einen alten Mann und seine Frau flüchteten die Bewohner. Wieder zeigte sich, daß der English Chief unentbehrlich war, denn er verstand diese Leute, und sie verstanden ihn.

Zitternd schwankte der Greis den weißen Männern entgegen und erklärte, daß ihn sein Alter schon lange von jeder Furcht befreit habe. Er und seine Frau hätten nichts dagegen, nunmehr zu sterben. Er riß sich ein Bündel weißer Haare vom Kopf, um sie an die Fremden zu verteilen. Er bekam ein Stahlmesser und seine Frau einen Kochkessel, dazu bunte Glasperlen. Ihr Freudengeheul über die wunderbare Wendung rief schnell die übrigen Dorfbewohner zurück. Mackenzie ließ weitere Geschenke verteilen. Die fremden Indianer gaben dafür gekochtes Fleisch und einen Korb mit Moosbeeren.

Sie gehörten zum Stamme der Biber-Indianer, wie Mackenzie schreibt. Doch läßt sich heute nicht mehr feststellen, wer sie wirklich gewesen sind. Mag sein, daß mit den »Bibern« nur jenes Totemtier gemeint war, zu dem sich die Leute bekannten. Wie man heute weiß, entstanden die Bezeichnungen indianischer Gruppen, Stämme und Völker recht willkürlich. Meist hat ihre Einteilung durch die ersten Entdecker mit den tatsächlichen Verhältnissen nur wenig zu tun. Manchmal erhielt der gleiche Stamm von verschiedenen Taufpaten verschiedene Namen, dann wieder übernahm man Bezeichnungen der Indianer selbst. Davon abgesehen, wechselten die Wohngebiete, und nach ein oder zwei Generationen hatte sich das Bild völlig verändert. Hungersnot und Stammeskriege zwangen zu Völkerwanderungen, die oft über tausend Meilen und noch weiter führten. Besiegte Stämme sahen sich gezwungen, Sprache und Lebensweise der Sieger anzunehmen. Es gibt also keine zuverlässigen Anhaltspunkte, um eindeutig festzustellen, welchem Stamm oder Unterstamm die Entdecker damals begegneten. Es gibt überhaupt keine feststehenden Stammesbegriffe für die alte Zeit, weil sich Gruppen zusammenschlossen und wieder auseinandergingen, je nachdem, wie sich ihre Bündnisse und Feindschaften entwickelten. Eigentlich sollte man nur von Sprachfamilien und rassischen Merkmalen reden, die eine gewisse Gemeinschaft bedeuten. Aber zwischen den Stämmen derselben Sprachfamilien fanden gleichfalls erbitterte Kriege statt. Zu Beginn der Neuzeit lebten viele Gruppen gleicher Sprache weit auseinander, größtenteils ohne voneinander zu wissen. Erst die Entwicklung der letzten hundert Jahre, die den Indianern friedliche Verhältnisse brachte, machte sie seßhaft und erlaubt eine bessere Übersicht. Aber nun verschwinden mit der eigenen Sprache und der alten Lebensform auch die Stammesunterschiede. Zwar vermehren sich die Indianer ziemlich schnell, doch bald wird sie außer der Hautfarbe und ihrer besonderen Mentalität nichts mehr von ihren weißen Mitbürgern unterscheiden [1].

Auch in diesem Dorf wurden die Besucher vor zahlreichen Schrecknissen gewarnt, die ihnen noch bevorstanden. Wieder war die Rede von männermordenden Wasserfällen und himmelhohen Steilwänden. Je weiter man den Strom hinabfuhr, desto mehr wurde die ganze Gegend von schauerlichen Ungeheuern belebt, die

---

[1] Soviel ich in Alaska und im nordwestlichen Kanada allenthalben sehen konnte, gibt es für die dortigen Indianer keine Rassenprobleme. Sie haben bei weitem nicht die gleichen Schwierigkeiten, die noch immer den Negern begegnen. Als die ursprünglichen Herren des Landes genießen sie großzügige Fürsorge durch die Regierung und teilweise auch Sondergesetze, wie zum Beispiel weitgehende Befreiung von strengen Jagdgesetzen. Obwohl Mischehen nicht mehr so häufig sind wie zur Zeit der alten Waldläufer, halten die meisten Kanadier und Alaskaner, übrigens auch die Bürger der USA, indianisches Blut im eigenen Stammbaum keineswegs für einen Makel, sondern sprechen davon mit beträchtlichem Stolz. Verschiedentlich haben mir Indianer erklärt, sie seien die einzigen echten »Amerikaner«, alle übrigen seien nur zugereist!

ohne weiteres ein vollbeladenes Kanu mitsamt der Mannschaft ver-
schlangen. Weil aber Mackenzies Begleiter, die Indianer wie die
Voyageurs, inzwischen so viele Greuelmärchen gehört hatten, ohne
die greulichen Gestalten selber zu sehen, wurden sie von solchen
Erzählungen nicht mehr eingeschüchtert. Als sich die Expedition
trotz aller Warnungen auf den Weiterweg machte, erwiesen sich
vier junge Männer des sogenannten Biber-Stammes als große Helden. Sie wollten mitfahren, um Mackenzie rechtzeitig auf die
schlimmsten Stellen hinzuweisen, und sie übernahmen sogar die
Spitze der Expedition.

Schon nach einer halben Stunde wurde der »allesverschlingende
Todesstrudel« erreicht, war aber nur eine gewöhnliche Kette von
Stromschnellen, nicht wilder, sondern weit zahmer als jene, die
man bereits überstanden hatte. Nun lachte selbst der English Chief
über allen Unfug, den man vorher gehört hatte. Die Passage war
noch besonders einfach, weil die vier Biber-Leute vorausfuhren.

Landschaftlich war diese Stelle eine der interessantesten Weg-
strecken überhaupt. Beiderseits wurde der Fluß von senkrechten
Felsmauern flankiert, die siebzig bis neunzig Meter hoch aus dem
Wasser ragten. Sie bestanden aus Kalkstein und schimmerten fast
weiß, wenn sie die Sonne bestrahlte. Zwischen ihnen verengte sich
der Grand River auf knapp fünfhundert Meter, nachdem er vorher
doppelt und dreifach so breit gewesen war. Dafür ergab Mackenzies Messung eine Tiefe von hundert Metern. Anders hätten es die
Wassermassen auch nicht vermocht, sich durch die Enge zu drängen.

»The Ramparts« wird heute jene Durchfahrt genannt, die
zwölf Kilometer lang und senkrecht in den Fels eingeschnitten ist.
Im Frühjahr, wenn das Eis des Stromes aufbricht, findet hier ein
Naturschauspiel statt, wie es auf der weiten Welt kein ähnliches
gibt. Die geborstenen Schollen werden von der Wucht des Wassers
so gewaltig in die Enge hineingepreßt, daß sich eine über die
andere türmt, bis sie den Rand der Ramparts erreichen und bisweilen noch höher steigen. Eines Tages aber, Ende Mai oder Anfang Juni, bricht das Eisgebirge mit Donnergepolter zusammen.
Der Lärm hört sich an wie das Gebrüll von tausend Kanonen, bei
günstigem Wind dröhnt er viele Tagereisen weit. Schon möglich,

daß dieser Eisbruch all die schrecklichen Geschichten auslöste, die Mackenzie stromauf und stromab zu hören bekam. Würden die Ramparts nicht so weit außerhalb des modernen Verkehrs liegen, wären sie bestimmt eine Sensation für viele tausend Touristen. Aber bis zum heutigen Tage werden sie kaum besucht, man muß ein Flugzeug chartern, um dorthin zu gelangen.

Gleich nach den Ramparts stieß Mackenzie wieder auf Eingeborene, sechs Familien der Biber-Indianer, die nur zum Fischfang vorübergehend an den Strom gekommen waren. Ihre vier Stammesgenossen hatten die Expedition angemeldet, freundlich hieß man die Fremden willkommen. Noch bevor Mackenzie seine Geschenke austeilte, wurde er mit Körben voller Weißfische und Forellen beschenkt. Man brachte ihm noch eine andere Fischsorte, die er nicht definieren konnte. Auch seine Chipewyans hatten diese Art nie gesehen. Nach Mackenzies Beschreibung waren es vermutlich nordische Blaufische, die er der Einfachheit halber »unbekannte Fische« nannte.

Von nun an war es keine Seltenheit, auf Eingeborene zu stoßen. Schon eine halbe Tagereise weiter erschien abermals der Rauch von Lagerfeuern. Auf geheimnisvolle Weise hatten die Leute schon erfahren, daß weiße Männer den Strom hinabkamen. Statt davonzulaufen, standen sie winkend am Ufer und freuten sich auf die Messer, Kochtöpfe und Glasperlen, die Mackenzie überall verteilte. Es waren in ihren Augen Kostbarkeiten von unschätzbarem Wert. Zwölf große Schneehasen, zur Zeit im hellbraunen Sommerfell, erhielt sie Expedition als Gegengabe. Weil Mackenzie erfuhr, daß sich dieses Völkchen in der Hauptsache von Hasen ernährte, nannte er es »Hasen-Indianer«. Ein Name, der erhalten blieb und noch heute alle Eingeborenen dieser Gegend bezeichnet.

Von ihnen hörte er die ersten Berichte über jene Menschen, die am Ende des Stromes lebten. Der Schilderung nach waren es zweifellos Eskimos. Damit mußte Mackenzie jede Hoffnung aufgeben, daß er sich auf dem Wege zur Westküste befand. Der Grand River strömte nicht zum Pazifik, sondern führte die Expedition geradewegs ans Meer des ewigen Eises. Schon seit Wochen hatte es der Entdecker geahnt, hier bekam er nun die Gewißheit. Es war jedoch

kein Grund zur Umkehr. Nach dieser weiten Fahrt wollte Mackenzie die Polarküste mit eigenen Augen sehen, also den Strom ganz
bis ans Ende verfolgen. Nun war es sein Strom. Peter Pond hatte
sich geirrt, er hatte nur den Beginn im Großen Sklavensee gefunden. Was danach folgte, der ganze Lauf des unvergleichlich langen
Flusses, gehörte Alexander Mackenzie.

Wie nicht anders zur erwarten, bekam er von den Hasen-Indianern nur die allerschlimmsten Auskünfte über die Eskimos. Blut-
gierige Bestien seien alle zusammen, jeder Fremde werde ausge-
raubt, erschlagen und kannibalisch verspeist. Bisher war noch niemand mit heiler Haut dem Mordgesindel entkommen. Die Voyageurs lachten darüber, und der English Chief wetzte bedeutungs-
voll sein Skalpmesser. Vorsorglich reinigten die Chipewyans ihre
Gewehre.

Noch am gleichen Abend kam Mackenzie ans nächste Camp der
»Hasen«, diesmal eine große Anlage mit fünfundzwanzig pelz-
bespannten Zelten. Offenbar wußten sie noch nichts von den weißen Männern, denn zunächst flüchtete die ganze Belegschaft. Mit
Geschenken, die man an Bäume und Büsche hängte, wurden sie
nach und nach zurückgelockt. Ein besonders mutiger Mann erklärte
sich schließlich bereit, die Fremden zu begleiten. Es schien Mackenzie notwendig, einen guten Führer zu haben, weil man ihm erklärte, der Strom würde sich schon bald in mehrere Arme teilen.
Wenn man nicht wußte, welcher dann jeweils die beste und kürzeste Passage bot, war man auf zeitraubendes Suchen angewiesen.
Mackenzie versprach dem Mann Axt und Messer, Kochtöpfe und
zwei Beutel mit Glasperlen. Doch als er einsteigen sollte, war seine
Furcht größer als das Verlangen nach all diesen Schätzen.

»Wir mußten alle Kunst der Überredung aufbieten«, schrieb
Mackenzie, »Steinbrück und de Lorme mußten mithelfen, um den
feigen Menschen in mein Kanu zu zerren.«

Am nächsten Mittag wieder ein Indianercamp. Aber die Männer
waren irgendwo auf der Hasenjagd, nur Weiber und Kinder hock-
ten am Feuer. Dort blieben sie auch, weil Mackenzie die Frauen des
English Chief vorausschickte, um sie zu beruhigen. Danach konnten die weißen Männer landen, ohne daß ihr Anblick die Weiber

zu sehr erschreckte. Sie erzählten ein ganz neues Märchen. Von entsetzlichen Wassergeistern war jetzt die Rede, von Giganten der Tiefe, die hundert lange, schlüpfrige Arme besaßen, um damit jeden Paddler aus seinem Boot zu ziehen. Mit sichtbarem Genuß, wohl auch mit starker Übertreibung, leistete der English Chief seinen Dienst als Dolmetscher. Sogar die Chipewyans waren nun soweit, daran Spaß zu finden.

Als Mackenzie an diesem Abend seinen Standort bestimmte, hatte er den Polarkreis überschritten. Nur Samuel Hearn war bisher im kanadischen Raum so weit nach Norden gelangt, abgesehen von den Seefahrern natürlich, die versucht hatten, den Kontinent auf Meeresstraßen zu umfahren. Für Mackenzie war es gewiß ein stolzer Tag, aber ebenso gewiß fühlte er die Enttäuschung, daß er sein eigentliches Ziel verfehlt hatte. Statt den Pazifik zu erreichen, war er über den Polarkreis hinausgekommen. Nur wer nichts anderes gewollt hatte, konnte mit dieser Leistung zufrieden sein. Was er wirklich empfand, läßt sich nur vermuten. Er selbst begnügte sich mit einer kurzen Notiz über die Ortsbestimmung, ohne jeden Kommentar.

Am Morgen war der »Hase« entflohen, weil man vergessen hatte, ihn zu bewachen. Mackenzie erschien es aber so unbedingt notwendig, einen Führer durchs Labyrinth der Wasserläufe zu haben, daß er mit seinen Voyageurs sofort zurückfuhr, um einen Ersatzmann zu holen. Wenn nicht anders möglich, würde man Gewalt anwenden. Noch keine Stunde waren sie unterwegs, da tauchte ein Kanu der Hasen-Indianer auf, mit zwei jungen Leuten an Bord. Ohne viel Worte zu machen, wurde der Ältere ergriffen und trotz heftiger Gegenwehr mitgenommen. Mackenzie versprach ihm alle Reichtümer auf Erden in Gestalt von Äxten, Messern, Töpfen und Glasperlen, wenn er nur die richtigen Passagen fand. Charles Ducette wurde beauftragt, den zwangsweise rekrutierten Führer keine Sekunde aus dem Auge zu lassen.

Ein stark belebtes Dorf erschien am linken Ufer, mit besser gebauten Hütten, als man bisher auf der ganzen Reise gesehen hatte. Als nun die Expedition darauf zusteuerte, wollte sich der Hasen-Indianer über Bord stürzen, nicht um den weißen Männern zu entfliehen, vielmehr aus panischer Angst vor den Rothäuten am Ufer. Wirklich lebten hier Menschen, die bereit waren, es mit jedem Fremden aufzunehmen. Deutlich konnte Mackenzie sehen, wie der Häuptling die Frauen und Kinder davonschickte. Für gewöhnlich war das ein sicheres Zeichen, daß die Männer einen Kampf beginnen wollten. Sie griffen zu Speeren und Keulen, spannten die Bogen und riefen höhnische Worte zu den drei Kanus. Der English Chief winkte zurück und versprach Geschenke. Weil er nicht gleich verstanden wurde, mußte der Hasen-Indianer übersetzen. Am ganzen Leibe zitternd, machte er den Dolmetscher. Drüben begann man einzusehen, daß es vielleicht besser war, die weißen Männer zu begrüßen statt zu bekämpfen. Nach langem Palaver wurde die Landung gestattet.

Zu welchem Stamm sie gehörten, war nicht festzustellen. Joseph Landry meinte, es müßten Loucheux sein, zu deutsch »Schielaugen«. Aber keiner von den Leuten schielte tatsächlich, und noch kein weißer Mann hatte bisher einen Loucheux-Indianer gesehen. Vermutlich hat Landry sie mit einem anderen Stamm verwechselt, den es tatsächlich gab und der so hieß. Nach Erkenntnis späterer Jahre lebten sie zwischen den Hasen-Indianern und den Eskimos, vielleicht leben sie unter anderem Namen noch heute dort. Zwischen den Eskimos und ihnen herrschte bittere Feindschaft — schon so lange, daß sie anscheinend seit ewigen Zeiten bestand. Der Sage nach, die von der Wissenschaft zum Teil bestätigt wird, hatten die Loucheux ihre Erbfeinde aus dem Binnenland an die Küste vertrieben. In uralten Zeiten, so heißt es, waren auch die Eskimos ein Jägervolk am Rande der Wälder und lebten auf gleiche Weise wie die Indianer. Nur die immerwährenden Kriege mit indianischen Stämmen haben sie ans Eismeer getrieben, wo sie dann ihre Lebensweise völlig umstellten [1]. Die Lederhemden der Loucheux waren

---

[1] Es gibt heute noch kleine Gruppen von Inland-Eskimos. Vor einiger Zeit besuchte ich die Nunamiut, reinblütige Eskimos, die in tausend Meter Höhe in den Brooks-Bergen von Alaska leben. Erst ums Jahr 1935 wurden sie entdeckt, erst seit 1949 haben sie Verbindung zur Außenwelt und werden ärztlich betreut. Ihre Zahl, ursprünglich nur 67 Personen, hat sich seitdem fast verdoppelt.

so gut gearbeitet, daß Mackenzie einige erwarb. Seine Leute tauschten Glasperlen gegen Fellkleider, da sie fürchteten, bald im ewigen Eis zu frieren. Der Hasen-Indianer wurde entlassen, einer der Loucheux war statt dessen bereit, die weißen Männer zu begleiten. Zwar haßte und fürchtete er die Eskimos wie jeder andere Loucheux, aber ein Feind, den man kennt, wirkt niemals so schrecklich aufs Gemüt wie ein vermeintlicher Feind, von dem man noch nichts gesehen, aber die schlimmsten Gruselmärchen gehört hat.

Seine Begleitung erwies sich bald von großem Nutzen, denn ohne seine Hilfe wäre die Expedition am gleichen Abend überfallen worden. Eine andere Gruppe der Loucheux, etwa vierzig Kilometer stromab, hatte schon alle ihre Kanus und Krieger aufgeboten, um die Fremden abzufangen. Der Loucheux im Dienste Mackenzies ahnte die Gefahr, paddelte voraus und beruhigte seine Stammesgenossen. So wurde den Fremden ein friedlicher Empfang bereitet. Hier hörte Mackenzie zum ersten Mal, daß er nicht mehr allzuweit vom Ende des Stromes entfernt sei. Einige der Loucheux waren schon bis in unmittelbare Nähe des salzigen Wassers gekommen. Auch sie sprachen von sehr vielen Armen, in die sich der große Strom auflöste.

Schon am nächsten Tag, dem 10. Juli, sah Mackenzie die Veränderung mit eigenen Augen. Erst teilte eine langgestreckte Insel den Grand River in zwei Flüsse, danach teilten sich auch diese und so fort, bis man in ein weites, breites Sumpfgebiet kam, das allenthalben von natürlichen Kanälen durchschnitten wurde. Welcher davon zum offenen Meer führte und welcher sich irgendwo verlief, war nicht zu erkennen. Ohne den geländekundigen Loucheux hätte sich die Expedition unzählige Male festgefahren.

Die letzten Zwergbirken waren schon verschwunden, nur Schilf, Moos, Wollgras und niederes Weidengestrüpp bedeckten das feuchte Land. Die nächste Hügelkette ahnte man nur am Rande des Horizonts. Von Norden nach Süden hat das Delta eine Ausdehnung von etwa 150 Kilometern, seine größte Breite beträgt ungefähr 120 Kilometer. Ein Labyrinth von Wasser und Land, von Sümpfen und Sand — gewiß keine schöne Landschaft für Menschen, die klare Bäche und rauschende Wälder gewohnt waren. Ihnen schien die Luft nach Tod und Verwesung zu riechen, für sie lag die lebendige Welt weit zurück. Man fühlte förmlich die Eiseskälte jener Unsichtbaren, die der Teufel geholt hatte, um sie für immer in diese elenden Sümpfe zu verbannen.

Die Voyageurs konnten nicht mehr singen, ihre Frauen sprachen kein Wort. Von den Chipewyans wußte Mackenzie, daß bedrükkende Furcht ihre Zungen lähmte. Der English Chief wagte kaum einen Blick in die Weite.

Alle paddelten wie Automaten, die keinen eigenen Willen haben. Schließlich begann auch der Loucheux seinen Mut zu verlieren. Dies war das Reich der Polarmenschen, das Jagdgebiet der Eskimos. Sie kannten jeden Kanal und jeden Tümpel, sie wußten, wie man sich in dieser flachen Wildnis verbarg und Feinde beschlich. Für sie war das Delta durchaus keine leblose Einöde, sondern die Heimat von vielen Arten nahrhafter Tiere. Man mußte nur verstehen, sie zu finden und zu erbeuten. Es gab eßbare Kräuter, würzige Beeren, zahllose Vogelnester mit frischen Eiern und ausgeschlüpften Küken. Es wimmelte von Sumpfbibern im dichten Schilf und von Fischen im trüben Wasser. Nur die weißen Männer und ihre fremden Indianer sahen davon nichts. Sie kamen aus einer völlig anderen Welt, hatten andere Augen und andere Erfahrungen.

Als sie ihr Schweigen nicht mehr unterbrachen, auf Mackenzies mühsame Heiterkeit nicht mehr reagierten, übertrug sich ihre gedrückte Stimmung auf den Loucheux, der sie führen sollte. Er wurde unsicher in der Wahl des jeweiligen Wasserweges. Immer öfter entschied er sich für Arme, die möglichst weit nach Osten lagen. Erst nach beharrlichem Zureden ließ er verlauten, daß man dort am wenigsten Gefahr lief, jagenden oder fischenden Eskimos zu begegnen. Zu den Feuerwaffen der weißen Männer hatte er offenbar kein Vertrauen, hatte auch deren weitreichende Wirkung noch nicht erlebt. Die Widerhaken an den Lanzen der Eskimos und ihre Wurfleinen, mit großem Geschick geschleudert, schreckten ihn mehr als jede Waffe indianischer Feinde. Als er nun abermals in den östlichsten Arm einfahren wollte, widersetzte sich Mackenzie, denn er fürchtete, immer weiter vom wirklichen

Weg abzukommen. Er übernahm nun selbst auf gut Glück die Führung, hielt sich mehr nach Westen und gelangte zu einem breiten Kanal, der noch spürbare Strömung aufwies. Widerwillig mußte sich der Loucheux mit der Rolle eines Mitreisenden begnügen.

Im fahlen Schein der Mitternachtssonne ließ Mackenzie an einer halbwegs trockenen Stelle landen. Aus Mangel an Brennholz konnte man nur ein bescheidenes Flackerfeuer aus Schilf und Zwergweiden unterhalten. Aber genügend schwelender Rauch wurde entwickelt, um die Mückenschwärme zu verjagen. Die Ortsbestimmung ergab eine Breite von 67,47 Grad Nord. Damit hatte Alexander Mackenzie den bisherigen Rekord Samuel Hearns übertroffen. Dieser war an der Mündung des Coppermine-River bis ans Eismeer gelangt. Aber sie lag nicht so hoch im Norden wie jene Stelle, an der sich nun Mackenzie befand.

»Heute sechs Pfund Pemmikan ausgeteilt«, notierte er, »haben noch knapp hundert Pfund. Aber es ist ungewiß, ob der Vorrat bis zum Ende des Stromes reicht und danach für den Rückweg in Jagdgebiete.«

Die gleichen Sorgen hatten seine Begleiter, diesmal auch die Voyageurs. Joseph Landry machte sich zu ihrem Sprecher.

»Kein Wort ist den Indianern zu glauben, Sir, wenn sie von Entfernungen reden. Die einen sagen, es sind noch viele Jahre bis zum Meer. Der Loucheux behauptet, in wenigen Tagen wären wir dort. Das kann genau der gleiche Schwindel sein wie die Jahre ...«

Mackenzie widersprach, fest davon überzeugt, daß man bereits durchs Mündungsdelta fuhr.

»So kann's sein, aber muß nicht sein«, beharrte Landry, »vielleicht schwimmen wir nur durch 'nen riesigen Sumpf. Der Proviant reicht bestenfalls noch für vierzehn Tage, Sir, höchstens für zwanzig Tage. Aber dann haben wir schon August und noch einen verdammt langen Rückweg vor uns. Es geht ja auf der Heimreise immer gegen den Strom. Für den Rückweg brauchen wir viel länger, Sir, alle Stromschnellen müssen wir umgehen. Dabei kommen wir in den Winter ... bei den Rothäuten zu überwintern ist kein Vergnügen, wenn sie selber nichts zu beißen haben. Sie wissen's doch selber, Sir, wie schwer manchmal die Jagd im Winter ist. Ohne Vorräte für so schlechte Tage, ich meine für so schlechte Wochen und Monate, sind wir übel dran!«

Alles, was er sagte, hatte sich Mackenzie schon selbst überlegt.

»Vielleicht sollten wir ein, zwei Tage hier bleiben, um es wieder mit den Netzen zu versuchen. Ein paar hundert Pfund geräucherte Fische wären eine große Hilfe. Wir sparen den Pemmikan für später.«

Landry schüttelte den Kopf.

»Hier ist alles so ganz anders, Sir, in dem Dreckwasser bekommen wir keine Fische. Alle sind wir der Meinung, Sir, es wär' schon am besten, wenn wir gleich umkehrten.«

Er sagte es so ruhig und bestimmt, daß Mackenzie einsah, er werde sich mit der üblichen Methode seiner Überredung nicht mehr durchsetzen. Außerdem war die Vernunft auf seiten der Voyageurs.

»Geben Sie mir noch sieben Tage, Landry, wenn wir nach sieben Tagen das Meer noch immer nicht sehen . . . kehren wir um.«

Landry schlug einen Kompromiß von drei Tagen vor, stieß jedoch auf Granit. Mackenzie durfte und wollte nicht nachgeben, es hätte ihn seine Rolle als Führer gekostet. In der samtweichen Hülle seiner Umgänglichkeit steckte ein stahlharter Wille.

»Sieben Tage, sagte ich, jedes weitere Wort ist überflüssig. Hol jetzt die Paddel aus den anderen Booten und bring sie her.«

Wenn schon die Voyageurs protestierten, war damit zu rechnen, daß der English Chief und die Chipewyans heimlich zurückfuhren. Landry mußte den Chief erst durch einen Vorwand von seinem Kanu entfernen, damit Steinbrück die Paddel herausnehmen konnte.

Während dieser Nacht, die so hell blieb wie der lichte Tag, berührte die Sonne nicht einmal den Horizont. Eine Weile blieb sie in der Schwebe, um dann wieder aufzusteigen. Für die Indianer vom Athabasca-See, ebenso für die Voyageurs aus dem Pays-en-haut, war das ein nie gesehenes Wunder. Mackenzie bemühte sich, diese Erscheinung zu erklären. Aber seine Begründung ließ sich nicht mit ihren einfachen Vorstellungen vereinbaren. Ängstlich und sogar entsetzt starrten sie auf das Phänomen.

»Sieben Tage, hat er gesagt«, flüsterte de Lorme seiner Frau zu, »aber hier haben die Tage kein Ende, seine sieben Tage können ebensogut sieben Jahre sein.«

»Er wird uns nicht betrügen, Pierre, er meint die Zeit von richtigen Tagen.«

Um vier Uhr früh fuhren sie weiter nach Norden und erreichten gegen Mittag ein verlassenes Camp der Eskimos. Die Stangen ihrer Zelte standen noch, ebenso die Gerüste zum Räuchern von Fischen und zum Trocknen der Netze. Verwitterte Schlitten aus Walfischknochen, zerbrochene Harpunen und die Reste einiger Fellkleider. Obwohl der Zustand aller Dinge erkennen ließ, daß sie nicht mehr benutzt wurden, fürchtete der Loucheux, ihre Besitzer könnten jeden Augenblick wiederkehren, und drängte zur schleunigen Weiterfahrt.

Am nächsten Nachmittag stieß die Expedition auf ein Lager, das die Eskimos erst vor kurzem benutzt hatten. Steinbrück entdeckte frische Fußspuren am Ufer, und hastig griffen alle Männer zum Paddel. Während der nächsten Rastpause, denn von einem Nachtlager konnte bei Tageslicht kaum die Rede sein, verteilte Mackenzie Geschenke an seine Indianer und bedachte jeden Voyageur mit einem vollgefüllten Becher Whisky, um die Stimmung zu heben. Aber es half nur vorübergehend, weil der Loucheux nichts Besseres wußte, als wieder von jenen schrecklichen Tieren zu erzählen, die man bald zu sehen bekommen würde. Er meinte Eisbären, Walrosse und Walfische, deren Größe und Gefährlichkeit sich ein Fremder gar nicht vorstellen konnte!

Am Sonntag, dem 12. Juli, bald nach dem Aufbruch, kamen sie wieder zu einem Lagerplatz der Polarmenschen, der schon fast als regelrechtes Dorf anzusehen war. Aber kein Rauch stieg auf, und kein Mensch ließ sich sehen. Trotz aller Warnungen ging Mackenzie an Land, um die Anlage zu betrachten. Guterhaltene Schlitten standen herum, brauchbare Netze hingen von einem Gestänge. Er sah Steingefäße, verrußte Tranlampen und scharfgeschliffene, ellenlange Messer aus Walroßzahn.

Die nächste Ortsbestimmung, um Mitternacht vorgenommen, ergab 69,1 Grad nördlicher Breite.

Am folgenden Morgen legten sie ungefähr dreißig Kilometer zurück und begegneten dabei mehreren Eisschollen. Der Wasserstand wurde immer niedriger und die Kanäle des Deltas immer breiter, auch machte sich stärkere Strömung bemerkbar. Schließlich öffnete sich ein ausgedehnter See im Labyrinth der Sümpfe. Eisschollen gab es auch hier, deren Zahl sich zusehends vermehrte. Mackenzie mußte den Chief und die Chipewyans vorausschicken, damit sie nicht ohne Aufsicht blieben. Sonst wären sie wahrscheinlich hinter seinem Rücken verschwunden.

So überquerten sie den trüben See, dessen Wassertiefe nicht viel mehr als einen Meter betrug. Am jenseitigen Ufer bestieg Mackenzie einen Hügel, um die Richtung für die Weiterfahrt zu erkunden. Er sah eine solide Eisfläche, die sich von Südwesten nach Osten erstreckte, aber auch einen breiten Arm mit offenem Wasser, der zu anderen Erhebungen führte. Ob das Inseln waren oder nur einzelne Hügel im gefrorenen Sumpfland, konnte er nicht erkennen. Wieder zurück zu seinem Aussichtspunkt, ließ er die drei Kanus in den freien Kanal steuern. Nach sechs Stunden etwa kamen sie zu einer langen, gewölbten Sandbank, die drei bis vier Meter hoch aus dem Wasser ragte. An ihrem Ufer wurden die Zelte aufgeschlagen.

Als Mackenzies Taschenuhr Mitternacht zeigte, weckte ihn eiskalte Feuchtigkeit. Sein Zelt stand im Wasser, und im Wasser lag auch alles Gepäck. Schleunigst mußten die Männer ihre Sachen und auch die Boote zur Mitte der Insel tragen. Sie taten es sehr mißmutig, immer neue Überraschungen bot die unheimliche Gegend.

»Wir sollten uns freuen«, sagte Mackenzie, »wir erleben schon den Wechsel von Ebbe und Flut ... wir sind ganz dicht am Meer.«

Es war der 13. Juli, sie befanden sich auf 69,14 Grad nördlicher Breite.

Heftiger Wind, der sich bald stürmisch verstärkte, zwang gegen Mittag zu neuem Aufenthalt. Diesmal achtete Mackenzie darauf, daß man möglichst hoch kampierte. Mehr und mehr Hügel gab es jetzt im Delta, das so lange völlig flach gewesen war. Mackenzie ging zur nächsten Erhebung, um weiteren Überblick zu gewinnen.

Im Norden sah er nur wenig Land, jeder Kanal hatte sich zu einem See erweitert, den zum größten Teil brüchiges Eis bedeckte.

Beim Rückweg zum Lager hörte Mackenzie lebhaftes Geplätscher. Es stammte von einigen Springbrunnen, die aus dem Wasser emporschossen, verschwanden und wieder hochstiegen. Darunter schwammen kolossale Fische von grauweißer Farbe, die munter spielten. Walfische natürlich, ein Kenner hätte sie Belugas oder Weißwale genannt. Etwa fünf bis sechs Meter lang wird der Weißwal, ist also nur ein relativ kleiner Vertreter seiner Familie. Wer aber noch nie einen Blauwal gesehen hatte, dem mußte auch der Beluga als ein Gigant des feuchten Elements erscheinen.

Mackenzie war so hingerissen von dem Anblick, daß er sofort seine Voyageurs zusammenrief und allen Ernstes verlangte, ganz nahe an die Riesenfische heranzupaddeln. Ducette, de Lorme und Steinbrück ließen sich dazu verleiten. Mehr tollkühn als tapfer fuhren sie in die Mitte des Schwarms hinein, ließen sich bespritzen und wollten die Rücken auftauchender Belugas mit der Hand berühren. Die Wale schienen das Kanu und die Männer nicht zu fürchten. Aber nur um Haaresbreite entging das Boot einem Schlag ihrer Schwanzflossen. Dann wurde es von unten angehoben und zur Seite gekippt, glitt aber zum Glück wieder ab und legte sich gerade. Dieser doppelte Schreck genügte den Männern, um schleunigst die Flucht zu ergreifen. Ernüchtert und durchnäßt kehrten sie von dem gefährlichen Spiel zurück.

Die Reise ging weiter, durch offene Kanäle hinaus zu Inseln am Rande des zusammenhängenden Eises. Erst dort, wo kein Durchkommen mehr möglich war, endete der letzte Vorstoß.

Am Rande der glitzernden Sperre entlangfahrend, suchte Alexander Mackenzie die nächste Anhöhe festen Landes, mußte aber einige hundert Schritt übers Eis gehen, um diesen Steinbuckel zu erreichen. Landry, Ducette und Steinbrück kamen mit. Sie trugen eine Stange und ein Holzbrett, um den Wendepunkt der großen Reise zu markieren. Bevor das geschah, bestimmte Mackenzie diesen Punkt mit 69,7 Grad nördlicher Breite. Er befand sich ohne Zweifel am Rande des Arktischen Ozeans. Weiter nördlich waren nur noch drei oder vier kleine Inseln zu sehen. Freies Wasser erstreckte sich allein nach Westen dicht an der Küste entlang. Sonst war die See mit solidem Eis bedeckt, so weit das Auge reichte [1].

Mit dem Messer schnitzte Mackenzie die Ortsbestimmung, den Tag und das Jahr, seinen Namen und die Namen seiner Begleiter auf das Brett. Es wurde an die Stange genagelt und die Stange in einer Felsspalte befestigt.

So geschehen am 14. Juli des Jahres 1789.

Ein historisches Datum nicht nur für die Entdeckungsgeschichte. Am gleichen Tag stürmte eine aufgebrachte Menge die Bastille in Paris, und damit begann die Französische Revolution, deren Folgen das Gesicht Europas grundlegend veränderten.

Als der Entdecker wieder in sein Zelt zurückkam und die Karte entrollte, um die letzte Ortsbestimmung einzutragen, kam ihm wieder zum Bewußtsein, daß er sich vorgenommen hatte, seinen Strom erst dann zu benennen, wenn er bei dessen Ende angelangt war. Auf den Namen des Kapitäns Cook sollte der Fluß getauft werden, falls er ihn zum Cook-Inlet führte, also zur Westküste des Kontinents. »Grand River« war nur ein vorübergehender Behelf gewesen, eine Bezeichnung, die nicht auf der Karte stand.

Nachdem sich Mackenzie um seine schönste Hoffnung betrogen sah, taufte er seinen Strom »Disappointment-River«, den Fluß der Enttäuschung.

Im Tagebuch des Entdeckers findet sich kein Wort über seine Enttäuschung. Aber sie geht aus der verblüffenden Knappheit hervor, mit der Mackenzie den Beginn seiner Rückreise deutlich macht. Er notiert lediglich seinen nördlichsten Breitengrad und fügt hinzu:

»... demgemäß fuhren die Boote nun wieder gegen den Strom.«

---

[1] Weil Mackenzie nicht genügend ausgebildet war, konnte er beim damaligen Stand der Technik nur die Breitengrade zuverlässig bestimmen. Daher läßt sich der Endpunkt seiner Reise nicht mehr genau festlegen. Dazu hätte es auch einer exakten Angabe des Längengrades bedurft. Aber die Erwähnung von drei bis vier kleinen Inseln genau im Norden erlaubt die Annahme, daß er sich zuletzt auf einer Felsklippe knapp vor dem westlichen Ende der Walfisch-Insel befand. Diese liegt genau in der Mitte vor der breiten Mündung des großen Stroms.

Vom Eismeer nach London

Es ist nicht üblich, der Rückreise eines Entdeckers viele Worte zu widmen. Folgt er dabei der gleichen Reiseroute wie auf dem Hinweg, also einer nunmehr bekannten Strecke, wird im allgemeinen die Feststellung genügen, daß seine Expedition nach soundso vielen Tagen und den üblichen Schwierigkeiten wieder dort anlangte, wo sie aufgebrochen war. Im Falle Alexander Mackenzies genügt es aber nicht, denn er machte auf seiner Rückreise weitere Entdeckungen und gewann Erkenntnisse, die ihn veranlaßten, drei Jahre später abermals den Durchbruch zur Westküste zu versuchen.

Nicht aus freiem Willen entschloß sich Mackenzie zur Umkehr, als er die Mündung des »Disappointment-River« erreicht hatte, vielmehr wurde er dazu gezwungen. Ihm fehlte Proviant, die Reise fortzusetzen, außerdem hatte er seinen Leuten die Umkehr binnen sieben Tagen versprochen.

Sonst wäre es ihm möglich gewesen, seine Erkundung sehr viel weiter zu führen. Denn jene Strecke offenen Wassers, worin sich die Weißwale getummelt hatten, dehnte sich längs der Küste nach Osten aus. Ein Ende dieser Rinne war nicht abzusehen. Aus allen Berichten der bisherigen Polarfahrer ging hervor, daß sich im Sommer die Eisdecke jener Breitengrade mehr und mehr vom Festland zurückzog, um erst Ende September wieder näherzukommen. So wäre noch genügend Zeit gewesen, der Küste viele Wochen weit nach Osten zu folgen. Mackenzie hielt es für sehr wahrscheinlich, daß man auf einer solchen Fahrt schließlich in die Beringstraße und in den Pazifischen Ozean gelangte. Früher oder später mußte man dabei auf einen Posten russischer Pelzhändler stoßen. Soviel er wußte, besaßen sie etwa ein Dutzend·kleiner Stationen an der Küste Alaskas. Deren Mittelpunkt war die Ortschaft Kodiak [1] auf der Insel gleichen Namens, und eine andere recht bedeutende Siedlung lag in der Auferstehungsbucht der Kenai-Halbinsel, am gleichen Platz wie der heutige Ort Seward. Wäre es nach ihm gegangen, Mackenzie hätte diesen Versuch unternommen. Mit ausreichendem Proviant und entschlossener Mannschaft wäre das Wagnis vielleicht gelungen. Aber das Ergebnis hätte nur geographische Bedeutung gehabt, jedoch keinen praktischen Wert für Handel und Verkehr, denn viel zu weit war die Entfernung, viel zu kurz die eisfreie Zeit. Zwischen der Mündung des großen Stromes und den besiedelten Punkten der alaskanischen Küste gibt es auch in unserer Zeit keine nennenswerte Niederlassung. Nur militärische Einrichtungen, veranlaßt durch die Nähe Sowjet-Sibiriens, sind während der letzten Jahre hier und dort entstanden. Zwischen Nome an der Beringstraße und Aklavik im Mündungsdelta des von Mackenzie entdeckten Stromes besteht keine bedeutende Ortschaft, mit Ausnahme von Point Barrow. Fast alle Bewohner dieser polaren Küste sind noch heute Eskimos. Übrigens haben auch die Eskimos während der letzten Jahrzehnte an Zahl beträchtlich zugenommen, sie vermehrten sich in Alaska seit 1930 um etwa die Hälfte. Trotz ihrer starken Verluste durch eingeschleppte Krankheiten im vorigen Jahrhundert gibt es gegenwärtig wahrscheinlich mehr Eskimos als zur Zeit Alexander Mackenzies.

Er selbst ist den Eskimos nicht begegnet, obwohl er sich noch drei Tage lang bemühte, Kontakt mit ihnen aufzunehmen. Er fand nur unbewohnte Siedlungen, weil sich im Sommer die Polarmenschen draußen auf dem Eis befanden, um in den offenen Kanälen

[1] Kodiak, 1784 von dem Pelzhändler Shelikov gegründet, gilt als die älteste Ortschaft, die von einer europäischen Nation an der Westküste Nordamerikas angelegt wurde. Die spanischen Missionen San Diego, Los Angeles und San Francisco folgten erst später. Nachkommen der russischen Siedler leben noch heute auf der Insel Kodiak, die Eingeborenen der Insel gehören noch immer zum russisch-orthodoxen Glauben, die ältesten Priester stammen noch aus dem zaristischen Rußland. (Siehe H.-O. Meissner »Bezaubernde Wildnis«, Cotta-Verlag, Stuttgart, worin der Verfasser die Geschichte und die gegenwärtigen Verhältnisse der Kodiak-Insel beschreibt.)

nach Robben und Weißwalen zu jagen. Mackenzies Begleiter waren auch viel zu ängstlich, um die Suche nach den Eskimos entschlossen mitzumachen.

Die Expedition, zwölf Männer und vier Frauen, lebte in diesen Tagen fast nur von ihrem Pemmikan. Während sich im gleichen Gebiet die Eskimos seit undenklichen Zeiten recht gut von Jagd und Fischfang ernährt hatten, gelang es weder den Voyageurs noch den Chipewyans, nennenswerte Beute zu machen. Als jene sieben Tage verstrichen waren, die sich Mackenzie ausbedungen hatte, zwang ihn auch die Nahrungsnot zur schnellen Rückkehr in bessere Jagdgebiete.

Kaum lag das trostlose Delta hinter ihnen, fanden sie am Ufer wieder große Mengen von Moosbeeren. Am 18. Juli erlegten der English Chief zwei Karibus und die Chipewyans neun Wildgänse. Es war höchste Zeit, der restliche Pemmikan hätte kaum noch für zwei Tage gereicht. Aber die krachenden Schüsse jagten dem Loucheux-Führer einen solchen Schrecken ein, daß er davonlief und sich auch später nicht mehr zurückwagte. Sogar seine Waffen, Geschenke und Winterkleider ließ er im Stich.

Trotz Dauerregens und bitterkalten Windes ging die Reise zügig stromauf. Mit der Jagd konnte man wirklich zufrieden sein, am gleichen Nachmittag wurden zweiundzwanzig Enten, drei Wildschweine und ein Karibu erlegt. Mackenzies Gefolgschaft war wieder bester Stimmung. Am 21. Juli gelangte man zurück in die nördlichste Waldregion. Obwohl nur zwergenhafte Bäume gediehen und Weidengestrüpp, das dicht am Boden hinkroch, war es doch ein beruhigender Anblick für die waldgewohnten Chipewyans. Gegen Abend erreichte die Expedition das erste Camp der Loucheux. Der entlaufene Führer war schon angelangt, ließ sich aber nicht blicken. Mackenzie übergab dessen Bruder alle Sachen des Flüchtlings und fügte noch den versprochenen Lohn hinzu. Um Mitternacht verschwand zum ersten Male die Sonne wieder hinter dem Horizont.

Mühsam plagte sich die kleine Flotte gegen den Strom, bei günstigem Wind von den Segeln unterstützt. Dennoch war der Fortschritt nur so langsam, daß Mackenzie am Ufer marschierte, vom

English Chief und Steinbrück begleitet. Er hatte nun Zeit, sich das Land gründlicher anzusehen als bei der raschen Fahrt stromab. Während der Rückreise füllte sich sein Tagebuch mit zahlreichen Beobachtungen, für die er auf der Hinreise keine Ruhe gefunden hatte. So notierte Mackenzie, um nur eins von vielen Beispielen zu nennen, daß Waldbrände die Vegetation völlig veränderten. Er sah an den verkohlten Resten, daß vor dem Brand Tannen und Lärchen das Gelände bedeckt hatten, statt dessen gab es jetzt, zehn bis zwölf Jahre später, nur junge Pappeln auf dem gleichen Boden. Seine Beobachtung war vollkommen richtig. Was Mackenzie feststellte, fand erst viel später die natürliche Erklärung: Vom Winde verweht, erreichen vor allen anderen Samenkörnern zuerst die federleichten Pappelsamen das brachliegende Gebiet. Einmal dort angesiedelt, lassen die Pappeln einen anderen Bestand nur langsam oder überhaupt nicht mehr hochkommen.

Diesmal folgte Mackenzie auch Indianerpfaden, die vom Ufer in die Wälder führten. Dreißig Zentimeter und tiefer waren sie in den Boden eingetreten, schmale, uralte Verkehrsstraßen der Wildnis. Furchtlos ging er zu den Dörfern, deren Bewohner noch niemals von hellhäutigen Menschen gehört hatten. Sie wurden von seinem plötzlichen Erscheinen so sehr verblüfft, daß sie gar nicht den Entschluß faßten, davonzulaufen. Er beruhigte sie durch freundliches Lächeln und glitzernde Glasperlen, denen zu damaliger Zeit kein Indianer widerstehen konnte. Wie ein Wunder mag es heute erscheinen, daß der English Chief meist in der Lage war, sich mit so völlig fremden, von jeder Verbindung mit der Außenwelt abgeschnittenen Leuten zu verständigen. Aber seit grauer Vorzeit gab es unter allen Indianern Nordamerikas bestimmte Worte und Zeichen, die man in jeder Gegend begriff. Allerdings verstand sie nicht jeder einzelne, nur besonders intelligente Leute waren imstande, auf diese Weise miteinander zu reden. Die Finger und Hände redeten mit. Was Worte nicht ausdrückten, lag im Klang der Stimme, im Blick der Augen und im ganzen Verhalten der Teilnehmer. Sie hantierten auch mit Hölzchen und kleinen Steinen, um dem anderen klarzumachen, was sie meinten. Heute ist dieses geheimnisvolle Mittel der Verständigung völlig verloren-

gegangen. Kein Weißer hat es je gelernt, keiner hat jene merk-
würdige Zeichensprache so klar und klug beschrieben, daß man
noch erkennt, worum es sich dabei handelte. Vermutlich war es
auch einem Europäer gar nicht möglich, den Sinn der Sache zu
begreifen, weil man dabei genauso denken mußte wie ein echter
Indianer. Nur der English Chief konnte bei solchen Begegnungen
als Dolmetscher dienen, von Mackenzies Begleitern war kein anderer dazu imstande.

Eines Tages ergab die Unterhaltung, daß schon Kunde von
weißen Männern bis in die Wildnis gedrungen war.

»Vor acht bis zehn Wintern«, fragte der English Chief aus
einem Häuptling heraus, »sind große Kanus voll hellhäutiger
Menschen am salzigen Ufer erschienen. Sie verlangten Pelze und
gaben dafür Töpfe und Messer, die niemals zerbrachen.«

Wo das gewesen sei, verlangte Mackenzie zu wissen.

»Hinter den Bergen, hinter den Wäldern, weit, sehr weit fort
am großen Wasser, wo die Sonne im Meer versinkt.«

Also im Westen und damit am Pazifischen Ozean! Es konnten
spanische, britische, am ehesten wohl russische Seefahrer gewesen
sein, die von Alaska aus die Küste hinabgefahren waren.

Tagelang wurden die Boote gezogen, anders war es nicht möglich, die starke Strömung zu überwinden. Gar manches Wildwasser, das man zuvor in rasender Schußfahrt hinabgejagt war, zwang
nun zu mühevollen Portagen. Dann folgten weite Strecken fast
ohne Strömung, wo man täglich hundert bis hundertfünfzig Kilometer zurücklegte. Meist war der Fischfang gut, und die Jäger
kamen mit so reicher Beute zurück, daß jeder so viel essen konnte,
wie er nur wollte.

»In einer Woche vertilgten wir 2 Karibus, 4 Singschwäne und
45 Wildgänse«, berichtete Mackenzie in seinem Tagebuch, »zwar
wußte ich schon immer, welch unglaublichen Appetit die Männer
und auch die Frauen des Pays-en-haut entwickeln, wenn sie große
Anstrengungen hinter sich haben. Doch jene Mengen, die nun verzehrt wurden, überstiegen alle meine Erfahrungen. Doch was mich
am meisten erstaunte, war mein eigener Appetit. Ich selber verschlang nicht weniger als die Chipewyans.«

Am 24. Juli bemerkte Alexander Mackenzie an einigen Stellen des Ufers zähflüssigen Stoff, der *wie Petroleum roch und brennbar war*. Er hatte, ohne es zu ahnen, eines der reichsten Ölvorkommen in Kanada entdeckt, nämlich die Ölfelder von Norman-Wells. Heute führt aus jener Gegend eine schmale Straße und Pipeline zum »Alcan Highway«, der quer durch Kanada die USA mit Alaska verbindet. Aber nur zu einem geringen Teil werden die Ölleitungen genützt, nur wenige Zapfstellen werden damit bedient, zu weit ist die Entfernung und zu kostspielig der Transport. Jener Reichtum, den Mackenzie im Jahre 1789 zufällig gefunden hatte, konnte bis zum heutigen Tag nicht ausgeschöpft werden. Die Ölfelder von Norman-Wells gelten als nationale Reserve, nur die Regierung kann darüber verfügen.

Wenige Tage später hörte der English Chief von Eingeborenen, daß sie wüßten, wo Kupfer zu finden sei. Auch das schrieb Mackenzie gewissenhaft in sein Tagebuch. Doch vergingen fast hundertfünfzig Jahre, bis sich moderne Geologen mit den Bodenschätzen der Gegend befaßten. Man fand noch vieles mehr, sogar die Rohstoffe zur Gewinnung von Uran. Nicht alle Funde wurden veröffentlicht, aus bestimmten Gründen muß so manches geheim bleiben. Mackenzie gab den ersten Hinweis, aber viel zu früh, um damals Beachtung zu finden.

Im ersten Dorf der Hasen-Indianer unterhielt sich der English Chief mit einem Mann der Hunderippen. Wegen Streitigkeiten mit seinem Häuptling war er vor vielen Jahren nach Norden geflüchtet und bei dem fremden Stamm geblieben. Was die »Hasen« Mackenzie verschwiegen, erzählte dieser Flüchtling. Jenseits der hohen Schneeberge sammle sich ein Fluß, der zur sinkenden Sonne ströme und schließlich an einen See gelange, der kein anderes Ufer habe. So schlecht schmecke das Wasser in diesem endlosen See, daß es niemand trinken könne, ohne krank zu werden. Zweifellos meinte er das Salzwasser des Meeres.

»Hast du gehört, ob dort weiße Männer sind?« ließ Mackenzie fragen.

Ja, er hatte davon gehört. Wo dieser breite und sehr lange Fluß zu Ende war, dort lebten weiße Männer. Sie hatten große

Hütten gebaut mit einer Wand aus Baumstämmen ringsherum. Nach Mackenzies Meinung sprach der Mann vom Fluß des Kapitäns Cook, der im Cook-Inlet den Pazifik erreichte. Er hielt die »große Hütte mit den hohen Mauern« für ein Fort der russischen Pelzhändler. In Wirklichkeit gab es keinen russischen Stützpunkt am Cook-Inlet. Was der Dogrib tatsächlich meinte, war der Yukon-Strom mit dem russischen Fort Sankt Michael an der Mündung. Aber Mackenzie konnte es nicht ahnen, er wußte vom Yukon ebensowenig wie von Sankt Michael. Auch den Russen war der Yukon damals nur an seinem äußersten Ende bekannt. Vielleicht hätte man die »Hasen« zum Sprechen gebracht, aber es kam zu einem bösen Zwischenfall. Den Chipewyans gefiel eines der jungen Hasen-Mädchen so gut, daß sie es mitnehmen wollten, nach der altbewährten Methode des Frauenraubs. Sie meinten, wer über Feuerwaffen verfüge, könne sich das erlauben. Aber das Mädchen schrie wie am Spieß, alles Volk lief zusammen, und Mackenzie hatte große Mühe, die wutentbrannte Menge zu beruhigen. Ein volles Dutzend Kochtöpfe genügte nicht, das tiefbeleidigte Dorf zu versöhnen. Mackenzie mußte noch froh sein, daß seine Leute mit heiler Haut davonkamen.

Am 27. Juli fuhr die Flotte unter großen Anstrengungen durch die Stromschnellen zwischen den »Ramparts«. Stromab hatte diese Passage nur wenige Stunden gedauert, jetzt brauchte man dazu einen vollen Tag und noch die halbe Nacht.

Die unbestimmte Kunde von einem großen Strom, der jenseits der Felsenberge nach Westen floß und am Ende eine Station weißer Männer berührte, ließ Mackenzie nicht ruhen. Von nun an forschte er in jedem Dorf danach. Stets war er auf die Vermittlung des English Chief angewiesen, gewann aber mehr und mehr den Eindruck, daß sein Dolmetscher nicht richtig übersetzte, das heißt, nicht richtig übersetzen wollte. Auch mit seinen Chipewyans hatte er mancherlei Ärger. Sie mochten von der langen Reise nicht mit leeren Händen zurückkommen. Nach indianischer Art war es

Gefährliche Passage auf der Wasserfahrt durch die Felsenberge

Schneeziegen in den Rocky Mountains

üblich, daß der Starke den Schwachen beraubte. Jetzt brauchte man die Bewohner des Ufers nicht mehr, brauchte auch ihre Rache nicht zu fürchten. Für den English Chief und die Chipewyans war es unbegreiflich, daß Mackenzie aufs strengste verbot, die praktisch wehrlosen Menschen abzuschießen. Es waren doch völlig Fremde, und es bestand keinerlei Stammesbündnis mit ihnen. All die vielen Skalpe, all die jungen Mädchen, nichts durfte man erbeuten, um daheim den Ruhm großer Krieger zu genießen.

Immer offensichtlicher wurde der Widerwille des English Chief gegen das Ausfragen der Eingeborenen. Immer deutlicher war zu spüren, daß er nicht mehr dolmetschen wollte, was sie vom Land jenseits der Berge erzählten. Was Mackenzie von seinem Sprachgenie hörte, waren nur negative Auskünfte. Angeblich ragten die Rocky Mountains so hoch in den Himmel, daß sie kein Vogel überfliegen konnte. Was dahinter lag und wo sich die Westküste befand, wußte niemand, und noch niemand hatte darüber nachgedacht. Am Fuß der Felsenberge war die Welt zu Ende.

Es konnte nicht stimmen, der English Chief sagte Mackenzie etwas anderes, als ihm die Leute sagten. Denn sie zeigten über die Berge, beschrieben mit lebhaften Gesten, was es dort zu sehen gab, und schienen zumindest eine Ahnung zu haben, welche Stämme dort lebten. Aber der Chief blieb dabei, daß sie gar nichts wüßten.

Er fälschte die Auskünfte, damit Mackenzie jede Lust verlor, einen Vorstoß nach Westen zu wagen. Der Chief wollte sobald wie möglich zurück an den Athabasca-See, um wieder die Bequemlichkeiten seines Blockhauses zu genießen.

So stießen an einem jener Tage die beiden Männer heftig zusammen. Mackenzie beschuldigte den Chief ständiger Lügerei, und der Chief beschwerte sich über die allzu großen Anstrengungen der Reise. Ein Vorwurf folgte dem anderen, alle Voyageurs und Chipewyans hörten zu, wie sich beide gegenseitig anbrüllten. Es kam so weit, daß der English Chief zum Messer griff und Mackenzie seine Pistole aus dem Halfter riß. Die Weiber erhoben lautes Wehgeschrei. Ducette und Steinbrück warfen sich dazwischen, mit dem Erfolg, daß der Chief nach links und Mackenzie nach rechts davongingen.

Abends standen ihre Zelte so weit wie möglich auseinander. Doch gegen Mitternacht schickte der Chief seine Frauen mit einem delikaten Gericht aus Karibuleber und Fischrogen zu Mackenzie. Der schickte seinerseits eine Blechflasche mit bestem Whisky zurück. Am nächsten Morgen herrschte scheinbar wieder das beste Einvernehmen. Aber es blieb nur erhalten, weil Mackenzie keinen Versuch mehr machte, jene Auskünfte einzuholen, an denen ihm so viel gelegen war.

Statt dessen bestieg er diese oder jene Anhöhe, um selber zu sehen, wie sich nach Westen hin die Landschaft ausdehnte, aber Wolken und Nebel behinderten die Sicht. Auf dem Rückweg von einem solchen Ausflug wäre er fast ums Leben gekommen. Plötzlich gab der Boden unter ihm nach, bis zu den Schultern versank er in einem grundlosen Sumpf. Nur mit Hilfe eines gestürzten Baumstammes konnte er sich retten, der gerade noch in Reichweite seiner Hände lag.

Am Donnerstag, dem 13. August, war die Expedition wieder dort angelangt, wo Mackenzie die zwei Sack Pemmikan zurückgelassen hatte. Sie hingen wohlbehalten in ihrem Baum. Notfalls konnte der Vorrat genügen, um das Fort Resolution zu erreichen. Die Expedition war nicht mehr auf Jagdbeute angewiesen. Man sparte Zeit, kam schneller voran, und Mackenzie konnte seine Chipewyans besser beaufsichtigen.

Am 22. August glitten die Ufer des Disappointment-River zurück, und vor ihnen lag wieder der Große Sklavensee.

Im Dorf der Gelben Messer hörte Mackenzie, daß sich Leroux mit seinen Voyageurs in der Nähe befand. Wenige Tage zuvor war er hier gewesen, um Pelze abzuholen, am Ostufer entlang wollte er nach Fort Resolution heimfahren. Mackenzie folgte in der gleichen Richtung, trotz hochgehender Wogen und heftiger Proteste der ängstlichen Chipewyans. Aber das Wagnis lohnte sich, gegen Abend des übernächsten Tages schimmerte ein Lagerfeuer am Ufer. Als sich die Voyageurs mit sechzig Paddelschlägen in der Minute dem Platz näherten, eilten weiße Männer zur Begrüßung herbei. Laurent Leroux winkte, lachte und lief tief ins Wasser, um Mackenzie zu begrüßen.

»Wo waren Sie so lange, wo hat Sie der Fluß nur hingeführt?«
Steifbeinig stieg Mackenzie aus.

»Eine Enttäuschung, Leroux, eine bittere Enttäuschung! Ich komme vom Eismeer. Dahin führt nämlich letzten Endes der vielversprechende Fluß.«

Laurent wollte es nicht glauben, für ihn war das Eismeer nur eine Legende, ein ungewisser Begriff ohne praktische Bedeutung.

»Für unseren Handel«, besann sich Mackenzie, »hat die Reise vielleicht doch was genützt. Nur muß man die Eingeborenen am Strom erst dazu bringen, daß sie auch Pelze verwerten und nicht nur Fleisch. Wir kennen jetzt einen Wasserweg, der uns ganz neue Gebiete öffnet.«

Leroux hatte seinerseits einen Vorstoß nach Norden unternommen, dabei den Marder-See entdeckt und eine neue Handelsverbindung dorthin hergestellt. Obwohl er darauf stolz war und auch sein konnte, betrug seine Reisestrecke kaum den zehnten Teil der Entfernung, die Mackenzie zurückgelegt hatte.

Gemeinsam mit Leroux und seinen Voyageurs fuhr die Expedition zu einem Blockhaus mit dem stolzen Namen »Fort Rae«. Erst in diesem Sommer war es am Nordufer des Sklavensees entstanden. Neun Pelzballen wurden aufgenommen, dann glitt die Flotte unter Segeln schnell und sicher nach Fort Resolution. Am 30. August, abends um 7 Uhr, trafen alle Kanus dort ein. Statt sich endlich auszuruhen, sprach Mackenzie die ganze Nacht über Geschäfte. Leroux mußte zuhören, sollte seine Meinung äußern und Anweisungen notieren, denn Mackenzie legte großen Wert darauf, seiner Entdeckungsfahrt den Anschein zu geben, als sei sie eine vielversprechende Handelsreise gewesen.

»Sie haben alle Vollmacht, Leroux, ich schicke Ihnen noch zehn bis zwölf Voyageurs und Chipewyans und neue Ausrüstung. Dehnen Sie jedes Jahr Ihren Handel am Strom um ein weiteres Stück nach Westen aus, aber nicht nach Norden, das lohnt sich weniger. Dringen Sie in die westlichen Nebenflüsse ein. Von dort stammen die besten Felle, die ich gesehen habe.«

Leroux schrieb alles auf und versprach, danach zu handeln.

»Und was sagen Sie zu meinen Hermelinen?« fragte er dann.

Mackenzie griff in das große, schneeweiße Bündel und hielt ein paar Felle ans Licht.

»Wieder von der allerschönsten Qualität«, lobte er, »sind es genug für die eleganteste Frau Europas?«

»Ja, es sind genug«, strahlte Leroux, »wenn Ihre Majestät mit einem Mantel aus diesen Fellen im Spiegelsaal von Versailles erscheint, werden alle Herzoginnen Frankreichs vor Neid erblassen.«

Doch es sollte anders kommen. Noch bevor die Hermeline bei Marie-Antoinette eintrafen, rollte das Haupt der Königin vom Schafott.

Mackenzie verließ mit allen seinen Leuten schon am nächsten Morgen das Fort Resolution. Bis zum Athabasca lag noch eine weite Reise vor ihnen, aber sie kannten den Weg. Viel Zeit verlor man durch schlechtes Wetter, besondere Mühe machten die beiden Portagen im Sklaven-Fluß. Vom »Wildwasser der Verdammten« wurde eines der Kanus schwer beschädigt. Es wäre besser gewesen, ein neues anzufertigen, denn seine Reparatur dauerte zwei volle Tage.

Am 11. September paddelten die drei Boote in den Athabasca-See. Die Sonne glänzte vom blauen Himmel, leichter Nordwind blähte die aufgezogenen Segel und half der heimkehrenden Expedition, die Geschwindigkeit zu steigern. Niemand wollte die Nacht an Land verschlafen, die kleine Flotte segelte im Schimmer von Mond und Sternen. Jeder war voller Ungeduld, am kommenden Tag die Reise zu beenden.

Schon gegen Mittag entdeckte Charles Ducette eine Rauchfahne, die am jenseitigen Ufer kerzengerade hochstieg. Kurz vor zwei Uhr nachmittags hallte ein Kanonenschuß übers Wasser zum Zeichen, daß man im Fort Chipewyan die Kanus gesehen hatte. Alexander Mackenzie ließ zur Antwort eine Salve aus allen Musketen abfeuern.

Von Segel und Paddel getrieben, schossen die Boote voran. So laut wie noch nie sangen die Voyageurs. Stolz beschwingt kehrten sie heim vom Ende der Welt, aus dem ewigen Eis der Arktis.

Um drei Uhr berührten die Boote den Strand, begrüßt von rauhem Gebrüll aus achtzig Kehlen.

Alexander Mackenzie hatte in 102 Tagen eine Strecke von 4800 Kilometer zurückgelegt und dabei den Disappointment-River, ein bisher völlig unbekanntes Gewässer, von Anfang bis Ende befahren. Von den elf Männern und vier Frauen, die mit ihm die Reise gemacht hatten, fehlte niemand. Alle befanden sich in erstaunlich guter Verfassung.

Mag es als eine Kette glücklicher Zufälle gelten oder das persönliche Verdienst Mackenzies gewesen sein: Während der ganzen Reise wurde kein Schuß gegen fremde Indianer abgefeuert und auch die Expedition niemals ernstlich angegriffen. Zur damaligen Zeit und bei so weiter Fahrt durch das Gebiet wilder Stämme war das gewiß eine Seltenheit.

Mackenzie war nicht nur der erste Europäer, der den Strom bis ans Ende befahren hatte, sondern aller Wahrscheinlichkeit nach überhaupt der erste Mensch, denn die Indianer kannten den langen Fluß nur streckenweise.

»Als ich den Polarkreis hinter mir ließ«, sagte er zu Roderick, »mußte ich alle Hoffnung aufgeben. Nicht zur Westküste hat mich der verdammte Strom geführt, sondern mitten ins Nördliche Eismeer. Ein Wasserweg ohne praktischen Nutzen!«

»Immerhin führt er in eine völlig neue Welt«, suchte ihn sein Vetter zu trösten, »du hast die Grenzen Kanadas so weit hinausgeschoben wie kaum ein anderer Mann. Nur die Reisen La Salles und Radissons lassen sich damit vergleichen...«

»Nein, Roderick, das ist kein Vergleich. Radisson hat den Mississippi entdeckt und dazu noch den Weg zur Hudson-Bucht, La Salle fand das Tor zum Golf von Mexiko. Aber mein Strom führt gegen eine Sperrmauer aus solidem Eis. Selbst wenn's mir gelungen wäre, daran vorbeizukommen, schließlich sogar bis zur Beringstraße und zum Pazifik, ist der Weg doch viel zu weit und schwierig, er wird niemals ein nützlicher Handelsweg. Fluß der Enttäuschung ist der einzig richtige Name.«

Roderick hatte Fort Chipewyan mit so viel Sorgfalt und gutem Geschmack ausgebaut, wie man es zu jener Zeit im Pays-en-haut noch nie gesehen hatte. Alle Wände des Wohnraums waren hübsch bemalt, die Fußböden ganz mit Fellteppichen belegt, und jedes Fenster konnte man öffnen. Es gab Federbetten und richtige Leintücher, Porzellangeschirr und weiße Tischdecken. Roderick besaß über dreihundert in Leder gebundene Bücher. Selbst in Europa galten zu jener Zeit dreihundert Bände als große Bibliothek. Hier im Pays-en-haut wirkten sie wie ein Wunder. Dank dieser Bücherei gewann in späteren Jahren das Fort Chipewyan den Beinamen »Athen des Wilden Westens«. Nicht weniger berühmt wurde der Gemüsegarten Roderick Mackenzies. Aus England und Frankreich hatte er sich Samen beschafft, dazu noch botanische Schriften. Er experimentierte und lernte aus seinen Fehlern. Heute würde man seine Gärten eine landwirtschaftliche Versuchsanstalt nennen. Roderick war ein Mann von Bildung und Kultur, der sich auch in der Wildnis wohl fühlte, weil er es verstand, sich auf intelligente Weise zu beschäftigen. Das zeigte schon die ganze Art, wie er die Siedlung führte, eine kleine Insel der Zivilisation, hundert Tagereisen von der nächsten Stadt entfernt.

Aber leider hatte sich Roderick mehr um die Verschönerung des neuen Forts bemüht als um die sorgfältige Verpackung der Pelze. Ein erheblicher Teil wurde während der Beförderung nach Grande Portage durchnäßt und traf in recht üblem Zustand dort ein. Die Folge davon war ein wütender Brief MacTavishs, worin der »Marquis« nicht Roderick, sondern Alexander Mackenzie mit Vorwürfen überschüttete, denn stets mußte der Postenchef für alle Fehler geradestehen, die sein Vertreter gemacht hatte.

»Bleiben Sie lieber an Ort und Stelle«, schrieb MacTavish, »wenn Ihr Vertreter so liederlich arbeitet. Was nützen weite Reisen und neue Handelsbeziehungen, wenn schon die Felle des bisherigen Gebiets verdorben hier ankommen? Selbstverständlich wird Ihnen der Schaden in Rechnung gestellt!«

Alexander Mackenzie trug es mit Fassung. Von einem engstirnigen Geizkragen wie MacTavish war nichts anderes zu erwarten. Jeder Pelzhändler machte Fehler, es kam nur darauf an, aus diesen Fehlern zu lernen.

»Mein Fehler war's, den Phantasien Peter Ponds zu trauen. Mit seinem ständigen Gerede von der Ost-West-Passage und diesem Fluß hat er mich geradezu verhext. Der Weg nach Westen führt nicht die Flüsse hinunter, sondern hinauf. Anders kann's eigentlich auch nicht sein, wo doch ein Gebirge dazwischen liegt. Ich hätte mir's denken müssen. Der Disappointment-River beginnt viel zu weit im Norden. Schon hier vom Athabasca sollte man sich nach Westen wenden. Dabei fällt mir ein, hast du Boyer den Peace-River hinaufgeschickt?«

Ja, das war geschehen, seit Mitte August bestand der von Mackenzie gewünschte Vorposten am Peace-River, etwas oberhalb der Einmündung des Loon-Flusses.

»Alles nach deinen Weisungen erledigt, Alex, die Leute bleiben über Winter dort. Der Handel scheint sich gut zu entwickeln dort oben. Aber ich vermute, du selber hast ganz was anderes damit vor?«

Mackenzie wollte es nicht abstreiten, hatte aber noch keine bestimmten Pläne.

»Ich muß mir Zeit lassen, Roderick, erst muß ich noch eine Menge lernen — Astronomie, Geometrie und Mathematik stehen bei mir auf schwachen Füßen. Du siehst es auf meiner Karte. Die Breitengrade dürften so ungefähr stimmen, aber die Längengrade konnte ich nur schätzen. Für eine richtige Landkarte genügt das nicht. Die Herren von der Königlichen Geographischen Gesellschaft werden ihre klugen Köpfe schütteln, wenn sie das sehen!«

Roderick meinte, die sollten zufrieden sein, daß er überhaupt so einen riesigen Strom entdeckt hatte, sogar bis zur Mündung.

»Nun kann jeder Trottel deine Reise nachmachen, Alex, ganz gleich, ob die Längengrade richtig sind oder nicht. Beim Eismeer kommt man schließlich heraus.«

»Aber nur, weil der Weg ein Wasserweg ist, Rory, immer auf demselben Strom. Wenn's aber von einem Gewässer ins andere geht, wenn man weite Strecken über Land wandert, dann braucht jeder Nachfolger zum richtigen Breitengrad auch den richtigen Längengrad. Sonst ist der Entdecker kein Entdecker gewesen, weil er hinter sich alle Türen wieder zugeschlagen hat, statt sie offenzuhalten. Ich muß noch lernen, Roderick, wahrscheinlich brauche ich auch neue Instrumente. Mein Sextant ist etwas dürftig, mein altes Teleskop scheint nicht viel zu taugen.«

»Schreib an Dolland in London, laß dir was Besseres und Moderneres schicken!«

Mackenzie schüttelte den Kopf.

»Darüber vergehen zwei bis drei Jahre, lieber hol' ich die Sachen selber.«

Gemeinsam verbrachten sie den langen Winter im Fort Chipewyan. Die vielen Bücher Rodericks ließen die Zeit schneller vergehen. Aber jene Werke, die Alexander Mackenzie brauchte, um seine Kenntnisse für genaue Ortsbestimmung zu verbessern, waren nicht vorhanden.

»Mach dich darauf gefaßt, Roderick, den nächsten Winter ohne mich hier zu sein. Ich muß wieder in die Schule gehen und habe einen ziemlich langen Schulweg, nämlich vom Athabasca-See bis nach London.«

»Wenn der Wahnsinn ausbricht«, lachte sein Vetter, »beginnt er zunächst im Gehirn! Vielleicht fühlst du dich in ein paar Tagen wieder besser.«

Doch Mackenzie blieb bei seinem Entschluß. Ende Mai, als die letzten Eisschollen verschwanden, fuhr er zum großen Rendezvous nach Grande Portage. Die Versammlung der Partner hörte seinen Bericht über die Reise zum Eismeer, die natürlich als Handelsfahrt dargestellt wurde. Sie erregte kein besonderes Aufsehen. Ein Postenchef hatte sich aufgemacht, um neue Pelzgebiete zu erkunden. Viel war dabei nicht herausgekommen, nur gewisse Hoffnungen. Weil die dortigen Indianer nur so viele Pelztiere fingen, als sie für ihre Winterkleider brauchten, mußte noch einige Zeit vergehen, bis sie zu richtigen Pelzlieferanten wurden. Mackenzie erntete weder Dank noch Anerkennung, nur den guten Rat, die von ihm erkundeten Möglichkeiten weiter zu pflegen. Außerdem sollte er seinem Vetter Roderick besser auf die Finger sehen, so schlechte Verpakkung wie im letzten Jahr dürfe es nicht mehr geben.

»Wird es auch nicht mehr geben«, versicherte der Postenchef von Athabasca, »im übrigen beabsichtige ich eine Reise nach

London. Seit siebzehn Jahren habe ich meine Verwandten nicht mehr gesehen.«

MacTavish wollte es ihm verbieten, drang aber nicht durch. Jeder Partner hatte das Recht, seinen Posten über den Winter zu verlassen, wenn dort ein anderer Mann die Geschäfte führte.

»Wenn Roderick irgendwelchen Unfug anrichtet, ersetzen Sie jeden Penny«, rief der Marquis mit zornrotem Gesicht, »dafür bürgen Sie mit Ihrem Guthaben!«

»Sie brauchen's mir nicht erst zu sagen, MacTavish, das ist mir vollkommen klar.«

Der Marquis fürchtete, Mackenzie würde in London Kontakt mit der Hudson-Bay-Company aufnehmen. Er war doch immer so sehr für die Pflege gemeinsamer Interessen, selbst mit der schärfsten Konkurrenz.

»Muß es denn unbedingt in diesem Winter sein?« suchte John Gregory den Ausbruch eines Konflikts zu verhindern. »Bleiben Sie noch über Winter auf Ihrem Posten, Mackenzie, dann hat bestimmt niemand etwas dagegen, daß Roderick Sie im nächsten Jahr vertritt.«

Der Herrschsucht des Marquis wollte sich Mackenzie widersetzen, die Bitte seines Freundes Gregory konnte er nicht abschlagen. So verschob er die Reise nach London bis zum Herbst 1791.

»Kann ich jetzt zu Ihnen kommen?« erkundigte sich Alexander McKay. »Hier in Grande Portage ist's vor Langeweile nicht mehr auszuhalten!«

Aber Mackenzie ließ sich nicht erweichen.

»Wir sprachen von drei Jahren, Alec, erst eines ist davon verstrichen. Wenn ich aus London zurückkomme ... im übernächsten Sommer halte ich dir mein Wort.«

»Das ist noch 'ne lange Zeit, Sir.«

»Mag sein, mein Junge, aber auf eins kannst du dich bei der Zeit immer verlassen, nämlich daß sie vorübergeht.«

»Sie haben so wenig von Ihrer großen Reise erzählt«, bohrte der Junior-Clerk, »immer nur von möglichen Geschäften. Doch ich weiß bestimmt, Sir, es war in Wirklichkeit eine Entdeckungsfahrt. Kann ich noch mehr davon hören, von Ihnen ganz allein?«

»Nein, Alec, in Grande Portage sind mir die Wände zu dünn und die Ohren zu spitz. Warte noch zwei Jahre, dann erfährst du alles, dann erlebst du vielleicht selber, wie's bei einer Entdeckungsreise zugeht. Aber rede nicht darüber, das bleibt unter uns.«

Mackenzie kehrte zurück an den Athabasca-See, zwar widerwillig, doch mit der festen Absicht, sich während dieses Jahres allein dem Pelzhandel zu widmen. Er blieb im Fort Chipewyan und schickte Roderick zum Sklavensee. Fort Providence wurde abgerissen und Fort Resolution, das ohnehin nur schlecht gebaut war, an die Mündung des Disappointment-River verlegt. Leroux mußte die Biber-Indianer besuchen und dort den Handel in Gang bringen. Charles Boyer droben am Peace-River erhielt Verstärkung. So wurde der Distrikt straffer organisiert und die Beziehungen weiter ausgedehnt. Noch manches andere konnte Mackenzie verbessern. Fast doppelt so viele Felle als im vorigen Jahr füllten allmählich die Lagerschuppen in Chipewyan.

Mit diesen Schätzen, mehr als jeder andere Distrikt lieferte, fuhr der Postenchef wieder zum Rendezvous. Elf Kanus, vollbeladen mit Pelzen der besten nordischen Qualität, das gefiel den Partnern weit besser als Berichte von Fernfahrten zum Eismeer. Nun konnte auch MacTavish nichts mehr dagegen einwenden, daß sich sein jüngster Bourgeois den Luxus leistete, einen Winter in London zu verbringen. Nicht nur die Northwest insgesamt, auch Mackenzie selber hatte gut verdient. Mochte er sich nun in England amüsieren, so viel er wollte.

Vierzig Tage bis nach Montreal, weitere vier Wochen bis nach London. Über diese Reise gibt es keine Aufzeichnung. Man weiß auch nicht, wo und bei wem Alexander Mackenzie in die Lehre ging. Jedenfalls wurde der Entdecker zu einem Schüler, der Postenchef vom Athabasca-Distrikt saß irgendwo im Kreis junger Menschen und ließ sich kein Wort des Professors entgehen. Da er nur sechsundzwanzig Jahre alt war, nach allen Berichten aber noch jünger aussah, konnte man ihn gewiß nicht von anderen Studenten unterscheiden. Und weil er stets sehr bescheiden auftrat, hat er bestimmt jedes Aufsehen gescheut, das hätte entstehen müssen, wenn er von seinem Leben und seinen Leistungen in den wilden Wäldern

Kanadas erzählt hätte. Daß wir gar keine Berichte über diese Zeit in London haben, scheint zu beweisen, daß Mackenzie mit voller Absicht im alltäglichen Leben untertauchte. Aber nur seinem Studium hat er sich doch nicht gewidmet. Einige Briefe an Roderick lassen vermuten, daß ihm reizende Gesellschaft keineswegs fehlte. Hübsche Mädchen hat es in London immer gegeben, auch Mackenzie konnte sie nicht übersehen. Wenn es ihn später so sehr nach London zurückzog, waren gewiß ein paar junge Dinger daran beteiligt, an die er sich gern erinnerte.

Mackenzie hatte seine Karte vom Disappointment-River zusammen mit einem kurzgefaßten Bericht schon gleich nach seiner Ankunft bei der Königlichen Geographischen Gesellschaft eingereicht, ließ sich aber dann nicht mehr dort blicken und hinterließ auch keine Anschrift. Erst während der letzten Tage, nachdem sonst alles erledigt war, begab er sich wieder zur Geographical Society, um zu vernehmen, wie man seine Entdeckung beurteilte. Die Strenge der hohen Herren war bekannt, sie ritten auf einem hohen Roß und hielten vorsichtshalber jeden weitgereisten Mann, der nicht im amtlichen Auftrag die Welt erforschte, für einen Abenteurer, auf den die wahre Wissenschaft verzichten konnte, weshalb sich Mackenzie seinerseits mit Hochmut wappnete und fest entschlossen war, seine Karte wieder mitzunehmen, falls die gelehrten Herren zu viele Zweifel äußerten.

Wie der junge Mann nicht anders erwartet hatte, wurde er zunächst von einem Zimmer ins andere geschickt. Niemand hatte von ihm gehört, niemand seine Karte gesehen. Man mußte erst danach suchen, während der Entdecker in einem Flur herumsaß.

Dann aber wurde es lebhaft. Ein Sekretär eilte herbei, um mitzuteilen, daß sich Karte und Bericht bei Sir Joseph Banks befanden, der sie selber unter Verschluß hielt. Banks war Präsident der Geographischen Gesellschaft und selber der größte Geograph seiner Zeit. Kein Stubenhocker wie so viele andere Gelehrte, hatte er selber weltweite Reisen unternommen und so manche Entdeckungsreise tatkräftig unterstützt.

»Sir Joseph läßt bitten«, flüsterte der Sekretär, »Sir Joseph hat Sie schon längst erwartet.«

Ein getäfeltes Zimmer von riesigem Ausmaß, bis hinauf zur Decke reichten die Regale mit Büchern und Folianten, ein mächtiger Globus vor dem Fenster, alle Tische mit Karten bedeckt. Ein alter Herr, sehr groß, sehr schlank und sehr vornehm, erhob sich hinter dem breiten Schreibtisch und ging Mackenzie entgegen.

»Überall hat man nach Ihnen gesucht, Mister Mackenzie, aber es schien, als habe Sie der Erdboden verschluckt.«

Banks war eine Persönlichkeit, wie Mackenzie noch keine gesehen hatte. Man fühlte förmlich die Ausstrahlung seines universalen Wissens. Eminent kluge Augen leuchteten unter einer hohen Stirn, spärliches weißes Haar bedeckte seinen langen Schädel.

»Sie haben einen großen Strom entdeckt, junger Mann, vermutlich ist es überhaupt der zweitgrößte Strom Nordamerikas, zumindest was seine Länge betrifft. Meine herzlichsten Glückwünsche! Wir haben noch viel miteinander zu reden!«

Die Unterredung dauerte bis in die Abendstunden, denn Sir Joseph interessierte sich für alles, auch für Fauna und Flora, für die Menschen am Strom und für jede sonstige Beobachtung.

»Nur etwas gefällt mir an Ihrer Karte nicht«, bemerkte der Gelehrte zum Schluß.

»Ich weiß, Sir Joseph, die Längengrade ... ich verstand nicht, sie genau zu messen. Es sind nur Schätzwerte ...«

»Nein, das meine ich nicht, das kann gelegentlich einer Ihrer Nachfolger in Ordnung bringen. Ich meine den Namen des Stromes. Als ›Fluß der Enttäuschung‹ sollte man ihn lieber nicht bezeichnen, das widerspricht seiner geographischen Bedeutung. Es ist vorgesehen, dies zu ändern. Sie wissen ja, die Royal Geographical Society ist dazu berechtigt ...«

Aber Mackenzie widersetzte sich.

»Dies Recht mag bestehen, Sir, aber bisher war's doch üblich, daß der Entdecker selber die Taufe vornahm, wenn ihm besonders daran lag ...«

»Ja, aber in diesem Fall bestehen wir auf unserem Recht.«

Mackenzie zuckte mit den Schultern, er mußte sich fügen.

»Sie haben trotzdem keinen Grund, sich zu beklagen«, lächelte der alte Herr, »wir nannten Ihren Strom den Mackenzie-River.«

Zur gleichen Zeit, da sich Alexander Mackenzie geduldig und gründlich bemühte, seine zweite Expedition viel besser vorzubereiten als seine erste, gab es noch einen anderen Mann, der fest entschlossen war, die Ost-West-Passage zu finden. Er hieß Philipp Turnor, gehörte zur Hudson-Bay-Company und war gelernter Geograph. Nicht nur die HBC, auch die britische Regierung unterstützte sein Vorhaben. Großzügig mit allen notwendigen wie auch weniger notwendigen Dingen versehen, reiste Philipp Turnor in offiziellem Auftrag. Hatte man doch in London erkannt, daß es hohe Zeit wurde, die noch völlig unbestimmte Westgrenze Kanadas bis an die Küste des Pazifischen Ozeans vorzuschieben. Sonst ging über kurz oder lang alles Gebiet jenseits der Rocky Mountains an die Spanier oder Russen, womöglich gar an die Amerikaner verloren. Damit wäre Kanada, zu jener Zeit noch eine britische Kronkolonie, vom Pazifik abgesperrt worden. Schon damals konnten weitblickende Männer voraussehen, daß Kanada für seine Entwicklung unbedingt eigene Handelsplätze an der Westküste brauche.

Gegen Ende des achtzehnten Jahrhunderts genügte es nicht mehr, daß ein Seefahrer lediglich an der Küste seine Flagge hißte, um damit gleich das ganze Hinterland zu annektieren. Man mußte es erkunden, tief ins herrenlose Land eindringen, besser noch, es ganz und gar durchqueren. Erst dort fand die Besitzergreifung ihr Ende, wo schon eine andere Nation berechtigte Ansprüche besaß. Man war recht großzügig in der Behauptung solcher Rechte. Ein paar Handelsposten reichten aus, um Gebiete so groß wie europäische Königreiche zu okkupieren. Das ganze Land gehörte ganz einfach jener Nation, zu der die Händler gehörten. Sie erhielten einen »Schutzbrief« ihrer fernen Regierung, und damit war die Sache erledigt.

Was nun jenes Gebiet westlich der Rocky Mountains betraf, das heute unter dem Namen »Britisch-Columbia« zu Kanada gehört, ›so hatte im Jahre 1790 noch keine europäische Nation das Recht darauf erworben. Nur einige Streifen, Buchten und Halbinseln der Küste waren bekannt.

Wenn eine spanische, russische oder amerikanische Expedition von der Westküste aus die Rockies bestieg, hatten die Briten verspielt, und Kanada blieb vom Pazifischen Ozean abgeschlossen. Wer zuerst das Land von der Küste bis zur Wasserscheide auf dem Rückgrat der Felsenberge durchquerte, sei es in dieser oder jener Richtung, dessen Nation konnte alle Gebiete von dort oben bis hinab zum Meer zu ihrem Eigentum erklären. Zu verhindern, daß es von seiten der Russen, Spanier oder Amerikaner geschah, war die Aufgabe Philipp Turnors. Er sollte die Berge überschreiten und damit eindeutig klarstellen, daß dieses weite und wilde Territorium dem König von England gehörte.

Daß die eigentlichen Herren des Landes, die Indianer, bei solchen Betrachtungen keine Rolle spielten, bedarf kaum der Erwähnung. Das waren nur wilde Heidenmenschen, die froh sein konnten, wenn sie unter die Obhut einer christlichen Nation kamen.

Welche dieser christlichen Nationen als erste ihre Seefahrer zur pazifischen Küste Nordamerikas entsandte, darüber läßt sich streiten. Der britische Kapitän Francis Drake, als schrecklicher Seeräuber berüchtigt und als verdienstvoller Entdecker berühmt, war mit seiner »Golden Hind« schon im Jahre 1578 sehr weit an der Westküste hinaufgelangt. Aber es läßt sich nicht feststellen, bis wohin er tatsächlich kam. Der Spanier Sebastino Vizcaino, vom mexikanischen Acapulco [1] nach Norden segelnd, erreichte immerhin die äußerste Grenze des heutigen Kalifornien, während Juan de Fuca 1596 wahrscheinlich jene Meeresstraße entdeckte, die jetzt seinen

---

[1] Wenn von dem mondänen Seebad Acapulco die Rede ist, wird oft gesagt, die nun so luxuriöse und betriebsame Ortschaft sei noch bis vor kurzem ein »verschlafenes Fischerdorf« gewesen. Das Gegenteil ist richtig. Acapulco war schon im 16. Jahrhundert eine bedeutende Festung an der mexikanischen Westküste. In Acapulco war eine spanische Flotte stationiert, die den Verkehr zu den Philippinen aufrechterhielt.

Namen trägt. Dann wäre also dieser spanische Kapitän (ein gebürtiger Grieche, der eigentlich Apostolos Valerianos hieß) als erster Europäer an der kanadischen Westküste erschienen.

Nach diesen frühen Fahrten folgte eine Pause von fast zweihundert Jahren. Dann jedoch begann ein regelrechtes Wettsegeln an der so lange vernachlässigten Küste. Die Spanier Perez, Martinez und Quadra dehnten 1774 bis 1779 ihre Reisen bis nach Alaska aus. Sie stießen dort auf russische Handelsstationen und fest fundierte russische Ansprüche. Schon 1728 hatte Vitus Bering, der von Ostsibirien kam, den Seeweg nach Amerika gesucht und 1741 Alaska entdeckt. Als James Cook fünfundzwanzig Jahre später in den Gewässern Alaskas auftauchte, segelten russische Handelsschiffe schon weit nach Süden, um schließlich in der Bucht von San Francisco zu erscheinen [1]. Seit 1785 zeigten sich auch amerikanische Schiffe, die berühmten »Clippers«, an der Westküste. Sie kamen aus Boston, Philadelphia und New York. Auf weiten stürmischen Reisen segelten sie um Kap Horn. Gegen billige Tauschwaren erstanden sie Pelze des Seeotters bei den pazifischen Indianern, fuhren damit nach China und ließen sich ihre kostbaren Felle in purem Gold aufwiegen. Als Kapitäne waren sie ebenso tüchtig wie als Pelzhändler. Zu ihnen gehörten Dixon, Duncan, Barkley, Portlock, Kendrich und Ingraham, denen die erste Kenntnis so mancher Bucht zu verdanken ist. Kapitän Robert Gray aus Boston entdeckte 1792 die Mündung des Columbia-River.

[1] Es ist nur wenig bekannt, daß die Russen sogar Kolonien in der Bucht von San Francisco besaßen, beschützt durch das Fort Ross. Bis zum Jahre 1840 bestand diese Niederlassung, sehr zum Ärger der Spanier, die ganz Kalifornien als einen Teil von Mexiko betrachteten. Selbst auf der Hawaii-Insel Kawai hatten die Russen 1817 einen befestigten Handelsposten gebaut. Beides waren Außenposten von Russisch-Alaska. Zwischen Hawaii und Alaska bestand so reger Verkehr, daß einige Hawaii-Insulaner nach Alaska auswanderten. Die Häuptlingsfamilie des Indianerdorfes Tyonek, unweit von Anchorage am Cook-Inlet, rühmt sich noch heute ihrer hawaiischen Abstammung.

*Fraser-River in den Rocky Mountains, einer der
Wasserwege Mackenzies zum Pazifischen Ozean*

Zwei Lachsfischer an den Stromschnellen

Fast alle diese Reisen waren private Unternehmungen, sie dienten nur dem geschäftlichen Interesse der Schiffsführer und ihrer Auftraggeber. Anders Kapitän George Vancouver, der von 1792 bis 1794 im Auftrag der britischen Admiralität die Westküste erforschte und wieder den Versuch machte, einen nordwestlichen Seeweg vom Pazifik in den Atlantik zu finden. Er war zur gleichen Zeit unterwegs, als Mackenzie über Land den Ozean erreichen wollte. Fast wären die beiden Entdecker einander begegnet.

Keiner von diesen Kapitänen schickte eine Expedition ins Hinterland, keiner nahm einen Teil der Küste in Besitz. Dafür dehnten die Russen, denen bereits ganz Alaska gehörte, ihren Einfluß immer weiter nach Süden aus. Ihr Vordringen alarmierte die Spanier in Mexiko, sie drangen ihrerseits nach Norden vor und gründeten an der Küste eine Siedlung nach der anderen. San Diego, Monterey und Los Angeles entstanden zu jener Zeit. 1764 wurde San Francisco gegründet, und 1789 besetzten die Spanier vorübergehend die Nootka-Bucht auf der heutigen Insel Vancouver. Dort hatte im Jahr zuvor der britische Kapitän Mears einen Handelsposten gebaut. Er wurde mit all seinen Leuten vertrieben, weil die Spanier behaupteten, bis hinauf nach Alaska gehöre ihnen die ganze Küste. Erst als die Engländer mit Krieg drohten, zog die spanische Regierung ihre Ansprüche zurück.

Philipp Turnor und Alexander Mackenzie, beide aus ganz verschiedenen Gründen von dem Gedanken beherrscht, endlich die Ost-West-Passage zu finden, wußten noch nicht, daß Kapitän Gray die Mündung eines großen Stromes, nämlich des Columbia-River, entdeckt hatte. Sie wußten auch nicht, daß sich Kapitän George Vancouver im Regierungsauftrag an der Küste befand, und hatten keine Kenntnis von dem spanisch-britischen Zwischenfall am Nootka-Sund. Was sich am Pazifischen Ozean ereignete, konnte man in Grande Portage, nach unendlich weiten Umwegen, frühestens in drei Jahren erfahren, wenn man es überhaupt erfuhr.

Als sich Mackenzie im Sommer 1791 zum Rendezvous nach Grande Portage begab, um anschließend seinen „Schulweg" nach London zu machen, wollte es der Zufall, daß er Mr. Philipp Turnor begegnete. Dieser ahnte nicht, daß er ausgerechnet jenem Mann in die Arme gelaufen war, der selber die Ost-West-Passage finden wollte. Freimütig erzählte Turnor von seinem Auftrag, zeigte dem Konkurrenten jedes Stück seiner Ausrüstung und bat sogar um gute Ratschläge. Es gehörte zu Mackenzies erstaunlichsten Eigenschaften, daß ihm Neid und Mißgunst völlig fremd waren. Allen Grund, neidisch zu sein, hätte er gehabt. Turnor verfügte über die denkbar beste wissenschaftliche Ausbildung, ihm standen unbeschränkte Geldmittel zur Verfügung, und nicht nur die Hudson-Bay-Company, sondern auch die Regierung förderten ihn nach Kräften. Mackenzie dagegen war auf sich allein angewiesen, zahlte alle Unkosten aus eigener Tasche und mußte sich noch mit dem Unverständnis seiner Partner herumschlagen. Dennoch bewies er dem so gut versorgten Mann das größte Entgegenkommen. Obwohl Turnor zur HBC gehörte und schon deshalb für einen Mitinhaber der Northwest hinreichender Anlaß bestand, ihm die kalte Schulter zu zeigen, lud ihn Mackenzie ein, sich für beliebige Zeit im Fort Chipewyan niederzulassen. Da er selber vor dem nächsten Frühjahr nicht dorthin zurückkehrte, übergab er dem Konkurrenten einen Brief an Roderick, worin er ihn anwies, den Fremden und seine Begleiter gastfrei aufzunehmen.

Es war gewiß eine gute Tat, die sich letzten Endes auch für Mackenzie günstig auswirkte. Denn Philipp Turnor, der im Chipewyan-Fort ein so bequemes Standlager fand, hielt es für seine vordringlichste Pflicht, zunächst den Athabasca-See mit allen Buchten und Inseln zu vermessen, danach seine Zuflüsse und die weitere Umgebung, wobei sich herausstellte, daß man bisher die Entfernung von der Hudson-Bucht bis zum Athabasca bei weitem überschätzt hatte. Statt sechshundert Meilen betrug sie kaum die Hälfte. Weil seit den Vermessungen Kapitän Cooks die Lage der Westküste einigermaßen bekannt war, ergab die neue Position des Athabasca-Sees, daß er mindestens dreihundert Meilen weiter vom Pazifischen Ozean entfernt war, als bisher angenommen. Das verführte Philipp Turnor zu der Meinung, die Felsenberge seien viel breiter und weiter, als der bisherigen Vermutung entsprach.

Damit hatte Turnor nicht gerechnet, dafür war er nicht vorbereitet. Er besaß keine Erfahrung im Umgang mit den Voyageurs,

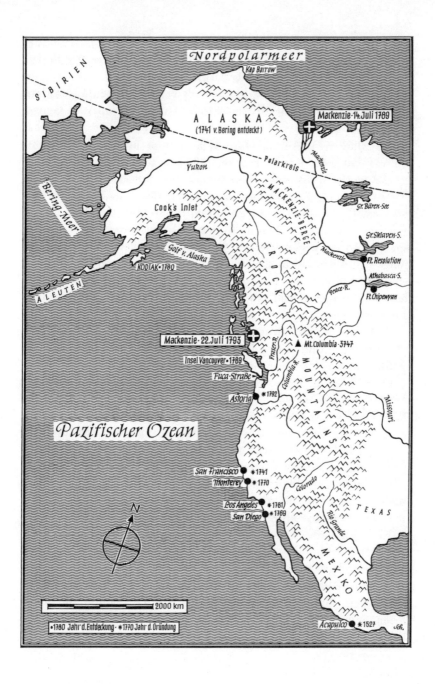

ebensowenig verstand er aus dem Land zu leben und war auch nicht der Mann, um für lange Zeit die Strapazen der Wildnis zu ertragen. Sehr zur Freude Roderick Mackenzies, der die Gesellschaft eines gebildeten Mannes genoß, verbrachte Philipp Turnor den ganzen Winter im Fort Chipewyan, dann reiste er zurück nach London.

Als Mackenzie Anfang Juni 1792 wieder im Chipewyan-Fort eintraf, hatte der Konkurrent sein Vorhaben aufgegeben.

»Er wäre nicht weit gekommen«, versicherte Roderick, »es hätte ihm keine Freude gemacht, hundert Tage im Freien zu verbringen. Er sprach zu viel von gutem Essen und netten Mädchen.«

»Ein vernünftiger Mann, Roderick, auch wir sollten nicht zu spät daran denken. Sicher ist die Wildnis eine herrliche Welt für junge Leute, aber nicht die richtige Gegend fürs ganze Leben. Noch ein paar Jahre, Rory, noch den großen Vorstoß nach Westen, dann hab' ich genug vom Pays-en-haut. Dann will ich ein normales Leben genießen, mit einer netten Frau und ein paar Kindern.«

Roderick glaubte, nicht recht zu hören.

»Hat dich London so sehr verändert? Ich dachte immer, du seist vollkommen glücklich in unseren Wäldern?«

»Bin ich auch, Rory, bin soweit ganz zufrieden hier und hab' auch noch manches vor. Aber man will nicht immer am Ende der Welt herumziehen, man möchte eines Tages den Lohn seiner Arbeit genießen. Ich bin nicht mehr der arme Junge aus Schottland. Während der letzten Jahre sind die Pelzpreise um das Doppelte gestiegen, ebenso der Wert meiner Anteile bei der Northwest. Ein hübsches Landgut in Schottland könnt' ich mir schon leisten, es bliebe noch genug übrig für angenehme Wintermonate in London. Hin und wieder mache ich mir darüber Gedanken.«

Roderick hatte sich solche Gedanken noch nicht gemacht. Ihm gefiel es ganz gut in Chipewyan, hier war nun seine Welt, die er sich geschaffen hatte. Statt sich nach der fernen Zivilisation zu sehnen, brachte er sie so weit wie möglich an den Athabasca-See. Er besaß kein Vermögen, um in Montreal oder London davon zu leben. Sein Geld hatte er ausgegeben, um sich in der Wildnis behaglich einzurichten.

»Wir müssen die hohen Pelzpreise ausnützen«, drängte Mackenzie, »in diesem Sommer werd' ich alles andere zurückstellen. Nur die Pelze sind wichtig! An den Pazifik denke ich erst wieder im Herbst. Bis dahin müssen alle Schuppen gefüllt sein. Du gehst nach Grande Portage, ich besorge hier den Handel.«

Nur wenige Tage blieben sie zusammen, dann mußte Roderick eilends aufbrechen. Er sollte den jungen McKay mitbringen. Der Junior-Clerk hatte Alexanders Wort, die drei Jahre waren verstrichen. Eine Entdeckungsreise, die er so sehnlichst wünschte, stand für Ende des Jahres bevor.

Alexander Mackenzie fühlte sich während dieses Sommers recht behaglich im Fort Chipewyan. Roderick hatte es wirklich zu einem Wunder in der Wildnis gemacht. Im Haus des Postenchefs lebte man nicht schlechter als in einem schottischen Bauernhof, alles war peinlich sauber und gut gepflegt. Vor dem Wohnhaus lag ein hübscher Blumengarten mit Sitzbänken unter schattigen Büschen. Es gab Schafe, Hühner und ein paar Stück Vieh. Butter und Käse wurden in Chipewyan erzeugt, man hatte Eier, frisches Gemüse und Bienenhonig.

Der Haushalt wurde von jungen Mädchen versorgt, die bei Roderick gelernt hatten, nach europäischer Art zu kochen. Die eine war sehr hübsch und schlanker, als indianische Mädchen sonst sind.

Man sieht, ganz so traurig und trostlos, wie die Postenchefs nach Hause schrieben, war das Leben auf den Handelsstationen im Pays-en-haut keineswegs. Wem die Gesellschaft rauher Männer nicht genügte, traf seine Wahl unter den mehr oder minder reizvollen Töchtern des Landes. Deren Väter oder Brüder hatten nichts dagegen, es war für ihre Begriffe eine Selbstverständlichkeit. Manche Bourgeois und Voyageurs begnügten sich nicht mit einer »Gesellschafterin«, wie man sich vorsichtig ausdrückte, sondern hatten deren zwei und drei. Aber das erregte Mißfallen bei MacTavish, die Northwest drückte wohl ein Auge zu, aber nicht gleich alle beide. Der eine oder andere Voyageur ging bei passender Gelegenheit mit seiner indianischen Frau zur nächsten Missionsstation und ließ sich trauen, aber nicht der Postenchef, denn eine schottisch-indianische Mischehe wurde nicht gern gesehen.

Die Kinder aus einer freien Verbindung mußten von ihrem Vater versorgt werden, auch über das jugendliche Alter hinaus. Meist wurden sie dann als „Bois Brulés« lebenslängliche Angestellte der Northwest. Eine Verbindung mit einer Indianerin galt nicht als Schande unter den Partnern und Clerks. Schändlich war es nur, sich nicht um den Nachwuchs zu kümmern.

Alexander Mackenzie war weder besser noch schlechter als andere Postenchefs. Daß er im Laufe jener Jahre des öfteren Vater wurde, läßt sich nicht verschweigen. Man halte ihm zugute, daß er noch jung bei Jahren und ein Eroberer war. Er hat so gut für seine Nachkommen gesorgt, daß sich dem Vernehmen nach bis auf den heutigen Tag manche rotbraune Familie beim Athabasca-See rühmt, von Alexander Mackenzie abzustammen [1].

Am Athabasca-See bestand schon seit fünfzehn Jahren ein gutgehender Handel mit den Rothäuten. Mackenzie konnte mit dem Ergebnis zufrieden sein. Noch bevor Roderick heimkehrte, waren die Schuppen zur Hälfte gefüllt. Dann brachte noch Laurent Leroux seine Ausbeute vom Sklavensee, und Charles Boyer schickte vier Kanus mit Pelzballen vom Peace-River. Alexander Mackenzie hatte seine Pflicht getan, Roderick konnte ihn wieder vertreten.

Der junge McKay war nicht mit ihm von Grande Portage gekommen, sondern James Finlay.

»Ausgerechnet in diesem Sommer haben sie McKay nach Montreal geschickt«, berichtete Roderick, »als hätten sie genau gewußt, daß er hier gebraucht wird. Natürlich steckt der Marquis dahinter. Er ahnt, was du vorhast, und will dir so einen tüchtigen Kerl nicht gönnen.«

James Finlay war kein schlechter Kerl, aber ihm fehlten jene Körperkräfte, die man für eine Expedition ins Felsengebirge unbedingt brauchte. Mit hundert Pfund auf dem Rücken über steile Portagen, mit der Zugleine um die Hüfte durchs eiskalte Wasser der Stromschnellen, das konnte er bestimmt nicht ertragen. Der

---

[1] Elliot Lowes berichtet in seinem Buch »New Light on the Early History of the Great Northwest«, daß Mackenzies halbindianischer Sohn Andrew später als Clerk bei der Northwest angestellt wurde.

junge McKay dagegen hatte sich hart trainiert, hatte sich gewissenhaft darauf vorbereitet, stets im festen Vertrauen, daß ihn Mackenzie rufen würde.

»Mit Gregorys Hilfe und McGillivrays guter Freundschaft hab' ich's durchgesetzt, daß McKay noch kommen wird«, erklärte Roderick, »aber bis zu deinem Aufbruch kann er nicht da sein. Im Frühjahr wird sich eine Möglichkeit finden, daß er dich am Peace-River erreicht.«

Alexander Mackenzie hatte sich für einen Zeitplan entschlossen, der allen Gewohnheiten widersprach. Er wollte seine große Reise im Herbst beginnen, dann an passender Stelle überwintern, um nach der Schneeschmelze wieder aufzubrechen. Dann hatte er schon die erste Teilstrecke hinter sich und trotzdem noch den ganzen Sommer vor sich. Nach seiner Überzeugung bot zunächst der Peace-River den besten Weg nach Westen. Er kam mit Bestimmtheit aus den Rocky Mountains und strömte, nach seiner Vereinigung mit dem Sklaven-Fluß, direkt in den Athabasca-See, war also binnen weniger Tage zu erreichen. Noch vor drei Jahren kannte man vom Peace-River nicht mehr als. die Mündung. Aber schon damals hatte Mackenzie veranlaßt, daß Charles Boyer den Fluß so weit wie möglich hinauffuhr, um dort einen Posten zu bauen. Das war geschehen, noch besser, als erwartet, hatte sich dort der Handel mit dem Biber-Stamm entwickelt. Als jedoch Boyer erkannte, daß sowohl die Indianer als auch die Pelztiere weiter droben am Fluß zahlreicher vertreten waren, hatte er das »Old Establishment« kurzerhand verlassen und neun Tagereisen weiter stromauf eine neue Station gebaut, das sogenannte »New Establishment«. Seine Gefolgschaft war inzwischen auf vierundzwanzig Wintermänner und über hundert Indianer angewachsen. Mit diesem Vorposten, dem westlichsten überhaupt, war Mackenzie noch immer nicht zufrieden. Gleich nach seiner Rückkehr hatte er Boyer angewiesen, zwei von seinen besten Leuten abermals eine gute Strecke weiter den Peace-River hinaufzuschicken. Sie sollten dort Bäume fällen, Gräben ausheben und alles für sein Winterquartier vorbereiten. Wenn Mackenzie dann selber eintraf, würden seine Leute den Bau fertigstellen.

Ebenso wie auf der Fahrt zum Eismeer mußte die eigentliche Expedition so klein wie möglich sein. Vorgesehen waren nur sechs Voyageurs, zwei indianische Jäger und Mackenzie selber, dazu Alec McKay, wenn er noch rechtzeitig nachkam. Zu diesem Trupp, den Mackenzie hoffnungsvoll »die Westmänner« taufte, gehörten wieder Joseph Landry und Charles Ducette, seine alten Begleiter von der Nordreise im Jahre 1789. Ob es sich bei François Beaulieux um denselben Mann handelte wie François Barrieau, ebenfalls ein Veteran vom Eismeer, läßt sich nicht mehr feststellen. Die Wahrscheinlichkeit spricht dafür. Die übrigen drei waren Baptiste Bisson, François Courtois und Jacques Beauchamp. Frauen wurden diesmal nicht mitgenommen, weil Mackenzie noch größere Mühen als bei der Nordfahrt voraussah, denn mit Sicherheit lag ein mächtiges Gebirge vor ihnen.

Auf einen Begleiter aber wollte Mackenzie nicht verzichten, auf seinen Hund. Er mußte wohl sehr an ihm hängen, und es scheint, daß er ihn aus England mitgebracht hatte. Sein Name war einfach »Dog«, also das englische Wort für Hund. So ein vierbeiniger Gefährte brauchte sein tägliches Futter und seinen Platz im Boot. Beides war auch für die Menschen knapp bemessen. Wenn Mackenzie seinen »Dog« trotzdem nicht im Chipewyan-Fort zurückließ, legte er offenbar großen Wert auf seine Gesellschaft.

Für die »Westmänner« wurde mit großer Sorgfalt ein besonders gutes Kanu gebaut. Das geschah bereits im Frühsommer, weil zu dieser Jahreszeit die saftgetränkte Birkenrinde am weichsten und biegsamsten ist. Fast zehn Meter lang war das Boot, in der Mitte anderthalb Meter breit, bei einem Tiefgang von 30 Zentimetern. Zwei Mann konnten dieses Kanu etwa zehn Kilometer weit tragen, ohne es abzusetzen, natürlich nur, wenn es leer war.

Auf seiner Reise zum Eismeer hatte Mackenzie die Erfahrung gemacht, daß es zweckmäßiger war, alle Leute in einem Boot zu haben. Dann konnte ihm niemand heimlich davonfahren. Nur das erklärt, weshalb er ganz im Gegensatz zu den sonstigen Gepflogenheiten im Pays-en-haut ein großes Kanu mehreren kleinen vorzog, obwohl es nicht so wendig war und in sehr engen Wasserläufen keinen Platz fand.

Als sich Mackenzie entschieden hatte, wen er mitnehmen wollte, ging er daran, die Liste seines Gepäcks aufzustellen. Angesichts der bevorstehenden Schwierigkeiten mußte er die Fracht noch mehr beschränken als bei der Fahrt in den hohen Norden. Seine Methode, hierfür die letzte Auswahl zu treffen, kann noch heute empfohlen werden, nicht nur für eine wagemutige Expedition, auch für die ganz gewöhnliche Ferienreise. Er nahm drei verschiedene Blätter zur Hand, schrieb über das eine »unbedingt notwendig«, über das andere »sehr notwendig« und über das dritte »notwendig«. als er nach gründlicher Überlegung alle Blätter mit Notizen beschrieben hatte, zerriß er die beiden letzten in kleine Fetzen und schrieb auf das erste Blatt »davon die Hälfte«.

Das Ergebnis war immer noch eine Last von 3000 Pfund, in der Hauptsache Pemmikan, Geschenkartikel, Wolldecken und warme Sachen, dazu Waffen und Munition, Kochkessel und Kochgeschirr, die wichtigsten Werkzeuge und Instrumente sowie zwei Zelte. Abgesehen vom Gepäck mußte das Kanu noch zehn Männer aufnehmen, nämlich die sechs Voyageurs, die beiden indianischen Jäger, Mackenzie selber und voraussichtlich Alexander McKay, nicht zu vergessen den Hund.

James Finlay wurde vorausgeschickt, mit wie vielen Booten und mit welchen Begleitern ist nicht bekannt. Seine hauptsächliche Aufgabe war, die Gruppe Boyers im »New Establishment« mit allem Notwendigen zu versorgen. Außerdem nahm er noch Proviant und andere Fracht mit, die Mackenzies Westmänner für ihre Überwinterung brauchten. Bis zum Frühjahr sollte James Finlay im New Establishment bleiben und dann mit möglichst vielen Pelzen wieder ins Chipewyan-Fort zurückkehren. Er fuhr den Westmännern nur um wenige Tage voraus.

»Nachdem ich alle Vorbereitungen getroffen hatte«, beginnt Alexander Mackenzie sein neues Tagebuch, »verließen wir Fort Chipewyan am 10. Oktober 1792 um 12 Uhr mittags, um zunächst den Peace-River hinaufzufahren. Es war meine Absicht, bis zu jenem Platz zu gelangen, an dem unsere Leute im Begriff waren, den am weitesten westlich gelegenen Außenposten zu bauen. Meine Fahrt dorthin mußte den Rest der diesjährigen Saison in

Anspruch nehmen. Aber das war schon ein Teil jener Strecke, die ich für meine Expedition vorgesehen hatte. Mir lag daran, den weiteren Verlauf des Peace-River zu erkunden, möglichst bis zu seiner Quelle in den Bergen. Jede Entfernung, die ich schon im Herbst zurücklegen konnte, war ein gewonnenes Stück auf diesem Weg.«

Wie man sieht, ließ Mackenzie mit keinem Wort den eigentlichen Zweck der Reise durchblicken. Er sprach nur von »der Quelle des Peace-River«, die er finden wollte. Tatsächlich wollte er an die Westküste, mit der gleichen festen Entschlossenheit wie bei seiner ersten Expedition. Aber warum sollte er das zu Papier bringen? Wenn er die Küste nicht erreichte, würde man natürlich sagen, daß sein Unternehmen ein Fehlschlag war. Also war es besser, nur ein bescheidenes Ziel anzugeben, nämlich das Quellgebiet des Peace-River. Wenn es ihm nur gelang, dorthin zu kommen, so bewies die Einleitung seines Tagebuchs, daß er gar nichts anderes gewollt hatte. Dann erschien sein teilweiser Erfolg für alle Partner der Northwest als ganzer Erfolg.

Nur Roderick war von Mackenzie in alles eingeweiht, nur Roderick kannte das wirkliche Ziel des Entdeckers. Seit vier Jahren hatte sich nichts daran geändert, es war und blieb die Ost-West-Passage zur anderen Seite Nordamerikas.

»Wie kannst du nur so hemmungslos vergnügt sein«, fragte Roderick beim Abschied, »während mir ganz schlecht wird bei dem Gedanken, was alles vor dir liegt? Machst du dir darüber keine Sorgen?«

»Doch, was vor mir liegt, weiß ich genau«, lachte Mackenzie, »noch tausend Meilen zum Pazifik!«

Am 12. Oktober, nach rascher Fahrt entlang dem Südufer des Athabasca-Sees, kamen die Westmänner bereits zur Mündung des Peace-River. Sie bestand aus einem sumpfigen Delta, das der Fluß in vielen Armen durchquerte. Im größten dieser Kanäle, dem Quatre-Fourches, paddelten die Voyageurs stromauf und erreichten am nächsten Tag »Peace-Point«, einen indianischen Versammlungsplatz. Hier trafen sich alljährlich Abordnungen der Crees, der Biber, der Chipewyans und der Hunderippen, um alle Fragen zu klären, die man früher durch blutige Stammeskriege geregelt hatte. Die letzte Versammlung war längst vorüber. Kein Mensch ließ sich blicken, als Mackenzie hier die Nacht verbrachte. Schon um drei Uhr morgens glitt das große Kanu weiter stromauf. Ein Feuerkorb mußte die Fahrstrecke beleuchten, die flotten Lieder der Voyageurs hallten durch die tiefe Nacht. Es war bitter kalt.

Um so schöner war die Landschaft, als sie der junge Tag erhellte. Niemand, der es nicht mit eigenen Augen erblickt hat, kann sich die Herrlichkeit des kanadischen Herbstes vorstellen. Die Wildnis strahlt in einer Farbenpracht sondergleichen. Jedes Blatt an Baum und Strauch hat sich wunderbar geschmückt. Vom glühenden Rot der Ebereschen bis zum dunklen Violett im Schilfkraut, vom blassen Grün der Pappeln bis zum dunkelsten Grün der Schwarzfichten ist jede nur denkbare Farbschattierung vorhanden. Schneeweiß schimmert das Wollgras auf dem feuchten Boden, hellgelbe Glöckchen hängen in der Schneeheide. Noch blühen die Weidenröschen, noch sind die Berghänge von dunkelroten Moosbeeren bedeckt. Blaue Vergißmeinnicht betupfen den Waldrand, silbergraue Flechten haben das Gestein überzogen. Erlen und Espen, Weide und Farnkraut gleichen blühenden Blumen. Es gibt keinen Maler, und hätte er noch so einen beschwingten Pinsel, dem es je gelingen wird, das Farbenspiel eines »Indianersommers« naturgetreu darzustellen.

Die Strömung war nicht sehr stark, es gab zunächst nur wenige Strudel und Stromschnellen. Ohne besondere Mühe konnte man das Kanu hindurchziehen. Erst am siebenten Tag mußte Mackenzie zwei Portagen überqueren, kurz nachdem man die Mündung des Red River passiert hatte. Es war bei den »Rapides des Bouliers« und den »Chutes de la Rivière-Rouge«, beides Namen, die Charles Boyer diesen Wildwassern gegeben hatte. Noch lange nach dem Ende der französischen Herrschaft in Kanada bedachten die Voyageurs die Landschaft mit Bezeichnungen in ihrer Sprache. Alexander Mackenzie hatte nichts dagegen, er übertrug sie auf seine Karte.

Beide Portagen waren nur kurz, die eine 300 Meter lang, die andere 800 Meter. Über den Peace-River konnte sich niemand beklagen. Außer diesen beiden Hindernissen gab es bis in die Berge hinein keine andere Stelle, die es notwendig machte, Boot und Ladung zu tragen. Alle Windungen mitgerechnet, hatte man auf dem Peace-River nahezu 1.500 Kilometer freie Fahrt. Noch konnte der Entdecker nicht wissen, daß der Winter zu früh hereinbrach. Am 16. Oktober fiel der erste Schnee, am 18. Oktober bildete sich schon Eis in den ruhigen Buchten. Da wußten die Voyageurs, daß es auf jeden Tag, sogar auf jede Stunde ankam. Sie schliefen noch weniger und paddelten noch länger.

In der Nacht zum 19. Oktober sah man im Westen den Schimmer eines starken Feuers. Wenn es nicht von Indianern stammte, konnte es eigentlich nur das Lagerfeuer der Finlay-Gruppe sein. Nur noch um wenige Meilen war sie den Westmännern voraus. Scheinbar kampierte Finlay in der Nähe des »Old Establishment«, am nächsten Tag würde man ihn wohl einholen.

Als die Westmänner nachts um drei Uhr aufbrachen, schien Finlays Feuer noch stärker zu lodern, selbst bei Sonnenaufgang war die Rauchwolke noch zu sehen. Wenn die anderen Boote erst bei hellem Tageslicht abfuhren, war es kein Wunder, daß er so langsam vorankam.

Was so beharrlich brannte, war aber nicht Finlays Lagerfeuer, sondern das »Old Establishment« selber. Der nachlässige Mensch hatte einfach vergessen, das Herdfeuer im Wohnhaus zu löschen, als er nach geruhsamer Nacht wieder aufgebrochen war. Windstöße im Kamin hatten Funken hinausgewirbelt und das ganze Gebäude in Brand gesteckt. Die Westmänner kamen gerade noch rechtzeitig, um wenigstens die Nebengebäude zu retten.

»Eine verlassene Station«, schrieb Mackenzie später an Roderick, »ist eine verlorene Station. Man erspart sich böse Enttäuschungen, wenn man den Posten gleich selber niederbrennt. Sonst geschieht es durch die Dummheit anderer Leute. Soll die Station später wieder nützlichen Zwecken dienen, muß eine Wache zurückbleiben, mindestens eine Wache von zwei Mann.«

Seit dem Verlassen des Athabasca-Sees war die Expedition keinem Indianer begegnet, das Land am Peace-River schien menschenleer zu sein. So war es aber nicht immer gewesen, denn die Reste einstiger Dörfer ließen sich noch hier und dort erkennen. Mackenzie hoffte, daß nur der neue Pelzhandel den Biber-Stamm veranlaßt hatte, tiefer in die Wälder zu ziehen. Die beste Jagd auf Pelztiere hatte nun begonnen, während es mit dem Fischfang bald zu Ende ging. Alle Teiche und Pfützen waren schon fast zugefroren. Wo das strömende Wasser die herabhängenden Äste erreichte, waren sie vereist. Es schneite fast unablässig.

Am 20. Oktober, um sechs Uhr früh, kam hinter einer Flußbiegung das »New Establishment« in Sicht, eine Gruppe solider Blockhäuser hinter einer festgefügten Palisade, davor ein frischgebautes Indianerdorf, zwanzig bis dreißig Winterhütten aus Ulmenrinde, Stangenholz und Grasplaggen. So überraschend schien Mackenzie vor dem neuen Posten, daß erst Hundegebell die Besatzung alarmierte. Dann aber stürzte alles heraus, Charles Boyer mit einem Dutzend Wintermännern, danach James Finlay und seine Voyageurs, die am Waldrand kampierten, und schließlich ein halbes Hundert Indianer. Das »New Establishment« [1] war zum Mittelpunkt ihres Lebens geworden, mit Weib und Kind, mit Sack und Pack hatte sich die eingeborene Gesellschaft bei dem Fort niedergelassen. Von den Männern befand sich der größte Teil auf Pelztierjagd in den Wäldern.

»Das Geschäft geht ausgezeichnet«, erklärte Boyer, »noch sind die Leute mit Kleinigkeiten zufrieden, noch gelten unsere einfachsten Tauschwaren als große Kostbarkeit. Ich mußte ein paar neue Schuppen bauen, um alle Pelze unterzubringen.«

Dann sei es am besten, erklärte ihm Mackenzie schnell entschlossen, daß er mit der gesamten Ausbeute sofort nach Chipewyan fahre.

»Sie haben einen ruhigen Winter verdient, Boyer, Sie können sich bei Roderick erholen. Mister Finlay wird Sie hier vertreten. Sobald das Eis wieder aufbricht, kommen Sie zurück.«

Der alte Voyageur strahlte übers ganze Gesicht.

»Danke, Sir, nach drei Jahren am Peace-River wird's mir in Chipewyan vorkommen wie im Paradies.«

---

[1] Später bekam es den viel hübscheren Namen »Fort Vermillon«.

Ob man den Indianern bestimmt kein Feuerwasser geliefert hätte, wollte Mackenzie wissen.

»Keinen Tropfen, Sir, seit Anfang Mai habe ich keinen Alkohol ausgegeben.«

Mackenzie hatte es so bestimmt, nur während der Jagdzeit sollten besonders gute Pelzlieferanten hin und wieder einen Becher Rum bekommen. Im Sommer war es nicht nötig, sie bei guter Laune zu halten.

»Aber jetzt sollten wir ihnen gehörig einheizen, Boyer. Opfern Sie ein Dreißigliterfaß ...«

»Dreißig Liter für sechzig Leute, ist das nicht zuviel auf einmal?«

»Ganz im Gegenteil, alter Geizkragen, schütten Sie nur dreißig Liter Wasser dazu, es wird keiner merken! Wie unverdünnter Rum schmeckt, haben die Leute längst vergessen. Außerdem bekommt jeder Mann noch zwei Pfund brasilianischen Tabak.«

Schon am nächsten Morgen schickte er zwei von Finlays Booten voraus zum Winterquartier. Sie nahmen alle Vorräte mit, die dort benötigt wurden. Mackenzie selber überwachte noch das Verladen der Pelze und Boyers Abreise. Erst dann setzte er mit seinen Westmännern die Reise fort. Es war gewiß die letzte Chance. Schon trieben Eisschollen im Fluß, auch tagsüber stieg die Temperatur nicht mehr über den Nullpunkt. Alle stehenden Gewässer waren tief gefroren, nur die rasche Strömung hielt den Peace-River noch offen.

Eine volle Woche kämpfte sich Mackenzies Mannschaft durch Winter und Frost. Jede Nacht nur wenige Stunden Schlaf auf steinhartem Boden. Auf der einen Seite das knisternde Feuer, auf der anderen schneidende Kälte. Die Voyageurs waren es gewohnt, sich zu drehen, ohne dabei zu erwachen. Wenn die Flammen nicht mehr genügend wärmten, griff einer im Halbschlaf nach dem nächsten Holzscheit und warf es hinein.

»Wie gesagt, hatte ich Dog nur zu meiner Gesellschaft mitgenommen«, schreibt Mackenzie, »aber er war auch sonst sehr nützlich, weil er mich wärmte. Immer legte er sich auf die andere Seite, um mich vor dem eisigen Wind zu schützen.«

Mit verrußten Gesichtern und zerschundenen Händen, durchfroren bis aufs Mark, gelangte die Expedition am 1. November zu ihrem Winterquartier. Es war noch nicht fertig, nur das Bauholz lag bereit, und alle Gräben waren ausgehoben, um die Pfosten einzusetzen. Jetzt hätte man kein Loch mehr in den Boden gebracht, denn er war hart geworden wie Granit. Die beiden Männer hatten tüchtig gearbeitet. Mehr konnte niemand von ihnen erwarten. Nur sie behielt Mackenzie bei sich, außer seinen Westmännern natürlich. Alle übrigen schickte er zurück ins »New Establishment«. Dann wurde sofort mit dem Bau der Quartiere begonnen. Siebzig Indianer fanden sich nach und nach ein, um dabei zu helfen, so gut sie es verstanden. Mit Tabak, Glasperlen und Feuerwasser hielt sie Mackenzie bei der Arbeit. Daß er auch selber die Axt schwang und schwere Balken schleppte, erregte bei den Wilden ebensoviel Staunen wie Bewunderung. Von ihren eigenen Häuptlingen waren sie nichts dergleichen gewohnt.

Alles in allem war der Aufbau des neuen Forts eine Schinderei, die heute auch den stumpfsinnigsten Menschen zur Meuterei triebe, würde man sie ihm zumuten. Die Westmänner schufteten vom ersten Schimmer des Lichts bis spät in die Nacht. Sie schafften in Schneegestöber und beißendem Wind. Nur am frühen Morgen und lang nach Anbruch der Dunkelheit gab es eine warme Mahlzeit, sonst wurde die Arbeit nicht unterbrochen. Schon am 7. November war der Smoky-River, an dessen Einmündung sich das Winterlager befand, völlig zugefroren. Eine Woche später hatte auch der Peace-River seine durchgehende Eisdecke. Binnen wenigen Tagen erreichte sie eine Stärke von eineinhalb Metern. Die Temperatur fiel auf 33 Grad Celsius unter Null. Stets mußte man ein mächtiges Feuer unterhalten, an dem sich die geplagten Bauleute alle paar Minuten die Hände wärmten. Sobald es dunkel wurde, schon um halb fünf Uhr nachmittags, mußten Fackeln die Arbeit beleuchten. Nachts schliefen die Voyageurs in behelfsmäßigen Hütten aus Ästen und Baumrinde. Eisiger Wind pfiff durch die dünnen Wände, draußen heulte eine Meute hungriger Wölfe.

Erst am 23. Dezember, nach sechs Wochen unbeschreiblicher Plackerei, konnten die Westmänner das erste Gebäude beziehen.

Dort schliefen sie in drei Bettstellen übereinander, dort saßen sie in drangvoller Enge dicht beisammen, aber nur, um sich vorübergehend aufzuwärmen, denn draußen ging fast pausenlos die Arbeit weiter. Noch fünf kleine Blockhütten wurden errichtet, jede fünf mal drei Meter im Geviert, denn Mackenzie brauchte das Wohnhaus für sich allein, sonst konnte er weder seine Karten ausbreiten noch schriftliche Arbeiten erledigen. Schuppen für die Vorräte entstanden und trockene Räume zur Aufbewahrung der Pelze, die nach und nach eintrafen.

Alexander Mackenzie war immer noch Pelzhändler, mußte es auch sein, um der Pflicht zu genügen. Er betrieb in diesem Winter den neuesten und fernsten Außenposten des kanadischen Pelzhandels. Er begrüßte indianische Jäger, die noch nie einen weißen Mann gesehen hatten. Er tauschte Blechnäpfe und angerostete Messer gegen die herrlichsten Nerze und Hermeline. Ein Dutzend Biberfelle waren für eine Axt zu haben. Neuland des Handels, eine Goldgrube für den Händler.

Zwar hatte Mackenzie nie Medizin studiert, dennoch wurde er zu einem vielbesuchten Arzt. Die Beschreibung seiner Heilversuche füllt viele Seiten des Tagebuches. Bei ihrer Lektüre stehen jedem wirklichen Doktor die Haare zu Berge. Aber was er machte, war gewiß immer noch besser als das, was indianische Medizinmänner ihren Opfern antaten. Aus Fichtenharz, heißem Kerzenwachs und tierischen Fetten stellte Mackenzie eine Salbe her, die er auf eitrige Wunden strich. Er verwendete auch Pflanzensäfte und hochprozentigen Rum. Er operierte mit seinem Jagdmesser, stieß glühendes Eisen in Geschwüre und benützte fürs Zahnziehen eine Zange seiner Bauleute. Zur Narkose diente ein Becher vom schärfsten Feuerwasser, und wenn das nicht genügte, ein leichter Hammerschlag auf den Hinterkopf. Wie der kanadische Urwalddoktor berichtet, wurde dennoch ein Teil seiner Patienten geheilt. Das rauhe Leben im Pays-en-haut verlangte einen harten Menschenschlag.

Obwohl Alexander Mackenzie in jenen Zeiten lebte, da Leute in führender Stellung so gut wie keine Rücksicht auf ihre Untergebenen nahmen und soziale Fürsorge überhaupt nicht kannten, war er sich der maßlosen Überanstrengung bewußt, die nicht nur seine eigenen Männer in diesem Winter, sondern überhaupt alle Voyageurs im Pays-en-haut zu erdulden hatten.

»Die unvorstellbar weiten Fahrten mit schwerbeladenen Kanus, die Portagen und alle anderen Schwierigkeiten, auch das entbehrungsreiche Leben allgemein, stellen unerbittliche Ansprüche an Geduld und Ausdauer. Die Männer haben nur wenig Schlaf und niemals Zeit, sich zu erholen, weder bei Tag noch bei Nacht. Kaum waren meine Leute hier angekommen, gingen sie sofort an die denkbar härteste Arbeit. Monatelang schafften sie in eisiger Kälte und hatten nichts als einen windschiefen Schuppen, um sich gegen Frost und Schnee zu schützen. So ist jenes Leben, das diese Männer führen. Pausenlos wird die erbarmungslose Ausbeutung der Voyageurs fortgesetzt, bis ihre Kraft durch vorzeitiges Alter völlig erschöpft ist.«

Dies waren keine privaten Überlegungen, die er nur seinem Vetter Roderick anvertraute, sondern er legte sie in seinem Tagebuch nieder, das für die Northwest und die Königliche Geographische Gesellschaft bestimmt war. Auch in dieser Hinsicht eilte der Entdecker seiner Epoche voraus.

Ihm selber ging es nicht besser als seinen Leuten. Er trug die Verantwortung, führte sein Tagebuch, fungierte als Arzt und mußte fast täglich Streitigkeiten schlichten. Für einen Mann von achtundzwanzig Jahren war das keine leichte Aufgabe. Einer der beiden indianischen Jäger, die er aus Chipewyan mitgebracht hatte, Cancre mit Namen, wurde zum Mörder. Im Streit um eine junge Frau des Biber-Stammes stieß er dem Konkurrenten ein Messer in die Brust. Während einiger Tage sah es so aus, als würde der ganze Stamm das Kriegsbeil gegen die Weißen ausgraben. Dann gelang es dem diplomatischen Geschick Mackenzies, die beleidigten Indianer mit Tabak, Feuerwasser und anderen guten Gaben zu versöhnen.

Nach schottischer Sitte wurde kein Weihnachtsfest begangen, statt dessen begrüßte man den Beginn des Jahres mit knatternden Gewehrschüssen und großem Gelage. Für diesen einen Tag ruhte alle Arbeit, die Westmänner durften sich nach Herzenslust satt essen und für den Rest des Tages im Quartier bleiben.

Nun war der Posten ringsum von einer hohen Palisade geschützt, alle Blockhäuser hatten ihren Kamin, und allmählich füllten sich die Schuppen mit Winterpelzen. Draußen konnte man der Kälte kaum widerstehen, schon das Einbringen von Brennholz führte zu Erfrierungen. Die Äxte zersplitterten im gefrorenen Holz. Es krachte wie Donnerschläge, wenn Bäume im Frost zersprangen. Auch im Gebälk der Hütte, das ja durchweg aus frischem Holz bestand, öffneten sich plötzlich breite Risse unter ohrenbetäubendem Lärm. Es war bestimmt kein gemütlicher Winter, den die Expedition am Rande der Rocky Mountains verbrachte. »Fort Forks« hatte Mackenzie den neuen Außenposten genannt, auf deutsch das »Gabel-Fort«, weil sich hier der Smoky-River mit dem Peace-River vereinte, ungefähr in der Form einer zweizinkigen Gabel.

Mackenzie hatte inzwischen die Sprache der Biber-Indianer so weit gelernt, daß er die Leute ohne die Hilfe seiner beiden Dolmetscher ausfragen konnte. Aber sie wußten nicht viel zu sagen über die Quelle des Peace-River, ebensowenig über die Landschaft hinter dem Felsengebirge. Das eine Gerücht widersprach dem anderen. Trotz allen Bemühens erhielt Mackenzie keine Information, die zuverlässig erschien. Nur ein alter Mann behauptete, er sei während seiner jungen Jahre bis weit hinauf in die Berge gekommen. Man könne sich aber leicht verirren auf den Flüssen, die von Tag zu Tag schmaler und reißender würden. Dort, wo sich der Peace-River teile, müsse man den linken Arm hinauffahren, obwohl er wilder aussehe als der rechte. Die anderen Biber-Männer lachten dazu und meinten, der Alte rede völligen Unsinn. Er habe nie eine so weite Reise gemacht. In den Bergtälern dort oben hausten die Sekanis, mit denen wollten die Biber nichts zu tun haben.

Mackenzie brauchte Führer, die ihn zumindest so weit begleiten sollten, wie sie selber schon gewesen waren. Aber auch das machte Schwierigkeiten. Kaum hatte einer zugesagt, rieten ihm andere Stammesgenossen davon ab. Je länger der Winter dauerte, desto unsicherer wurde die Zukunft. Mackenzie stand vor einer Wand, es schien mitunter, als wären die Berge wirklich nicht zu übersteigen. Seine Nerven waren nahe dem Zerreißen. Wie es damit bestellt war, zeigt ein Brief an Roderick, der am 10. Januar 1793 geschrieben, aber erst im Mai abgeschickt wurde.

»Lieber Rory,
während der letzten Zeit bin ich so nervös und verstört, daß ich keine Ruhe für ordentliche Arbeit aufbringen kann ... ich finde keinen Biber-Mann, der meine Expedition begleiten will. Niemand hat dazu den Mut. Auch wissen die Biber-Leute nicht mehr von dem Land, als ich selber weiß. Aber ich brauche ein paar von den hiesigen Indianern, sonst scheint mir das Unternehmen hoffnungslos. Andererseits sind meine Vorbereitungen zu weit gediehen, um sie aufzugeben ... Neulich erzählten mir zwei Biber-Männer von einem anderen, sehr großen Fluß, der nur zwei Tagereisen entfernt ist. Aber wie soll ich diesen Fluß finden, wenn mich niemand führt? Ich war noch nie so unentschieden über meine Pläne wie hier. Soll ich nun weitergehen oder nicht? Wieder und wieder habe ich alle Argumente gegeneinander abgewogen ... niemals hätte ich den Winter hier verbracht, ohne die Absicht weiterzugehen ... Sollte ich mit Erfolg zurückkommen, werde ich mit größtem Vergnügen mein bisheriges Leben aufgeben. Allmählich beginne ich einzusehen, daß es für einen Mann keine größere Verrücktheit gibt, als in einem solchen Land zu leben, wo man aller Dinge beraubt ist, die unser Dasein anregend machen. Das ist besonders bei mir der Fall, der ich die Mittel und die Neigung besitze, ein Leben in zivilisierter Umgebung zu genießen.«

Wir kennen diese Seite von Mackenzies Wesen nur aus seinen Briefen an Roderick. Sonst war der große Entdecker ein Mann unbeugsamen Willens, von eiserner Härte gegen sich selber und niemals wankend in seinen Entschlüssen. Daß er dennoch ein Mensch war, den Zweifel und Schwächen plagten, macht ihn gewiß nicht kleiner. Denn all diese Anfechtungen überwand er.

Im folgenden Brief, den Roderick zusammen mit dem Schreiben aus schwacher Stunde erhielt, ist von Zweifeln keine Rede mehr. Mackenzie ist wieder zum Aufbruch nach Westen entschlossen.

»Ich schicke Dir einen Teil meines Geldes«, teilt er Roderick mit, »den Rest brauche ich für meine Ausgaben bei den Russen.« Eine interessante Bemerkung! Mackenzie glaubte, am Pazifik auf russische Handelsposten zu stoßen. Noch immer dachte er an jenen Strom, der im Cook-Inlet die Westküste erreicht. Haben ihm doch die Hunderippen- und Hasen-Indianer von einem großen Fluß jenseits der Felsenberge berichtet, an dessen Mündung sich eine Siedlung weißer Männer befinde. Von einem großen Fluß, nur zwei Tagereisen von seinem Winterquartier entfernt, sprachen auch die beiden Biber-Männer. Wahrscheinlich war es derselbe Strom, wahrscheinlich derselbe Fluß, dessen Mündung Kapitän Cook entdeckt hatte.

Es waren aber, wie sich erst viel später herausstellte, drei ganz verschiedene Flüsse, von denen Mackenzie bei verschiedener Gelegenheit hörte, nämlich der Fraser-River in Westkanada, der Yukon-River in Alaska und der Susitna-River, dessen Wasser ins Cook-Inlet strömt. Gerade dieser, auf den Mackenzie schon bei seiner Nordfahrt so große Hoffnungen setzte, hat von allen die geringste Bedeutung, denn er reicht nur dreihundert Kilometer weit nach Alaska hinein [1].

So streng dieser Winter war, so verhältnismäßig früh ging er zu Ende. Schon Mitte März wehte der Chinook, der warme Südwind, über das Land. Am 1. April kehrten die Wildgänse zurück, am 5. April verschwand der letzte Schnee. Doch vergingen noch weitere vier Wochen, bis sich die Eisschollen im Peace-River auflösten.

Spät in der Nacht des 5. Mai wurde Mackenzie geweckt. Lichter flackerten auf dem Strom, und man hörte den rhythmischen Gesang fremder Voyageurs. Drei Kanus lösten sich aus der Dunkelheit, sie paddelten flott heran, offenbar beglückt, endlich ihr Ziel zu erreichen.

»Alec McKay meldet sich bei Alexander Mackenzie«, rief schon von weitem eine helle Stimme.

»Fort Forks meldet sich bei Alec McKay«, rief Mackenzie

---

[1] Den Oberlauf des Susitna-River habe ich selber mehrfach überquert, nicht im Boot, sondern zu Fuß. Er war nicht tiefer als einen halben Meter.

zurück. Die Boote legten an, großer Jubel auf beiden Seiten, Händeschütteln und Austauschen erster Nachrichten. Bald dampften die Kessel, bald flossen Rum und Whisky.

»Sie haben mich gerufen, Sir«, strahlte der junge Mann. »Sie haben Ihr Wort gehalten, Sir . . .«

»Hoffentlich haben Sie nie was anderes von mir erwartet!«

»Bestimmt nicht, Sir, aber der verdammte Marquis wollte es zu gerne verhindern.«

»Bitte reden Sie nicht so respektlos von Mister MacTavish, dem Herrn Präsidenten unserer Northwest! Aber es freut mich mächtig, daß Sie hier sind.«

McKay war ein ausgewachsener Mann mit breiten Schultern und starken Armen. Aus seinen Augen sprühte Energie, seine ganze Haltung war die eines mutigen und selbstsicheren Menschen.

»Wann soll's losgehen, Sir, wann brechen wir auf?«

»Nun, da Sie hier sind, in drei bis vier Tagen. Aber seien Sie darauf gefaßt, daß Ihnen nichts, wirklich nichts erspart bleibt!«

»Bin mit Freuden auf alles gefaßt, Sir, obwohl ich nicht weiß, was Sie vorhaben. Mr. Roderick wollte mir nichts verraten.«

»Vorläufig will ich das auch nicht, Alec, erst wenn wir unterwegs sind, lass' ich mich ausfragen.«

Nur eine Rast von drei Tagen wurde den Voyageurs vom Athabasca-See gegönnt. Dann mußten sie ihre Boote mit allen Pelzen beladen, die sich über Winter in Fort Forks angesammelt hatten. Mit Briefen an die Außenwelt, mit vielen Grüßen und guten Wünschen an die Freunde in Chipewyan fuhren sie am 8. Mai zurück.

»Morgen mittag machen wir uns auf den Weg«, erklärte Mackenzie seinen Westmännern. »Wer es sich inzwischen anders überlegt hat, kann hierbleiben.«

Niemand meldete sich, das Reisefieber hatte alle gepackt.

»Nun gut, dann bleiben nur die beiden Männer hier, die schon vorher hier waren. Allen, die mich begleiten, stehen schwere Zeiten bevor. Niemandem kann ich versprechen, daß er wieder zurückkommt. Aber wenn alles gelingt, wie ich's hoffe, redet man noch in hundert Jahren von unserer Fahrt, und ihr seid dabeigewesen!«

Im Kanu über die Rocky Mountains

»9. Mai 1793 — ich stellte fest, daß mein Chronometer um 1 Stunde 46 Minuten hinter genauer Zeit war. In 24 Stunden ging er 22 Sekunden nach. Nachdem ich diesen Fehler berichtigt hatte, wurde unser langes Kanu ins Wasser gesetzt und mit dreitausend Pfund Gepäck beladen. Hinzu kamen zehn Personen: Alexander McKay, Joseph Landry, Charles Ducette, François Beaulieux, Baptiste Bisson, François Courtois, Jacques Beauchamp und ich selber mit Dog. Außerdem meine beiden Indianer, die ich als Jäger und Dolmetscher brauchte. Einer davon war Cancre. Mit diesen Leuten fuhr ich 7 Uhr abends fort. Jene beiden Männer, die ich zurückließ, um Forks zu bewachen, vergossen Tränen beim Abschied. Sie dachten an die Gefahren, die uns bevorstanden, und waren in Sorge, daß wir nicht mehr zurückkämen. Meine Leute und ich hielten ein stilles Gebet und baten Gott um sichere Rückkehr. Wir begannen die Fahrt Kurs Süd-bei-West gegen starke Strömung 2½ Meilen — Südwest-bei-Süd 1 Meile — landeten 8 Uhr abends auf kleiner Insel, um die Nacht zu verbringen.«

Bemerkenswert ist übrigens, daß die Expedition um sieben Uhr abends davonfuhr und schon eine Stunde später ihr Nachtlager bezog. Mackenzie gibt dafür keine Begründung, aber genauso geschah es seit uralten Zeiten im Orient, wenn sich eine Kamelkarawane auf weite Reise begab. Am ersten Tag war es nicht so wichtig, viele Meilen hinter sich zu bringen, sondern unterwegs zu sein. Gleich im ersten Nachtlager stellte sich dann heraus, ob man diese oder jene Kleinigkeit vergessen hatte. Schnell wurde ein Mann zurückgeschickt, um sie zu holen. Der späte Aufbruch und die kurze Reisestrecke hatten also einen praktischen Sinn. Ob Mackenzie von selbst darauf kam oder in London von dieser orientalischen Sitte gehört hatte, wissen wir nicht.

Der nächste Tag brachte kalten Wind und starke Strömung. Das Boot war zu schwer beladen, bog sich in der Mitte durch und streifte mehrmals den Grund. Dabei riß scharfes Gestein ein Leck in den Boden. Gegen Mittag mußte man das Kanu an Land ziehen, alle Fracht ausladen und mit dem Kiel nach oben drehen. Kiefernharz wurde heiß gemacht und damit der Riß von beiden Seiten verpicht. Alles in allem ein Aufenthalt von drei Stunden. Schwierig war auch die Fahrt am folgenden Tag, nur mit Hilfe der Stoßstangen brachten sie das Boot gegen die Strömung voran. So tief lag es im Wasser, daß fortwährend Wellen hineinspülten. Mit großem Bedauern mußte sich Mackenzie entschließen, alles Frischfleisch über Bord zu werfen. Aber das Opfer war notwendig und lohnend. Gleich hoben sich die Bordkanten, das Boot blieb innen trocken, die Fahrt ging rascher voran.

Drei Meilen stromauf erlebte die Expedition ein großes Schauspiel der Natur, nämlich einen Präriebrand entlang dem linken Ufer. Eine dichte Rauchwolke trieb über den Strom, leuchtend rote Flämmchen züngelten durchs Gebüsch. Knisternd fraß sich eine breite Feuerwalze durchs trockene Steppengras und erlosch am Wasser unter Gezisch. Die Männer banden sich nasse Tücher vor Mund und Nase, hustend paddelten sie durch dichten Rauch.

Weder Blitzschlag noch menschliche Nachlässigkeit waren schuld an dem verheerenden Brand, sondern die Biber-Indianer hatten ihn entfacht für ihre grausame Jagd auf eine Büffelherde. Durch die Flammen und den Rauch kreisten sie die Bisons ein, um sie lebendigen Leibes zu rösten. Die Eingeborenen hatten noch keine Pferde [1] und auch keine Schußwaffen. Mit Pfeil und Speeren war aber die Bisonjagd sehr schwierig und auch gefährlich. So erfanden sie die Treibjagd und die Einkreisung mit prasselndem Feuer.

Kaum hatte das große Kanu die Rauchwand hinter sich gelassen,

---

[1] Vor dem Eindringen der Weißen gab es keine Pferde in Amerika, erst die Spanier haben sie nach Mexiko eingeführt. Von dort aus verbreiteten sich die entlaufenen oder gestohlenen Pferde allmählich nach Norden. Zur Zeit Mackenzies waren die Sioux bereits ein tüchtiges Reitervolk, aber erst in späteren Jahren gelangten die Pferde zu den Stämmen im Nordwesten der Rocky Mountains.

da erschienen drei Jäger am Ufer. Sie winkten, riefen und forderten die weißen Männer auf, an Land zu kommen. Aber Mackenzie ging nicht darauf ein, weil er fürchtete, seine beiden Chipewyans würden, vom Jagdfieber gepackt, alles vergessen und sich an der Feuerjagd beteiligen. Die fremden Indianer liefen nun am Ufer nebenher, verlangten Geschenke und wollten wissen, wohin die Reise ging. Dadurch wurden die Voyageurs abgelenkt, achteten nicht auf einen treibenden Baumstamm und stießen mit dem Boot in dessen Äste. Ein langer Riß war die Folge dieser Unaufmerksamkeit, und nur mit Not erreichte das Kanu die nächste Sandbank.

Bald erschien ein Dutzend der Biber-Indianer unter Anführung des Häuptlings. Sie boten Büffelfleisch und wollten Tabak, Feuerwasser und Feuerwaffen dafür. Mackenzie empfing sie sehr freundlich, gab ihnen aber nur einen kleinen Beutel mit Tabak.

»Alles, was ihr sonst braucht«, sagte er den Leuten, »liegt an meinem Handelsplatz am Smoky-River. Bringt eure Pelze dorthin ... aber nur die besten Winterpelze, dann bekommt ihr die guten Sachen des weißen Mannes. Was ich bei mir habe, brauchen wir selbst.«

Sie waren mit dieser Auskunft zufrieden, und so hatte Mackenzie durch Zufall seinen Tauschhandel ein weiteres Stück nach Westen ausgedehnt.

Gegen Mittag begegneten sie wieder fremden Jägern. Es waren keine Biber-, sondern »Berg-Indianer«, wie sie Mackenzie nannte. Doch angeblich wußten sie nichts vom Land jenseits der Berge, leugneten auch jede Kenntnis vom weiteren Verlauf des Stromes.

Am 16. Mai teilte sich der Fluß in zwei Arme, auf gut Glück mußte sich Mackenzie entscheiden. Er wählte den rechten Arm, weil es den Anschein hatte, daß von dort die größere Wassermenge herankam. Wie sich später zeigte, traf er intuitiv die richtige Wahl. Das Gewässer zur Linken war nur ein Nebenfluß, der heutige Pine-River. Auf seinem Rücken hätte die Reise bald nach Süden geführt und nach zehn bis zwölf Tagereisen ihr Ende gefunden.

Sie verbrachten die Nacht am Fuß eines Steilhangs, den Mackenzie im Morgenlicht hinaufstieg, um droben seine Ortsbestimmung zu machen. Oben angekommen sah er eine weite, völlig flache Graslandschaft, die sich nach Norden ausdehnte. In dieser Prärie stand so viel Wild, daß Mackenzie schreibt, es habe ausgesehen wie auf einer dichtbesetzten Viehweide. Elche, Bisons und Wapiti-Hirsche, so weit man schauen konnte. Er ließ McKay nachkommen, um ihm dies phantastische Bild zu zeigen. Sie erlegten drei Elche und einen jungen Bison, konnten aber nur die besten Teile des Wildbrets im Kanu verstauen.

In der folgenden Nacht stürzte plötzlich die Temperatur, das Thermometer fiel unter den Gefrierpunkt. In der klaren Luft reichte erstmals der Blick bis zu den schneebedeckten Felsenbergen. Keine Lücke war darin zu erkennen, wie eine festgefügte Riesenmauer schien das Gebirge den Weg nach Westen zu sperren. Die Männer fürchteten, es werde gar nicht möglich sein, dies gewaltige Hindernis zu überqueren.

»Ein Weg wird sich finden«, erklärte Mackenzie, »es gibt kein Gebirge ohne Täler, aber erst aus der Nähe werden wir sie sehen.«

Gleich am Morgen des 18. Mai, der noch kälter war als der Tag zuvor, geriet die Expedition in Sturm und wirbelnden Schnee. Hinzu kam der Widerstand des schäumenden Wildwassers, das sich nicht mehr mit Paddelschlägen bezwingen ließ. Mit Zugleine und Stoßstangen kämpften sich die Männer stromauf. Erst riß ein scharfer Stein die Bootswand auf, dann bohrte sich von unten her ein Ast ins Fahrzeug. Zweimal mußte man das Kanu an Land bringen, es völlig entladen und sorgfältig vernähen. Fichtenharz wurde erhitzt, bis es flüssig war, und damit die Nahtstellen verpicht — alles bei schneidendem Wind und Schneegestöber. Noch wilder wurde die Strömung am nächsten Tag. Mackenzie, McKay und die beiden Chipewyans stiegen aus, um das Boot zu erleichtern. Sie kletterten die steile Böschung hinauf und fanden droben einen tief ausgetretenen Wildwechsel, dem sie folgten. Drunten in der Schlucht schoben und schleppten die sieben Voyageurs das Kanu langsam stromauf. Die Fußgänger verloren es bald aus den Augen.

Eine Bisonherde erschien vor ihnen, doch Mackenzie verbot zu schießen. Er wollte fremde Indianer nicht alarmieren, die womöglich Lust verspürten, sich mit dem Skalp der weißen Männer zu schmücken. Der Hund aber hatte keine Bedenken, konnte er doch lautlos jagen. Ihm gelang es nach wilder Hatz, ein Büffelkalb niederzureißen, das er so lange festhielt, bis die Männer herankamen, um es abzustechen. Daraus geht hervor, daß Dog bestimmt ein großer und kräftiger Hund war.

Während man das Opfer aus der Decke schlug, fielen kurz hintereinander zwei Schüsse. Sie kamen aus der Schlucht und signalisierten, daß man drunten Hilfe brauchte. Mackenzie antwortete mit zwei Schüssen, ließ schnell das Wildbret aufnehmen, und gemeinsam stiegen sie auf gefährlich glattem Weg hinab zum Fluß. Dort lag das Kanu vor einer Kette wilder Stromschnellen. Die Voyageurs wollten nicht hindurch, sondern zogen es vor, die 3000 Pfund Gepäck und das lange Boot um die wilden Wellen herumzutragen. Aber die Uferböschung war so steil und die Felsbrocken waren durch Verwitterung so schlüpfrig geworden, daß Mackenzie auf dem Wasserweg bestand. Das bedeutete sieben Stunden äußerster Anstrengung im eiskalten Wasser. Vier Mann, darunter Mackenzie, banden sich Lederstricke um den Leib und kämpften mit aller Kraft gegen die Flut. Vier Voyageurs standen im schwankenden Boot, hielten es mit ihren Stangen von den Klippen fern und verhinderten, daß es umschlug. Alec McKay und die beiden Dolmetscher standen droben am Rande der Schlucht. Erregt schauten sie zu, wie sich ihre Gefährten Schritt für Schritt vorwärtskämpften.

Bezeichnend für Mackenzie ist, daß er nur die Voyageurs und sich selber in Gefahr brachte, aber nicht den jungen Mann unter seinem Befehl. Für ein solches Wagnis fehlte McKay noch die Erfahrung. Den beiden Indianern traute er nicht zu, daß sie Kraft und Mut genug besaßen. Nie verlangte Mackenzie von den Voyageurs, was er nicht selbst tat.

»Während wir uns im Wasser vorwärts plagten«, schrieb er später in sein Tagebuch, »hatte ich keine Zeit, an die ständige Gefahr zu denken. Ein falscher Schritt der vorgespannten Männer, auch ein Riß der Zugleine hätte genügt, das Kanu mitsamt den Leuten darin und allem Gepäck der sicheren Zerstörung auszuliefern. Kaum lag eine Stromschnelle hinter uns, begann schon die nächste. Ständig begegneten wir neuen Gefahren. Denn nun rollten beiderseits der Felswände große und kleine Steine herab. So schmal war die Schlucht, daß sie um uns herum ins Wasser klatschten. Nie konnten wir ermessen, ob unser Fuß beim nächsten Schritt Halt fand oder ins Leere tappte. Das strudelnde Wasser gestattete keinen Blick zum Grund.«

Es folgte ein Tag flotter, freier Fahrt, dann aber wurde es noch schlimmer: Strudel und Stromschnellen, Wirbel und Wasserfälle. Dicht unter überhängende Felsen gepreßt, zerrten die zehn Männer das Kanu durchs tosende Element. Einer kroch voran, um die bestmögliche Passage zu erkunden. Der Hund rutschte ins Wasser, wurde meilenweit abgetrieben, rettete sich irgendwo an Land und fand schließlich zurück. Die Voyageurs fluchten, und die beiden Indianer zitterten vor Erschöpfung. Der Lärm war so groß, daß keiner den anderen verstand. Mackenzie signalisierte seine Befehle durch Handzeichen. McKay verstauchte sich ein Fußgelenk und wankte, auf eine Stange gestützt, im Kielwasser des Kanus.

Auf einer Insel im Strom lagen acht verlassene Winterhütten der Berg-Indianer. Darin entdeckten die Voyageurs aufgeweichte Birkenrinde, Töpfe voll Kiefernharz und ein Bündel schmaler Lederstreifen, also das nötige Material für die Reparatur ihres zerschundenen Bootes. Sie selbst hatten so gut wie keine Vorräte mehr und nahmen alles mit. Denn täglich mußte man das Kanu ausbessern, oft mehrmals am gleichen Tag. Durch die vielen Flikken, die allmählich das Kanu von hinten bis vorne überlappten, verdoppelte sich dessen Gewicht. Vier Mann mußten sich nun tüchtig anstrengen, um es zu tragen.

Vier Portagen am gleichen Tag und dabei ein Fortschritt von nur sieben Kilometern! Einmal wurde das Kanu an doppelter Leine sechsunddreißig Meter senkrecht an einer Felswand hinaufgezogen. Nacheinander folgten die hundertpfündigen Gepäckstücke. Um selbst auf die Höhe zu gelangen, mußten die elf Männer durch einen schmalen Felsspalt klettern. Der Hund schaffte das nicht, er wurde in einem Korb festgebunden und freischwebend an der Wand emporgezogen.

Aber es sollte noch schlimmer kommen. Bis auf knapp vierzig Meter verengte sich der Fluß am nächsten Tag. Durch diesen Engpaß wirbelte das Wasser mit solcher Vehemenz, daß die vereinten Kräfte aller Männer nicht ausreichten, das Boot vorwärts zu ziehen und zu steuern. Plötzlich riß die Leine ... sofort schwemmten die Wellen das Kanu stromab. Trotz ihrer verzweifelten Anstrengungen konnten es die drei Insassen nicht ans Ufer steuern. Ihre Stangen fanden keinen Halt, überall glitten sie wieder ab. Hilflos wurde ihr Kanu fortgespült, mit dem Bug auf ein Riff geworfen und vorne völlig zersplittert. Alles schien in diesem Augenblick verloren, die drei Voyageurs und das gesamte, lebenswichtige Gepäck.

Das Boot drehte sich wie ein Kreisel, tauchte unter, kam wieder hoch. Noch klammerten sich die Männer daran fest. Ein Strudel ergriff das Wrack, hob es hoch und warf das berstende Boot gegen eine Kiesbank, wo nun auch das Heck zerbrach. Was übrigblieb, die Männer und die Trümmer, trieb wie durch ein Wunder Gottes ans sandige Ufer.

Von Schrammen und Beulen abgesehen, war keiner der drei Leute ernsthaft verletzt. Und weil man vorsorglich alle Gepäckstücke an den Verstrebungen festgebunden hatte, ging nur ein Ledersack mit Flintenkugeln verloren.

Für den Bau eines neuen Kanus fehlte es an Birkenstämmen der entsprechenden Größe. Also mußte man die Trümmer zusammenflicken, eine mühsame Arbeit, die den Rest des Tages und noch die halbe Nacht in Anspruch nahm. Zum Glück fand sich nahe der Unglücksstelle ein windgeschützter Lagerplatz am Ufer. Bis in den hellen Tag hinein ließ Mackenzie seinen Leuten völlige Ruhe. Sie brauchten Schlaf und Erholung noch dringender als Verpflegung.

Er wußte, daß eine folgenschwere Auseinandersetzung bevorstand. Zuviel hatte er seinen Leuten zugemutet, die tägliche Plage und Gefahr hatten jedes menschliche Maß überschritten. Nur durch eine Fügung des Himmels waren sie einer Katastrophe entgangen. Nicht nur die drei Voyageurs im fortgerissenen Kanu hatten den sicheren Tod vor Augen gehabt, ohne Proviant und Gepäck, ohne

Fahrzeug und Ausrüstung wären auch die Überlebenden früher oder später zugrunde gegangen. Im Osten lag Sicherheit, die Heimreise stromab war bedeutend einfacher als die Fahrt bis hierher. Dagegen konnten im Westen die Schwierigkeiten nur größer werden. Dort türmten sich die Rocky Mountains, und niemand wußte, ob sich ein Übergang erzwingen ließ.

»Was halten Sie davon«, fragte er McKay, »halten Sie mich für verrrückt, wenn ich weitermache?«

Die Augen des jungen Mannes lagen tief in den Höhlen, nur noch straffe, braungegerbte Haut spannte sich über seine Backenknochen. Er war so mager geworden, daß seine Kleider wie ein leerer Sack an ihm herabhingen.

»Ja, wenn Sie noch weiter wollen, Sir, halte ich Sie für verrückt. Aber genauso verrückt bin ich auch . . .«

»Nach menschlichem Ermessen kommen wir nicht durch, Alec?«

»Das menschliche Ermessen hat schon oft getäuscht . . . darüber steht das Ermessen Gottes.«

Mackenzie schaute an ihm vorbei.

»Es war gut, mich daran zu erinnern.«

Als die Voyageurs einer nach dem anderen aufwachten, reichte Mackenzie jedem einen Becher Whisky und erlaubte ihnen, so viel Pemmikan zu verzehren, daß der Hunger gestillt wurde. So dauerte es ziemlich lange, bis Joseph Landry, auch diesmal wieder Sprecher für seine Kameraden, zögernd die Frage stellte, was nun wohl am besten zu tun sei.

»Ich fürchte, Landry, wir müssen umkehren. Als besiegte Männer kommen wir zurück nach Chipewyan. Du weißt wie die Menschen sind, mit Fingern werden sie auf uns zeigen. Für sie zählt nicht, was wir durchgemacht haben.«

»Ja, so ist es, Sir«, nickte Landry betrübt, »so sind die Menschen . . . selber daheim bleiben und sich hinterher aufspielen. Aber Sie werden's doch jedem sagen, Sir, daß wir keine Schande verdienen?«

»Bestimmt, Landry, ganz bestimmt werd' ich das. Bessere Voyageurs hab' ich noch nie gehabt . . . werde auch niemals bessere finden als euch.«

Damit war zunächst die gute Stimmung wiederhergestellt. In gegenseitiger Kameradschaft fühlten sich die Männer mit ihrem Chef verbunden. So einen vernünftigen Bourgeois gab es nur einmal. Durch dick und dünn war er gegangen, hatte sich selbst am wenigsten geschont und zeigte nun bewundernswerte Vernunft.

»Ich glaube auch nicht«, sagte Mackenzie nach einer Weile, »daß die alten Wikinger irgendwo auf der Welt noch andere Nachkommen haben, die so viel leisten. Nur die Wintermänner haben noch den Schneid der alten Nordmänner. Das hat mir unsere Reise wieder gezeigt. Ich bin wirklich stolz darauf, von den Wikingern abzustammen . . . ebenso wie jeder von euch.«

Die sieben Voyageurs starrten ihn an, einige sogar mit offenem Mund. Von ihrer Abstammung hatten sie nur ganz vage Begriffe. Sie wußten nur, daß ihre Großväter oder Urgroßväter in der Normandie gelebt hatten, bevor sie als Soldaten, Matrosen oder Farmer nach Kanada auswanderten. Als die Erschließung Neu-Frankreichs begann, zu Zeiten Champlains und Frontenacs, kam der größte Teil aller Kolonisten aus der Normandie. Fast jeder von den alten französischen Pelzhändlern, von den Entdeckern und Waldläufern war gebürtiger Normanne oder stammte aus einer Nachbarprovinz. Sie hatten Französisch-Kanada erschlossen und erkundet, sie waren in dem neuen Land die Pfadfinder gewesen.

»Das hatten sie im Blut«, fuhr Mackenzie fort, »denn sie waren Nachkommen der berühmten Normannen . . . ich meine damit jene tollkühnen Wikinger, die schon vor achthundert Jahren Amerika entdeckten. Auch die Normandie haben sie damals erobert und besiedelt, deswegen heißt ja eure alte Heimat nach den Nordmännern. Die schottische Insel, auf der ich geboren bin, wurde zur gleichen Zeit von den Normannen erobert. Ihr Anführer hieß Somerled und war mein direkter Vorfahr. Alle Mackenzie der Hebriden-Insel sind seine Nachkommen. Rollo hieß jener große Wikinger, der mit seinen tapferen Nordmännern in der Normandie landete, um dort sein Reich zu gründen. Daß wir alle aus derselben Wurzel stammen . . . wenn auch sehr viel Zeit dazwischen liegt, hat auch diese Reise bewiesen. Für die Söhne der Wikinger ist eben keine Gefahr zu groß und keine Entfernung zu weit.«

Den braven Voyageurs hatte noch niemand gesagt, daß sie einem Geschlecht von Helden entstammten. Ob es wirklich für jeden einzelnen zutraf, mochte fraglich sein, ebenso fraglich wie das historische Urteil über die Wikinger. Sie waren gewiß Seeräuber, Mordbrenner und Menschenjäger, doch mit gleichem Recht konnte man sie die kühnsten Seefahrer aller Zeiten nennen. Darauf kam es jetzt nicht an. Die Voyageurs sollten nur wissen, was ihre Vorfahren alles gewagt und vollbracht hatten. Außerdem wollte Mackenzie sie überzeugen, daß er gleichen Ursprungs war.

Hingerissen lauschten seine Gefährten, als er behaglich erzählte, wie Erik der Rote nach Grönland gefahren war und Leif Erikson die Küste Kanadas entdeckt hatte. Schon achthundert Jahre waren darüber vergangen. Nur die Nordmänner hatten damals so weite und gefährliche Reisen unternommen, in Länder und über Meere, die vor ihnen noch nie ein weißer Mann gesehen hatte. Durch ganz Rußland fuhren Rurik und Helgi, bis zum Kaiser von Byzanz reisten die Nordmänner. Sie ruderten durch die Nordsee und Biskaya, durch die Straße von Gibraltar und eroberten die Insel Sizilien. Mit tausend kleinen Schiffen segelten sie von der Normandie nach England und gründeten dort ein großes, normannisches Reich.

»Ja, wir können stolz sein«, trieb Mackenzie die Verführung weiter, »das Blut der alten Wikinger rollt durch unsere Adern. Sie waren die ersten Entdecker Amerikas, sie waren die größten Seefahrer der Welt. Darum scheint's mir ganz selbstverständlich, daß auch Jacques Cartier, der als erster Europäer in den Lorenz-Strom einfuhr, ein Normanne war, und natürlich auch Samuel Champlain, der als erster weißer Mann zum Ontario-See gelangte. Pierre Radisson hat den Mississippi entdeckt und den Landweg zur Hudson-Bucht . . . kaum brauche ich zu erwähnen, daß er ein Normanne ist. Gleichfalls der Sieur de La Salle, der mit seinen kühnen Voyageurs den ganzen Mississippi hinabfuhr bis in den Golf von Mexiko . . .«

Paßhöhe der Rocky Mountains

So erzählte Mackenzie weiter von berühmten Männern, deren Herkunft er mehr oder minder zutreffend in die Normandie verlegte. Weil er jene Entdecker unerwähnt ließ, die nicht den gleichen Vorzug genossen, entstand vor den Augen der gutgläubigen Männer ein großmächtiges Bild normannischen Heldentums. Der einfache Sinn seiner Zuhörer wurde ganz und gar davon überzeugt, daß es außer jenen Persönlichkeiten aus altem Wikingerblut keine anderen Helden gab. Und nie vergaß Mackenzie zu erwähnen, daß bei all diesen Pionierleistungen eine Anzahl tüchtiger Voyageurs beteiligt war. Ohne deren Mut und Ausdauer wäre kein berühmter Entdecker an sein Ziel gelangt.

»Da muß man gar nicht von alten Zeiten sprechen«, wurde er nun deutlicher, »das hat auch unsere eigene Reise zum Eismeer bewiesen. Ohne meine Voyageurs hätte ich das nie geschafft. Hier sitzen einige von ihnen und können's bezeugen, Landry zum Beispiel und Charles Ducette. Wir Normannen haben den zweitlängsten Strom Nordamerikas von seinem Anfang bis zu seinem Ende befahren. Wir waren die ersten weißen Männer auf seinem Rücken. Und ich hatte gehofft, daß wir die ersten sind, denen es gelingt, die Westküste zu erreichen. Seit mehr als zweihundert Jahren suchen die tüchtigsten Männer die Ost-West-Passage... eigentlich müßten es Entdecker normannischer Abstammung sein, die sie finden. Aber wir haben's ja versucht, mes amis, unsere Kräfte reichen dazu nicht aus. Die Vernunft befiehlt mir umzukehren... so bleibt eben der Durchbruch zum Pazifik anderen Leuten überlassen. Bin sehr gespannt, liebe Freunde, wer eines Tages den furchtbaren Weg bezwingt.«

Alexander Mackenzie stand auf, holte seine Decke und legte sich am Waldrand nieder. Nach einer Weile kam auch McKay dorthin und legte sich neben ihn.

»Obwohl Sie die Augen geschlossen halten, Sir, wette ich hundert Pfund, daß Sie nicht schlafen...«

»Wenn Sie's wissen«, knurrte Mackenzie, »dann sollten Sie die Illusion nicht stören.«

Westlich der Rocky Mountains

»Erst muß ich darauf bestehen, daß Sie mir ehrenhalber normannische Abstammung verleihen, sonst schaut mich hier keiner mehr an!«

Mit geschlossenen Augen mußte Mackenzie lachen.

»Meinetwegen, Alec, ich ernenne Sie zum direkten Abkommen Eriks des Roten ... bei passender Gelegenheit werde ich's öffentlich verkünden.«

Nach dem Abendessen, das reichlich ausfiel und mit einem Becher Rum pro Mann seinen Abschluß fand, bat Joseph Landry um die Gunst, eine wichtige Angelegenheit mit Mackenzie besprechen zu dürfen.

»Ich und meine Kameraden haben eine große Bitte, Sir ... es fällt uns gewiß nicht leicht, etwas gegen Ihren Befehl einzuwenden, Sir, aber ...«

»Nun reden Sie doch, Landry, ich bin doch kein Unmensch.«

»Sicher nicht, Sir, einen besseren Bourgeois gibt's überhaupt nicht. Eben deswegen wollen wir doch bitten ... ich meine, wir sind doch keine schlechteren Leute als die alten Normannen. Wir möchten doch versuchen, ob wir nicht über die Berge kommen.«

Mackenzie schüttelte den Kopf.

»Ich kann's von niemandem verlangen, die Schwierigkeiten sind zu groß.«

»Sie selber verlangen gar nichts«, lächelte Landry, »wir verlangen von Ihnen, Sir, daß Sie mit uns weiterfahren. Wir wollen nicht, daß jemand anders die Sache macht. Der Weg zur Westküste muß uns gehören.«

»Sind alle Männer der gleichen Meinung ... ohne jede Ausnahme, ohne Furcht und Bedenken?«

»Jeder, Sir, keiner will mehr was von Umkehr hören ... nicht einmal die beiden Indianer.«

»Nun gut, dann bin ich auch dafür ... und wie steht's mit Ihnen, McKay?«

Der junge Mann reckte sich, um noch größer zu erscheinen.

»Sie wissen doch, Sir, daß ich in direkter Linie von Erik dem Roten abstamme?«

»Ja, das fiel mir vorhin ein.«

»Also folge ich dem Beispiel meiner Urahnen, nichts kann mich von einer wagemutigen Reise zurückhalten.«

Jede Portage kostete vielfache Mühe und Zeit. Aber Mackenzies eiserner Wille, mehr noch seine Kunst, den Ehrgeiz eines jeden aufs äußerste anzuspannen, machten besonders schwierige Stellen zu guten Gelegenheiten, um Heldentum zu beweisen. Er ging voran, durch die reißende Flut oder hoch am Rande der Schlucht. Eigentlich war es die Aufgabe der indianischen Pfadfinder, den besten oder am wenigsten schlechten Wasserweg zu erkunden. Aber Cancre und sein Gefährte wagten sich nicht als Kundschafter durchs Gebiet fremder Stämme. Dem Entdecker blieb nichts übrig, als sein eigener Pfadfinder zu sein.

»Bituminöse Substanz gefunden, die wie Kohle aussieht«, notierte er am 21. Mai, »aus verschiedenen Erdspalten steigen Rauch und Hitze, vereint mit starkem Brandgeruch.«

Doch Mackenzie hatte keine Zeit und Lust, jene Spalten näher zu untersuchen, denn nun lag vor ihm ein tosender Engpaß. Das Gebrodel zahlreicher Kaskaden stürzte aus der schmalen Schlucht. Senkrechte Felswände, bis dreihundert Meter hoch, preßten das Wasser zusammen. Mackenzie stieg aus und ging so weit zurück, bis er eine Möglichkeit fand, auf den Rand des Cañons hinaufzusteigen. Was er von dort sehen konnte, war ein Höllenfluß, der viele Meilen weit in seinem tief eingeschnittenen Bett herumtobte. Aber gleichzeitig fand Mackenzie auch die Umgehung, nämlich einen Indianerpfad, der deutlich Spuren häufiger Benützung zeigte. Mit unsagbarer Mühe wurden zuerst das Kanu, danach die Lasten hinaufgeschafft. Die Rücken zerschunden, die Lungen ausgepumpt, mit schmerzenden Muskeln und pochendem Herzschlag begaben sich die Männer auf die Portage. Sie führte quer über Land, wobei niemand wußte, wie weit der Weg sein würde. Erst nach zwanzig Kilometern gelangte man wieder an ruhiges Fahrwasser, viermal mußte die Expedition die gleiche Strecke bewältigen, bis sich alles am Ende der Portage befand. Sie schleppten am Tage unter prasselndem Regen und bei Nacht im flackernden Schein der Fackeln.

Peace-River-Cañon heißt heute jene schreckliche Schlucht, die sie damals umgingen. Im Halbkreis durchtrennt sie ein gewaltiges

Felsmassiv, auf einer Strecke von etwa 30 Kilometern fällt hier der Strom um fast hundert Meter. Er rauscht über Klippen und Riffe, schickt wolkensprühende Gischt zur Höhe und donnert wie tausend Kanonen. Dies zu sehen und zu hören wirkt noch eindrucksvoller als das grandiose Schauspiel am Niagarafall.

Drei Tage dauerte die Umgehung, drei Tage rastloser Schinderei. Auf umgeschlagenen Jungfichten wurde das Kanu am Endpunkt wieder aufs Wasser gelassen, an Seilen brachten die Männer das Gepäck hinunter. Bevor Mackenzie ins Boot stieg, hängte er Geschenke für die Berg-Indianer an einen kahlen Baum, Glasperlen, Stahlmesser und ein paar Kochtöpfe — Beweise der Freundschaft, die niemand übersehen konnte, der hier des Weges kam. Cancre fügte noch ein besonderes Zeichen hinzu, nämlich ein Stück weiches Holz, das er am Ende fächerförmig zerkaute. Jeder Indianer konnte daran ablesen, daß die Expedition genug zum Beißen hatte, also niemandem zur Last fiel.

Obwohl schon Ende Mai, litten die Männer wieder unter scharfer Kälte, gewiß eine Folge der Höhe, die man erreicht hatte. Alle Handschuhe waren längst zerrissen. Weil sie ihre Paddel in der bloßen Hand nicht halten konnten, griffen die Voyageurs zu den Stangen. Langsam ging es weiter stromauf, kaum zwanzig Kilometer pro Tag, doch ohne beschwerliche Hindernisse. Es zeigte sich wieder mehr Wild, Cancre und sein Jagdgenosse erlegten zwei Hirsche und fünf Wildgänse. Dann folgten abermals Stromschnellen, die große Mühe machten, darunter auch eine längere Portage.

Trotz allem Schuften und Schinden blieben die Voyageurs bei guter Stimmung. Abends sorgte Mackenzie für ihre Unterhaltung, stets mit dem unerschöpflichen Thema normannischer Heldentaten. Er war so freigebig mit alkoholischen Vorräten, daß am 29. Mai — welch trauriger Tag — der letzte Tropfen Whisky in durstigen Kehlen verschwand. Um seine Männer zu amüsieren, kam er auf die Idee, das ausgetrunkene Fäßchen für postalische Zwecke zu benützen. Unter schallendem Gelächter wurde ein komischer Kurzbericht über die bisherigen Erlebnisse der Expedition verfaßt, an den »Herrn Marquis de MacTavish« adressiert und durch das Spundloch geschoben. Charles Ducette verschloß die Öffnung mit

Kiefernharz, dann warf McKay die Flaschenpost in den Peace-River. Die Voyageurs schossen Salut, und das kleine Faß begab sich schaukelnd auf die Reise. Es ist natürlich nie wieder aufgetaucht, wahrscheinlich haben es schon die Katarakte im Peace-River-Cañon kurz und klein geschlagen.

Kein Indianer ließ sich sehen, schon seit sieben Tagen hatte man den Eindruck, das Land sei ausgestorben. Aber völlig menschenleer konnte es nicht sein, denn neben den unpassierbaren Wildwassern gab es ausgetretene Indianerpfade, manche sogar mit frischen Fußspuren. Hin und wieder fand man auch verlassene Lagerplätze am Ufer und Gerüste zum Räuchern von Wildbret oder Fisch. Aber nirgendwo ein Anzeichen ständiger Besiedlung.

»Die Gegend ist Niemandsland«, vermutete Mackenzie, »das Grenzgebiet zwischen feindlichen Stämmen. Keiner von beiden wagt es, sich darin niederzulassen.«

»Aber die Pfade und die Lagerplätze?« fragte McKay.

»Die stammen von Jägern oder jungen Leuten auf dem Kriegspfad. Als ich während des Winters im Fort-Forks versucht habe, so viel wie möglich über den Oberlauf des Peace-River zu hören ... wo mir jeder was anderes sagte, wenn er überhaupt was sagte ... hat mir ein alter Biber-Mann von den wilden Sekanis erzählt, die bei den Quellen leben. Vielleicht sind es Todfeinde der Berg-Indianer, deren Gebiet schon hinter uns liegt.«

Ob es nicht sein könnte, daß die Eingeborenen nur Angst hätten vor den weißen Gesichtern und deshalb nicht zum Vorschein kämen?

»Wo ist denn ein weißes Gesicht?« lachte Mackenzie. »Sie haben keines mehr, Alec, und ich auch nicht. Wir sehen alle aus wie die Wilden!«

Dennoch war nicht ausgeschlossen, daß die Expedition Tag und Nacht beobachtet wurde. Hinter jedem Busch konnte ein Kundschafter liegen, an jeder Portage bestand die Gefahr eines Überfalls. Aber die Expedition hatte keine Zeit, auch noch Vorkehrungen für ihre Sicherheit zu treffen. Das hätte die Männer viel zu lange aufgehalten. Die Westmänner mußten auf ihr Glück vertrauen und auf den Schutz des Himmels. Das mochte leichtsinnig sein, aber es ging nicht anders. Hin und wieder ließ Mackenzie kleine Geschenke zurück, hängte sie an einen Baum bei den Portagen oder legte sie auf Steinplatten am Ufer. Die Gaben sollten beweisen, daß er als friedlicher Mann durch die Gegend zog.

Ein paar Tage lang blieb der Strom frei von Hindernissen, wenn auch die starke Strömung den Westmännern viel zu schaffen machte. An den Einmündungen von vier großen Nebenflüssen glitt das Kanu vorüber, später bekamen sie den Namen Clear-Water, Carbon, Barnard und Nabesche. Immer höher stiegen zu beiden Seiten die Berge, immer rascher wurde die Strömung. Es gab keine Zweifel mehr, daß sich die Expedition im Zentralmassiv der Rocky Mountains befand. Schnee lag noch auf den Berghängen, ewiges Eis schimmerte von den höchsten Gipfeln.

Nach zwei langen und schwierigen Strudelstrecken teilte sich der Strom. Weil beide Arme etwa die gleiche Wassermenge mitbrachten, fiel es Mackenzie schwer, sich zu entscheiden. So weit sich ihr Lauf übersehen ließ, kam der eine aus dem Nordwesten, der andere von Südwesten, also aus genau der entgegengesetzten Richtung. Sie wurden von einem gewaltigen Bergmassiv getrennt, dessen Höhe Mackenzie auf mindestens 2000 Meter schätzte.

»Folgen Sie der Eingebung, Sir«, riet Alex McKay, »bisher hat Ihr sechster Sinn noch immer den richtigen Weg gefunden.«

»Was keine Garantie für die Zukunft ist, mein Freund. Aber ich denke wieder an den sagenhaften Fluß des Kapitäns Cook, der im nordwestlichen Alaska herauskommt, und erinnere mich ebenso an den sagenhaften Strom, von dem mir vor vier Jahren die Hasen-Indianer erzählt haben. Er soll auch in nordwestlicher Richtung verlaufen [1]. Vielleicht sind die beiden dasselbe Wasser, vielleicht führt uns dieser rechte Arm in seine Nähe.«

»Also, warum überlegen Sie noch?«

»Weil mir der alte Biber-Mann im Fort-Forks von der Teilung hier erzählt hat. Damals hab ich ihm genausowenig geglaubt wie all den anderen Schwätzern. Aber nun zeigt sich, daß er wirklich hier war, seine Beschreibung von dieser Gabelung stimmt in allen Einzelheiten. Er sagte mir auch, der linke Arm hätte eine viel

[1] Die Hasen-Indianer meinten den Yukon.

stärkere Strömung als der andere, und Sie sehen, daß es wirklich so ist. Trotzdem hat er mich vor dem rechten Fluß gewarnt. Da käme bald eine Stromschnelle nach der anderen, man könnte ihn nur auf kurze Strecken befahren. Viel besser sei der linke Fluß, hat er mir versichert, man käme darin sehr viel weiter und höher hinauf, bis fast zum Scheitelpunkt der Felsenberge. Meine Eingebung, Alex, rät mir zum Nordwesten, aber die Vernunft läßt nicht locker, sie möchte dem alten Indianer glauben.«

Alex McKay fragte ihn, worauf er den größeren Wert legte, auf seine Eingebung oder die Vernunft.

»Natürlich auf die Vernunft, wir folgen dem Fluß des alten Indianers.«

Heute heißt er Parsnip-River, während der nordwestliche Fluß den Namen Finlays trägt. Denn fünf Jahre nach Mackenzies großer Reise durch die Rocky Mountains brach James Finlay vom »New Establishment« auf, um dies wilde Gewässer zu erkunden. Tatsächlich war es auch so, wie der Biber-Mann gesagt hatte. Der Finlay-River, eine Folge von Strudeln und Stromschnellen, endet im Labyrinth der nordwestlichen Felsenberge. Kein möglicher Weg führt von dort zur Westküste des Pazifiks.

Die Voyageurs waren ungehalten über Mackenzies Entscheidung, denn sie hatten kein Vertrauen zu den Ratschlägen eines halbblinden Indianers.

»Was ich nach reiflicher Überlegung bestimmt habe, wird nicht mehr diskutiert«, rief er seinen Leuten zu, »hinein in den linken Strom, und zwar sofort!«

Murrend griffen die Männer zu ihren Paddeln, laut schimpfend begrüßten sie die ersten Wirbelwellen. So vehement wurde bald die Gegenströmung, daß man pro Stunde nur einen Kilometer vorwärtskam. Ständig durchnäßt, mit keuchenden Lungen und überanstrengten Herzen kämpften sich die Voyageurs durch die Stromschnellen. Abends am Lagerfeuer mußte Mackenzie wieder all seine diplomatische Kunst aufwenden, um die Stimmung zu heben. Er sprach von den alten Wikingern, die auf ihren Fahrten im Atlantik und Nördlichen Eismeer viel Schlimmeres durchgemacht hatten, dreißig Tage und noch länger im offenen Drachenboot gegen haushohe Wellen einer unbekannten Wasserwüste, Tag und Nacht am Ruder, frierend, hungernd und immer durstig.

»Wir haben immer Trinkwasser, meine Freunde, wir schwimmen durch klares, köstliches Trinkwasser. Die Nordmänner fuhren übers salzige Meer. Während um sie herum blaues Wasser schäumte, litten sie furchtbaren Durst. Aus dem Meer trinken durften sie nicht, sie wären daran gestorben. Diese Qualen hat von uns noch keiner erlebt. Wir sind reiche Leute, wir haben gutes Wasser im Überfluß. Es gab Zeiten, da hätten die Nordmänner für jeden Becher von unserem Wasser ein Goldstück gezahlt!«

Schließlich brachte er sie zum Lachen und hatte wieder einmal die Herzen gewonnen.

Immer schmaler und reißender wurde der Fluß, immer öfter wiederholten sich die Portagen. Mackenzie und McKay verließen zusammen mit den beiden Indianern das Boot und marschierten zu Fuß. Sie wollten nicht nur die Belastung des Kanus erleichtern, sondern auch die besten Passagen im voraus erkunden. Durch Flintenschüsse wurden die Voyageurs verständigt, wenn es Zeit war, dem Fußtrupp zu folgen. Oft war es Mackenzie und seinen Begleitern gar nicht möglich, am Fluß zu bleiben, weil sich seine Steilufer unmittelbar aus der Flut erhoben. Sie mußten hoch hinauf und sich Pfade durchs Gestrüpp schlagen, durften aber dabei den Wasserweg nicht aus den Augen verlieren. Doch eines Tages erhielt Mackenzie auf seine Signalschüsse keine Antwort. Zu weit waren die Voyageurs mit ihrem Boot zurückgeblieben. Der Voraustrupp kehrte um, fand aber den Weg nicht mehr, und die vier Männer verirrten sich im weglosen Dickicht. Keine Anhöhe bot Ausblick, kein Sonnenstrahl fiel durchs geschlossene Blätterdach des Waldes. Plötzlich knurrte der Hund, und seine Rückenhaare sträubten sich, als habe er Witterung von drohender Gefahr. Die Männer suchten Deckung und hielten ihre Gewehre schußbereit, denn man hörte das Rascheln trockener Blätter und das Knacken dürrer Zweige. Geheimnisvolle Feinde hatten den Voraustrupp eingekreist, ließen sich aber nicht sehen, sondern warteten vermutlich auf die Nacht. Die Dunkelheit kam und damit auch die noch größere Gefahr.

Mit Schußwaffen konnte man gegen einen plötzlichen Überfall nicht viel ausrichten, eher mit dem blanken Messer.

Die Nacht verging in fortwährender Spannung. Der Hund schmiegte sich ängstlich an seinen Herrn, ein sicheres Zeichen, daß die Bedrohung noch in der Nähe war. Aber der Feind griff nicht an, er beschränkte sich auf nächtliche Belagerung. Erst im fahlen Morgenlicht, als Mackenzie einen Vorstoß unternahm, löste sich das Rätsel. Eine Rotte hungriger Wölfe schlich durchs Unterholz davon.

Nun fanden die Männer den Rückweg und auch das Boot. Es war schwer beschädigt worden, und die Reparatur dauerte bis tief in die Nacht.

Alles deutete darauf hin, daß sich die Wasserfahrt auf diesem Fluß bald ihrem Ende näherte. Er war nur noch wenige Meter breit und wurde immer flacher.

»Die Quelle kann nicht mehr weit sein«, erklärte Mackenzie, »dann müssen wir zu Fuß über die Berge und dabei alles mitnehmen, auch unser Kanu. Sind wir erst über die Wasserscheide gekommen, trägt uns jedes Gewässer zum Pazifik . . .«

Die Männer sagten nichts, obwohl sich jeder denken konnte, daß es auf der Rückreise vom Pazifik wieder gegen den Strom ging und abermals über die Rocky Mountains. Es war ihnen nun alles gleich, die tägliche Schinderei hatte sie abgestumpft.

Wieder liefen Mackenzie und McKay mit den beiden Chipewyans vor. Plötzlich witterten sie Rauch in der Luft, gingen vorsichtig weiter und sahen gerade noch, wie zehn oder zwölf Indianer davonliefen. Es waren Fischer, die schon seit einigen Tagen hier kampierten. Kitschi-Emko legte ein paar Geschenke neben das Feuer und zog sich zurück. Als er mit dem Kanu und seinen Voyageurs wiederkam, hatten sich etwa dreißig Männer an diesem Platz versammelt, mit Speeren, Steinbeilen und gespannten Bögen bewaffnet. So viel die beiden Dolmetscher von ihrer Zeichensprache verstanden, wollten sie die fremden Leute auf keinen Fall vorüberlassen.

Hin und her ging das Palaver, wobei ein paar Pfeile durch die Luft schwirrten. Mackenzie hielt Ketten mit Glasperlen in die

Höhe, zeigte Kochtöpfe und kleine Spiegel. Endlich gelang die Verständigung, unbewaffnet durften die Westmänner ans Ufer kommen.

»Sie untersuchten uns wie Wundertiere, sie betasteten uns von Kopf bis Fuß«, schreibt der Entdecker später in sein Tagebuch, »und zwar mit größter Gründlichkeit, die ich peinlich fand. Zwar hatten sie schon von weißen Männern gehört, aber noch nie einen gesehen. Sie staunten offenbar, daß wir nicht so hellhäutig waren, wie es dem Gerücht entsprach. Erst nachdem sie alles gesehen hatten, was an uns zu sehen war, begann ich mit der Befragung.«

Gewiß eine sehr umständliche Befragung, denn sie mußte mit Hilfe der Zeichensprache geschehen. Die Gruppe gehörte zum Stamm der Sekanis, wie Mackenzie schon vermutet hatte. Über ihr eigenes Land wollten sie nichts sagen. Aber sie erzählten von einem anderen indianischen Volk, das imstande war, große Hütten aus mächtigen Stämmen zu errichten. Diese Leute lebten am »Stinkenden See« und trieben Tauschhandel mit weißen Männern, die manchmal dort erschienen. Mit dem »Stinkenden See« war wohl der Pazifische Ozean gemeint, wegen der salzigen Meeresluft.

Endlich am nächsten Tag gelang es dem geschickten Cancre zu erfahren, wo stromauf der Fluß hinführte. Nur flüsternd wurde es ihm von einem jungen Mann anvertraut, der dabei ängstliche Blicke um sich warf. Eine Stahlaxt brachte ihn schließlich so weit, daß er mit Holzkohle auf ein Stück Birkenrinde zeichnete, wo ungefähr der kürzeste Weg über die Berge verlief.

Sogleich drängte »der schnelle Mann« zum Aufbruch. Er hatte nun seine Information und hoffte, daß sie richtig war. Mackenzies Zuversicht belebte die Voyageurs. Mit neuem Eifer schoben sie das geschundene Kanu wieder ins Wasser. Kaum fand es noch genügend Tiefe, um zu schwimmen. Deshalb spannten sich die Westmänner davor, um es zu entlasten. Bis zur Hüfte reichte ihnen die kalte Strömung, nur die pausenlose Anstrengung schützte ihre Glieder vor dem Erstarren. Aus dem Fluß wurde ein Bach, der rauschend und schäumend durch sein Bett drängte. Das bisher so enge Tal weitete sich, und die Berghänge wichen zurück. Man hatte ein Hochplateau erreicht, das sich meilenweit ausdehnte.

Nach drei Tagen, am 12. Juni 1793, gelangte Alexander Mackenzie zum Ende des Wasserlaufs. Seine Quelle sprudelte nicht aus einem Felsenspalt, sondern war ein kristallklarer See, etwa drei Kilometer lang und halb so breit. Von hügeligem Gelände eingefaßt, lag er inmitten der geröllbedeckten Hochfläche. Die Expedition befand sich aller Wahrscheinlichkeit nach auf dem Rückgrat der Rocky Mountains, denn nach Westen hin war keine gleich hohe Bergkette zu sehen. Daß sie auf Wasserwegen dorthin gekommen war, erscheint wie ein Wunder. Nie zuvor und niemals danach wurde die erste Besteigung eines so imponierenden Gebirges mit Boot und Paddel durchgeführt. Hannibal ist auf einem Elefanten über die Alpen geritten, was gewiß eine erstaunliche Sache war. Die Leistung aber, mit einem sieben Meter langen Kanu aus Birkenrinde die Rocky Mountains zu überqueren, übertrifft noch die der Elefanten.

Die Westmänner blieben auch weiterhin ihrem gebrechlichen Fahrzeug treu. Sie durchfuhren den stillen See, fanden am westlichen Ende einen Fußpfad und landeten. Mackenzie ging allein weiter, um zu sehen, wo sich wieder ein Gewässer befand. Nach achthundert Schritten kam er zu einem anderen, etwas kleineren See, dessen Ufer er mit großer Spannung folgte. Sicher hatte auch dieser Bergsee einen Abfluß, es fragte sich nur, in welcher Richtung.

Wenig später erhielt Mackenzie volle Gewißheit. Er stand vor einem Bach, der plätschernd zur anderen Seite floß. Damit hatte er die Wasserscheide der Rocky Mountains überschritten.

Schnell ging er die Hälfte seines Weges zurück, um genau auf dem höchsten Punkt der Portage seinen Standort zu vermessen: 54,24 Grad nördlicher Breite und 121 Grad westlicher Länge. Jedes Rinnsal, das nur wenige Schritt östlich von diesem Punkt verlief, mußte seinen Weg ins Eismeer, in den Atlantischen Ozean oder den Golf von Mexiko finden. Aber jeder Regentropfen, der westlich davon niederging, war bestimmt, sich letzten Endes mit dem Pazifischen Ozean zu vereinen.

Mackenzie holte seine Leute, das Gepäck und das Kanu.

»Tragt es sanft und freundlich«, bat er die Voyageurs, »denn nun gehört unser Boot zur Geschichte Kanadas.«

Der 22. Juli 1793

Als am nächsten Morgen die Sonne aufging und die Nebel verschwanden, zeigte sich im Norden der Gipfel eines mächtigen Berges. Er ragte einsam empor, die Hänge mit Schnee bedeckt und die Zinnen von Eis gekrönt. Gestern, als man die Wasserscheide überschritt, hatten ihn Wolken verhüllt, jetzt beherrschte er weithin die Landschaft. Alexander Mackenzie schätzte seine Höhe auf über 3000 Meter, gab ihm aber keine Bezeichnung. Heute heißt dieser mächtige Felsklotz »Mount Alexander«, zu Ehren seines Entdeckers.

Von dem einen Bergsee wurde das Kanu zum nächsten getragen, und weil dessen Abfluß noch zu schmal und zu steil war, schleppte man es weiter zum folgenden See. Diesen verließ ein Bach, der tief genug war, um das Boot einzusetzen. Doch schien seine reißende Strömung so gefährlich, daß Mackenzie seine Mannschaft teilen wollte, um nicht alle gleichzeitig dem Wagnis auszusetzen. Die einen sollten sich zu Fuß den Abstieg suchen, die anderen mit dem Kanu durchs Wildwasser steuern. Aber seine Männer bestanden darauf zusammenzubleiben.

»Wenn wir zugrunde gehen, Sir, dann wenigstens gemeinsam.«

Er gab ihnen nach, und in rasender Schußfahrt ging es den brausenden Bergbach hinab. Da war bald kein Halten mehr und keine Möglichkeit, sich ans Ufer zu retten. Der Bach riß das Kanu mit ungestümer Gewalt davon, durch Strudel und Stromschnellen, haarscharf über Felsklippen und mit knapper Not an senkrechten Steilwänden vorbei. Meile auf Meile gelang das tollkühne Unternehmen. Aber auf die Dauer konnte es nicht gut gehen, und es ging auch nicht gut.

Plötzlich drehte ein Wirbel das Boot seitwärts und warf es mit Wucht gegen einen breiten Felsen. Alle sprangen hinaus, um ihr

Fahrzeug zu retten, fanden aber keinen Grund unter den Füßen und mußten sich schnell wieder an Bord schwingen. Weiter geschwemmt, stieß das Kanu gegen eine Klippe. Der Bug zersplitterte, das Boot war nicht mehr zu steuern. Der tobende Bach nahm es mit, wirbelte es herum und schleuderte es dann gegen das steinige Ufer. Dort brachen alle Verstrebungen, das Boot klappte auf und schwamm als brüchiges Brett noch eine gute Meile weiter, bis es in ruhigeres Wasser trieb und strandete. Die Besatzung hatte sich während der ganzen Zeit daran festgeklammert. Kaum einer hatte noch gehofft, daß er mit dem Leben davonkomme.

Wieder war ein Wunder geschehen, keines von den Gepäckstücken ging trotz Schiffbruchs verloren. Es hingen noch alle Bündel und Ballen, die Waffen und Werkzeuge festgezurrt an den Trümmern, völlig durchnäßt natürlich, einschließlich des Pulvers und des Pemmikans. Die wasserdichten Beutel waren nämlich eingerissen. Kein Mann hatte sich ernsthaft verletzt, nur war jedem der Schreck so tief in die Glieder gefahren, daß er für den Rest des Tages wie ein Schlafwandler umherging.

Pulver und Pemmikan, auch alle übrigen Sachen wurden auf flachem Gestein ausgebreitet und getrocknet. Zum Glück war es ein sonniger Tag und die Luft windstill. Weil er dem Protest gegen die Weiterreise zuvorkommen wollte, erklärte Mackenzie den Schiffbruch für eine heilsame Lehre.

»Das war nur die Folge unserer Faulheit«, schimpfte er los, »hätten wir Boot und Gepäck getragen, wäre jetzt alles in Ordnung. Der Himmel hat uns gerettet, aber die Vernunft muß uns leiten. Von jetzt ab wird nichts mehr riskiert, lieber hundert Portagen als noch einmal durch ein so tolles Gewässer. Wir sind doch nicht über die Rockies gestiegen, um nach diesem Unglück kehrtzumachen. Erst am Ozean beginnt die Rückreise ...«

Am späten Abend des 17. Juni erreichte die Expedition endlich einen Fluß, der ziemlich breit war und beruhigend aussah. Heute trägt er den Namen Herrick-Creek und ist ein Nebenfluß des MacGregor-River, der in den Fraser mündet. Mackenzie konnte das nicht wissen, noch nie hatte ein weißer Mann diesen Fluß gesehen. Woher er kam und wohin er führte, war völlig ungewiß.

Zum ersten Male war Mackenzie nicht mehr fähig, sein Tagebuch ordentlich zu führen. Während der folgenden Woche sind seine Angaben lückenhaft und zum Teil verwirrend. Es fehlt der Hinweis auf Nebenflüsse, die eigentlich kein Entdecker übersehen dürfte. Er sagt nichts mehr über die Zeit des Aufbruchs und der Ankunft im Nachtlager, gibt sich auch keine Mühe mit der täglichen Ortsbestimmung. Vielleicht haben ihn Nebel und Schlechtwetter daran gehindert, vielleicht brachte er die Energie nicht mehr dafür auf. Aber gerade diese fehlenden Angaben beweisen am deutlichsten, was Mackenzie durchmachte. Wenn selbst ein Mann von so pedantischer Genauigkeit, der sonst alles beobachtete und niederschrieb, wochenlang darauf verzichtete, muß der westliche Abstieg von den Rocky Mountains der bei weitem schwierigste Teil seiner Expedition gewesen sein. Nur hin und wieder gibt es darüber eine Notiz:

»Die Arbeit und Ermüdung spotten jeder Beschreibung, die letzte Portage führte über einen steilen, schrecklich zerklüfteten Hang ... ich blickte hinunter in eine Schlucht mit senkrechten Wänden. Durch diesen Engpaß, knapp dreißig Meter breit, polterte der Fluß über viele Kaskaden, alles ist voller Strudel und Wirbel. Wir müssen wieder schleppen, und ich weiß nicht, wie lange ... Meine Männer sind so erschöpft vom Tragen des schweren Kanus, daß sie alle bösen Erfahrungen im Wildwasser vergessen. Sie bestehen darauf, durch die Stromschnellen zu schießen. Aber ich erlaube es nur den vier besten Voyageurs, die anderen gehen mit einem Teil der Lasten zu Fuß. Zwar kommt das Boot durch die Strudel, aber es ist ganz mit Wasser gefüllt. Nur die Luftblasen in den halbleeren Pemmikansäcken verhindern, daß es versinkt.«

Von Jagd oder Fischfang ist keine Rede mehr. Doch erwähnte Mackenzie, daß große Mengen wilder Zwiebeln am Ufer gediehen. Sie wurden zerkleinert, mit Pemmikan gemischt und in rohem Zustand verzehrt. Waldbeeren, die Knollen von Tuberosen und gelegentlich ein Stachelschwein bildeten die tägliche Mahlzeit.

Hin und wieder stießen sie auf ein verlassenes Indianerlager, aber kein Mensch war weit und breit zu sehen. Als dann endlich drei fremde Kanus auf dem Fluß erschienen, paddelte deren Besatzung beim Anblick der Westmänner hastig davon. Noch enttäuschender war das Verhalten der Leute im nächsten Dorf. Sie empfingen das Boot Mackenzies mit einem Hagel von Pfeilen. Auch das Vorzeigen von Glasperlen und blitzenden Spiegeln verfehlte seine Wirkung. Nur schleunige Flucht stromab konnte ein Gefecht vermeiden.

Aber Kitschi-Emko brauchte Informationen, brauchte ebenso notwendig einen Führer. Als wieder eine Siedlung auftauchte, deren Bewohner sich genauso drohend verhielten, landete er am gegenüberliegenden Ufer und ließ dort sein Lager aufrichten. Dann ging er hundert Schritte stromauf, legte eine Auswahl von Geschenken nieder und setzte sich daneben. Ein waffenloser Mann ganz allein, der so schöne Dinge anbot, mußte die Wilden reizen, sich ihm zu nähern. Stunde um Stunde verging, dann endlich wagte sich ein Kanu mit zwei älteren Männern hinüber. Mackenzie winkte und lächelte, hielt ihnen Spiegel und Glasperlen entgegen. Zögernd stiegen die beiden aus und kamen furchtsam näher, rissen ihm aber dann die Sachen aus der Hand und paddelten in fliegender Eile davon. Nun löste sich drüben ein anderes Boot, drei junge Leute unternahmen das gleiche Wagnis. Aber diesmal zeigte sich Mackenzie nicht so freigebig. Erst wollte er mit ihnen sprechen, konnte sich natürlich nicht verständigen und winkte seinen Dolmetscher Cancre herbei. Weil auch dieser keine Waffen trug, blieben die Besucher. Durch Zeichensprache gab Cancre zu verstehen, daß die weißen Männer um Erlaubnis baten, dem Dorf einen Besuch zu machen. Als die drei Leute das verstanden hatten, bekamen sie ihre Geschenke.

Das Eis war gebrochen, die Einladung erfolgte, und man wurde im Dorf sogar recht freundlich empfangen. Die Kinder erhielten Zuckerklümpchen, die Frauen Glasperlen und die Männer kleine Taschenspiegel. Seitens der Indianer wurde ein Festmahl aus Fischrogen und Knochenmark angerichtet.

Pazifische Küste beim Dean-Fjord, nördlich von Vancouver.
In dieser Gegend erreichte Alexander Mackenzie den Ozean

Schneeschafe auf den Bergen der kanadischen Westküste

Gleich nach dem Essen begann die eingehende Befragung.

Die Leute wußten, daß der Fluß letzten Endes zum »Stinkenden Wasser« führte, hatten auch schon gehört, daß gelegentlich riesengroße Kanus mit weißen Männern die Küste besuchten. Aber es sei ganz unmöglich, behaupteten sie, dem Fluß noch weiter zu folgen. Er führe tageweit nur durch enge Schluchten, worin jedes Boot zerschlagen würde. Man könne diese Katarakte auch nicht zu Lande umgehen, weil das Gelände viel zu schwierig sei. Schlimmer noch seien die dortigen Menschen, die jeden Fremden sofort erschlügen. Sie hießen Shuswaps und waren von schrecklicher Tapferkeit, niemand konnte ihnen widerstehen.

Ähnliche Schauergeschichten hatte Mackenzie schon so oft gehört, daß er nichts darauf gab. Seiner Kunst der Überredung, die Cancre weiterzugeben verstand, gelang es sogar, zwei junge Leute als Führer zu gewinnen. Am 22. Juni machte sich die Expedition wieder auf den Weg. ·

Dann wollte es der Zufall, daß plötzlich ein Mann auftauchte, der sich aus ungeklärten Gründen von jenseits der Felsenberge bis hierher verlaufen hatte. Er verstand die Sprache der Crees, die auch Mackenzies Dolmetscher beherrschte. Statt in der umständlichen Zeichensprache zu verhandeln, konnte man sich nun klar und deutlich ausdrücken. Dieser weitgereiste Mann bestätigte mit allem Nachdruck, daß der Fluß [1] sehr bald unpassierbar würde. Es sei für Kitschi-Emko am besten, wieder stromauf zu fahren, etwa fünf bis sechs Tagereisen weit. Dann sollten die Männer einem Nebenfluß folgen, der genau aus jener Richtung kam, wo die Sonne täglich versank. Aber bald werde auch dieser Fluß zu schmal, und dann führe der Weg über Land. Man müsse das Kanu zurücklassen und sich später ein neues beschaffen.

Mackenzie und Cancre sprachen die ganze Nacht hindurch mit diesem Mann. Was er sagte, schien glaubhaft zu sein. Intelligenter als die übrigen Indianer, machte er auch einen zuverlässigen Eindruck. Er beschrieb jene Stelle, wo man nach Westen abbiegen mußte, so genau, daß sie eigentlich nicht zu verfehlen war. Dort

[1] Gemeint ist stets der Fraser-River.

sollten auch Leute leben, die eiserne Messer und Kochtöpfe besaßen. Durch Vermittlung anderer Stämme hatten sie beides von
weißen Männern bekommen. Wenn man dem Weg folgte, den
diese Waren genommen hatten, mußte man eines Tages die Küste
erreichen.

Damit war für Mackenzie die Entscheidung gefallen. Aber er
fürchtete die psychologische Wirkung auf seine Leute. Wenn sie
erst einmal umkehrten, also den Fluß wieder hinauffuhren, war
das für ihre schlichten Begriffe schon die erste Teilstrecke der
Rückreise. Sie davon abzubringen, um den Durchbruch an die
Westküste doch zu erzwingen, war eine Zumutung sondergleichen.
Vorsichtig mußte Mackenzie sie darauf vorbereiten. Er rief alle
zusammen, gab jedem ein viertel Pfund Tabak und dankte ihnen
für ihre großartige Leistung auf der bisherigen Fahrt. Als ihr einfaches Gemüt hinreichend von Stolz entflammt war, bat er sie,
weiterhin so tüchtig zu bleiben. Sie versprachen es mit großer Begeisterung.

»Hier können wir nicht weiter«, sagte er dann, »ein paar Tage
lang müssen wir diesen Fluß wieder hinauf, um dann einem viel
besseren Weg ans Meer zu folgen. Erst einmal sieht's so aus, als
würden wir zurückfahren, aber das ist nur 'ne Täuschung. Wir sind
leider vom richtigen Weg abgekommen und müssen das wieder in
Ordnung bringen. Das ist doch jedem vollkommen klar?«

Sie sagten, es sei ihnen vollkommen klar, obwohl das gewiß
nicht zutraf. Damit versprachen sie ihrem Anführer durch Hand-
schlag, daß sie ihm folgen würden bis an das Ende der Welt.

»Hauptsache, sie halten ihr Versprechen, bis wir nach Westen
einbiegen«, sagte Mackenzie hinterher zu McKay, »aber gut ist
es auf keinen Fall, daß wir erst mal zurückfahren.«

»Und es geht wieder stromauf«, meinte McKay, »was die
Stimmung nicht gerade hebt.«

Womit aber niemand gerechnet hatte, war die völlig veränderte
Stimmung bei den Indianern am Wege. Aus unbegreiflichen Gründen erschreckte sie die Rückkehr der weißen Männer weit mehr als
zuvor deren Ankunft. Wie weggeblasen war das freundliche Einvernehmen, das noch vor wenigen Tagen geherrscht hatte. In kei-

nem Dorf ließ man die Expedition an Land, mit gezückten Speeren und gespannten Bögen standen die Leute am Ufer. Mehr und mehr Kanus mit grimmig bemalten Kriegern folgten dem Boot Kitschi-Emkos. An jedem Lagerplatz wurden die Fremden feindselig belauert. Alle Versuche, sich zu verständigen, blieben erfolglos, stets war mit einem plötzlichen Überfall zu rechnen. Drei Mann, die Muskete schußbereit im Arm, mußten Wache halten. Sonst war niemand seines Lebens sicher.

»Wahrscheinlich glauben die Kerle«, vermutete Mackenzie, »daß uns ihr verdammter Fluß besonders gut gefällt, weil wir zurückkommen.«

»Bei Rothäuten ist alles möglich, Sir, vielleicht denken sie jetzt, wir sind Spione irgendwelcher Feinde ...«

Mackenzie zuckte mit den Schultern.

»Kann auch sein, daß ein Medizinmann sie gegen uns aufgehetzt hat ... natürlich im Namen des großen Manitu.«

Zu allem Unglück begann sich das vielgeflickte Kanu allmählich aufzulösen. Es war alt und mürbe geworden, es zog Wasser durch hundert feine Ritzen. Mit Reparaturen war nichts mehr zu machen, das Boot hatte endgültig ausgedient. Als eine schmale Insel auftauchte, mit einem Bestand mächtiger, kerzengerade gewachsener Birkenstämme, entschloß sich Mackenzie zum Bau eines neuen Kanus. Die Expedition legte an, der stärkste Stamm wurde ausgewählt und mit kräftigen Axthieben umgeschlagen. Landry und Ducette waren die besten Bootsbauer und leiteten die Arbeit. In einem Stück wurde die Rinde abgeschält, im Wasser aufgeweicht und in die rechte Form gebracht. Ein Skelett aus Eschenholz und starken Weidenzweigen diente zur Versteifung. Mit Lederstreifen nähte man den Bug und das Heck zusammen. Die Bohrlöcher wurden fingerdick mit aufgekochtem Kiefernharz verklebt. Von dem alten Kanu ließen sich immer noch der Bodenbelag und die abgenutzten Sitzbretter verwenden.

Unterdessen versammelten sich immer mehr fremde Kanus um die Insel. Aus der ständigen Beobachtung wurde bald eine Belagerung. Sechzig bis siebzig Krieger, mit allen nur möglichen Waffen behängt, hielten den Bauplatz unter ständiger Bewachung. Von

Stunde zu Stunde wuchs die Gefahr und damit auch die Nervosität der eingeschlossenen Männer. Der Feind rückte näher und wurde so bedrohlich, daß man die Arbeit einstellen mußte.

Da griff Mackenzie zum Gewehr und schoß einen Raubvogel aus dem höchsten Baum. Der Knall und der stürzende Vogel hatten sogleich die gewünschte Wirkung. Die Wilden zogen sich in respektvolle Entfernung zurück. So konnte die Arbeit weitergehen und war am späten Morgen des vierten Tages beendet, genauer gesagt am 1. Juli. Das alte Boot ließ Mackenzie auf die Höhe der Insel ziehen, unter Steinen begraben und mit Erde bedecken. Es hätte gewiß einen Platz im kanadischen Nationalmuseum verdient.

Während am jenseitigen Ufer die nun auf hundert Köpfe angewachsene Schar der feindseligen Indianer schläfrig in der Mittagshitze herumsaß, wurde so schnell wie möglich das neue Boot beladen. Bevor man drüben begriff, was bei der Insel vor sich ging, tauchten schon die Paddel ein, und blitzschnell glitt das leichte, lange Kanu der weißen Männer davon.

Am folgenden Morgen sah sich Mackenzie vor ein neues Problem gestellt: Man mußte eine lange Strecke wilden Wassers überwinden. Stromab hatte das keine besonderen Schwierigkeiten gemacht, aber gegen die Strömung konnten die Voyageurs nicht anpaddeln. Sie war so stark, daß man auch mit den Stoßstangen nicht hindurchkam. Weil zu beiden Seiten die Felswände senkrecht emporstiegen, war es unmöglich, das Boot am Ufer entlang durch die Schlucht zu ziehen. Mackenzie löste das Problem mit einem Bündel aus trockener Birkenrinde und der längsten Leine, die während der Expedition benutzt worden war. Damit stieg er zum Rande des Engpasses hinauf und ging oben so weit, wie die lederne Leine reichte. Das eine Ende band er an sein Bündel und warf es hinab in den Fluß, während er das andere bei sich behielt. Die Strömung trug das Birkenbündel schnell den Voyageurs entgegen, die es abfingen. Nun wurde die Leine an dem Kanu befestigt. Sechs Mann eilten hinauf zu Mackenzie und zogen das Boot durch die Stromschnellen in ruhigeres Fahrwasser.

Schon am 3. Juli kam die Expedition zur Einmündung jenes

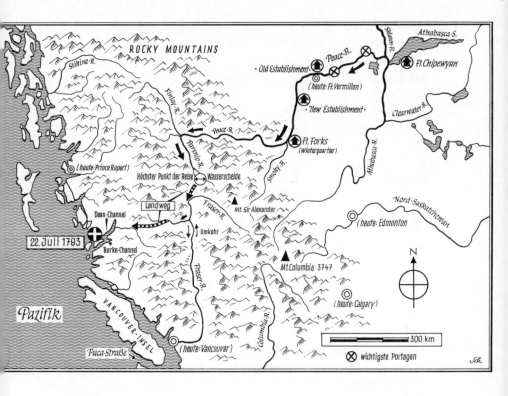

Nebenflusses, der nach Westen führen sollte. Mackenzie nannte ihn daher den West-Road-River, auf den heutigen Karten ist er als Black-Water eingezeichnet. Ob es sich um denselben oder um zwei verschiedene Flüsse handelt, darüber können sich die Experten nicht einigen. Manche sind auch der Meinung, daß Mackenzie selbst nicht wußte, ob er sich an der richtigen Stelle befand, die ihm sein Gewährsmann beschrieben hatte. Deshalb sei er auf gut Glück noch weiter den Fraser-River hinaufgefahren. Wie dem auch sei, so genau kommt es auf ein paar Meilen nicht an.

Noch am gleichen Tag begegneten dem Entdecker zwei Kanus, deren Insassen freundlich winkten. Einer erinnerte sich der Geschenke, die er auf der Hinreise von Mackenzie bekommen hatte, und war nach neuen Geschenken bereit, ihn als Führer zu begleiten.

213

Aber bald wurde der Nebenfluß, welcher es auch sein mochte, zu einem Flüßchen. Schon beim nächsten Dorf war die Wasserfahrt vorläufig zu Ende. Ein Fußmarsch mußte nun beginnen, über dessen Dauer und Länge die Ansichten der Indianer weit auseinandergingen.

Das neue Kanu wurde in den Ästen eines schattigen Baumes aufgehängt, damit sich kein Nagetier daran die Zähne wetzte. Offenbar hat Mackenzie keinen Diebstahl befürchtet — nicht weil er die Indianer für so ehrlich hielt, sondern weil das Boot für ihre kurzen Reisen zu schwer war und zu viele Paddler brauchte. Er schickte McKay und alle übrigen Leute voraus, um ohne Zeugen ein Depot von Lebensmitteln anzulegen. Diese Heimlichkeit läßt vermuten, daß er auch seinen Voyageurs nicht völlig vertraute. Wenn sie die Stelle genau kannten, wo der Notproviant verborgen lag, mochte das eine Verlockung zur heimlichen Rückreise sein, zumal auch das Kanu zur Verfügung stand. Von niemandem beobachtet grub Mackenzie eine Höhle ins Geröll der Flußböschung und schob einen Sack mit neunzig Pfund Pemmikan hinein, dazu noch zwei Körbe mit wildem Reis, ein kleines Pulverfaß, sowie ein anderes Faß mit Geschenken und verschiedenem Werkzeug.

Am 4. Juli morgens begann der Fußmarsch nach Westen. Vierhundert Pfund Pemmikan wurden mitgeschleppt, hundert Pfund Geschenkartikel und die gleiche Menge an Pulver und Blei, dazu alle Schußwaffen, Schlafdecken, Kochkessel und sonstigen Notwendigkeiten. Jeder Voyageur trug einen Packen von neunzig Pfund und sein Gewehr mit Munition. Mackenzie war außerdem noch mit all seinen Instrumenten belastet.

Keuchend unter so schwerer Last folgten die Westmänner einem gut erkennbaren Pfad über rauhes, steiniges Gelände. Nicht genug mit der Plackerei auf ihrem Rücken, strömte es noch pausenlos auf sie herunter. Trotzdem legten sie mehr als zwanzig Kilometer zurück, bevor sie bei anbrechender Dunkelheit im nächsten Dorf anlangten. Weil der neue Führer schon vorausgegangen war, um die fremden Leute anzumelden, wurde die Expedition gut empfangen, sogar freundlich bewirtet.

Zu seiner Überraschung entdeckte McKay in der Häuptlingshütte eine Lanze, deren verrostete Stahlspitze einer Hellebarde ähnlich sah. Mackenzie bat sogleich um Aufklärung und erfuhr, daß sie von weißen Männern stammte. Aber gewiß nicht aus neuester Zeit, denn das Ding war bereits ein Museumsstück, vermutlich über hundert Jahre alt. Nur die Spanier konnten es seinerzeit mitgebracht haben. Wie die Hellebarde von Mexiko so weit nach Norden in die Rocky Mountains gekommen war, blieb völlig rätselhaft. Eindeutiger war die Herkunft anderer Gegenstände europäischen Ursprungs. Messer, Töpfe, Nähnadeln waren neuzeitliche Fabrikate. Auf direktem Weg hatte man sie von der Küste erhalten, ebenso ein paar Seeotterfelle des Häuptlings, alles zuverlässige Anzeichen, daß man sich auf dem richtigen Weg befand.

Noch klarer wurden die Beweise, als die Westmänner nach vierzehnstündigem Marsch die nächste Etappe erreichten. Dort trug eines der Kinder zwei Kupfermünzen als Ohrgehänge: die eine mit dem Bild des regierenden englischen Königs, die andere war ein Penny des amerikanischen Staates Massachusetts vom Jahre 1789. In Anbetracht der weiten Seereise von Massachusetts bis zur Westküste Nordamerikas konnte der Besuch des Schiffes, von dem die Münze stammte, nicht länger als zwei Jahre zurückliegen.

Der bisherige Führer wollte nicht weiter mitgehen. Statt dessen boten zwei junge Leute aus dem letzten Dorf ihre Dienste an. Unverschämte Burschen waren es, die sich weigerten, die Last eines Voyageurs zu übernehmen, als der arme Mann wegen eines verrenkten Knöchels kaum noch laufen konnte. Aber man brauchte sie, weil zu viele Indianerpfade durcheinanderliefen. Um zu verhindern, daß sie über Nacht entkamen, mußte der eine mit Mackenzie und der andere mit McKay unter einer Decke schlafen.

»Weil das Haar meines Bettgenossen mit ranzigem Fett und sein ganzer Körper mit Fischöl eingerieben war«, steht in Mackenzies Tagebuch, »fand ich seine Gesellschaft wenig angenehm. Außerdem wanderte ein großer Teil seines Ungeziefers zu mir. Aber meine Ermüdung war so groß, daß ich einschlief.«

So hatte er nichts dagegen, als am nächsten Abend die beiden Burschen zurückliefen. Es gab nur noch einen Weg, und der war so tief ausgetreten, daß man ihn nicht verfehlen konnte. Gegen Mittag kam es zu einer interessanten Begegnung mit Lachsfischern. Unter ihnen befand sich eine Frau von der Küste. Sie war breiter und größer als die anderen Weiber, trug einen Rock aus Seeotterfell, Armbänder aus Kupfer und eine Kette aus Glasperlen. Sie wußte auch, woher diese Schmucksachen stammten. Ihr Vater hatte sie gegen Pelze von weißen Männern erhalten. Nur zehn Tage noch, dann war ihrer Meinung nach das Meer zu sehen. Obwohl Mackenzie wußte, daß man sich auf indianische Zeitangaben selten verlassen konnte, lag das Ziel doch in greifbarer Nähe.

Von dieser Hoffnung bestärkt, schleppten sich die Westmänner weiter, durch knietiefen Morast und fast immer von Regen durchnäßt, hinauf an schlüpfrigen Hängen und hinab in sumpfige Täler, durch reißende Bäche und über scharfkantiges Gestein.

Im übernächsten Dorf wurden zwei neue Führer eingestellt. Weil sie nahe der Küste daheim waren, hatten sie dasselbe Ziel wie die Expedition. Aus dem einen konnte der geduldige Cancre herausfragen, daß sein Dorf an einem Fluß lag, der sich bald danach mit dem Meer vereinte. Im letzten Frühjahr war dort ein großes, geflügeltes Kanu der weißen Männer erschienen. Das hatte er mit eigenen Augen gesehen.

»Es wird besser, McKay, mit jedem Tag werden die Auskünfte besser«, freute sich Mackenzie.

Am 7. Juli öffneten sich dunkle Wälder, das Gelände wurde flacher, bequemer der Weg. Die Kolonne folgte einer Kette kleiner Seen und überquerte mehrmals denselben Fluß. Sein klares Wasser reichte ihnen nur bis zum Gürtel. Die Eingeborenen in den kleinen Dörfern verhielten sich freundlich, zumal sie das Erscheinen weißer Männer nicht erschreckte. Zwar hatten sie noch keinen Menschen heller Hautfarbe gesehen, aber sie wußten, daß es solche Leute gab.

Nach zwei Tagen ließ Mackenzie in aller Heimlichkeit wieder ein Depot zurück. Er vergrub, in wasserdichtes Segeltuch gehüllt, sechzig Pfund Pemmikan tief unter der Asche des letzten Lagerfeuers und gab dem Platz hinterher das gleiche Aussehen wie zuvor. Wer sollte schon auf den Gedanken kommen, unter einem erloschenen Feuer nachzugraben?

Sobald der Regen aufhörte, kamen die Mücken und Moskitos. Um sich einigermaßen vor der schrecklichen Plage zu schützen, beschmierten sich die Männer ihre Gesichter mit einer Mischung aus Fett und Ruß. Sie tauchten ihre Hände in feuchten Lehm und ließen ihn daran trocknen. Aber die Blutsauger krochen unter die Hemden, drangen in Ohren und Nase. Die Leute stöhnten und fluchten, doch es nützte nichts. Zerstochen und zerbissen stapften sie weiter nach Westen. Dann wieder Tage mit strömendem Regen, Nächte in triefend nassen Kleidern. Noch immer war kein Ende der furchtbaren Schinderei abzusehen. Ständig Ärger mit den indianischen Führern, die zwar nichts trugen, aber sich bitter beklagten, daß der Marsch viel zu schnell ging. Sie waren die Unermüdlichkeit Kitschi-Emkos nicht gewöhnt. Auf ihren Wanderungen blieb man viele Stunden oder Tage in jedem Dorf, um sich ausgiebig zu erholen und zu unterhalten. Auch die eigenen Indianer des »schnellen Mannes« protestierten, und die Voyageurs waren am Ende ihrer Kräfte. Damit nicht genug, mußte Mackenzie die Rationen kürzen, weil der Pemmikan nur noch für zehn bis zwölf Tage reichte. Er hatte auch nicht mehr genügend Geschenkartikel, um dafür Lebensmittel einzutauschen. An Jagd oder Fischfang war erst recht nicht zu denken, es hätte den Marsch noch mehr verzögert. Daß unter diesen Umständen Alexander Mackenzie die Nerven nicht verlor, zeugt von seiner beispiellosen Selbstbeherrschung, mußte er doch neben aller eigenen Mühe noch seine Leute ermuntern, beschwören oder mit scharfen Befehlen weitertreiben. Trotzdem legten sie an einem dieser Tage, sollte Mackenzies Schätzung stimmen, über fünfzig Kilometer zurück [1].

Am 13. Juli kam die Expedition zu einem Dorf, dessen Bewohner erzählten, man könne vom nächsten Bergrücken das offene Meer sehen. Weil aber niemand die Kraft hatte, den steilen Hang

---

[1] Mit schwerem Gepäck auf schlechten Wegen erscheint das unglaublich, war für die damalige Zeit aber keine besondere Leistung. Gepäckmärsche von 45 Kilometern täglich galten als völlig normal. Einer der tüchtigsten Gepäckträger in späterer Zeit, Samuel Strickland aus Scotsville, legte mit sechzigpfündiger Last in 24 Stunden eine Strecke von 135 Kilometern zurück. Das war nun doch eine Rekordleistung, die man staunend der Nachwelt überlieferte.

hinaufzuklettern, mußte man auf diesen hoffnungsvollen Anblick verzichten. Dafür erlebte Mackenzie am folgenden Mittag die Überraschung, vor einem Haus zu stehen, das er in dieser Art noch nie gesehen hatte. Es war aus behauenen Stämmen gebaut, so fest und stark wie ein Blockhaus weißer Männer. Dachfirst und Giebelbalken waren kunstvoll geschnitzt und mit grellen Farben bemalt. Leider hatten sich seine Bewohner vorübergehend entfernt.

Am nächsten Morgen überholten die Westmänner eine Indianergruppe, die ebenso durch ihre erstaunliche Sauberkeit wie durch ihr freundliches Wesen auffiel. Männer und Frauen trugen Kleider aus feingegerbtem Leder. Ihre Augen waren groß und grau, nicht schwarz und glühend, wie sonst bei den meisten Indianern. Alle waren überdurchschnittlich groß, den Anführer schätzte Mackenzie auf über zwei Meter. Er besaß die Höflichkeit eines echten Herrn und legte Wert darauf, die weißen Männer einen Tag weit zu begleiten. Dann allerdings, sagte er, müßten sich ihre Wege trennen. Nach der Beschreibung, die Mackenzie von ihnen gab, gehörten sie vermutlich zum Stamm der Haidas.

Obwohl der Pemmikan schnell zur Neige ging, vielleicht gerade aus diesem Grund, versteckte Mackenzie am frühen Morgen die Hälfte des Restes. Er war nicht nur ein Mann von starker Willenskraft und ein Künstler in der Menschenbehandlung, ohnehin zwei Eigenschaften, die nur selten vereint sind, sondern auch ein meisterhafter Organisator. Die gut verborgenen Depots konnten notfalls ausreichen, um seine Männer auf dem Rückmarsch zu versorgen, und zwar von der Westküste bis ans Felsengebirge. Aber keiner konnte die Hand darauf legen, wenn es Mackenzie nicht wollte, denn nur ihm waren die Verstecke bekannt. Die Voyageurs mußten also bei ihm ausharren, ob sie wollten oder nicht.

Die Last jedes Mannes war leichter geworden, sie trugen kaum noch die Hälfte des ursprünglichen Gewichts. Ihr Weg führte einen Tag weit über sumpfiges Gelände, dann durch einen verbrannten Wald und vorbei an vier, fünf kleinen Seen. Der Pfad war deutlich sichtbar, ein Wanderweg der Wildnis, der oft begangen wurde. Mehrmals wurden reißende Flüsse durchquert, meist zu Fuß, aber auch mit Hilfe eines selbstgezimmerten Floßes.

Nochmals hinterließ Mackenzie am 17. Juli ein kleines Depot. Jetzt konnte der verbliebene Pemmikan nur noch für wenige Tage reichen. Gegen den heftigen Protest seiner Leute kürzte Mackenzie aufs neue die Rationen. Man mußte sich wieder mit Waldbeeren und den Knollen der Tuberose behelfen. Ab und zu gelang es den beiden Chipewyans, ein Murmeltier zu fangen.

Am folgenden Tag Sturm, Hagel und Wolkenbruch. Trotzdem ging es weiter, und dabei hatte Cancre das unerwartete Glück, eine Hirschkuh zu erlegen. Es war dem Hund zu verdanken, der sie aufspürte und ihm entgegentrieb. Die Beute wurde zerteilt und von den hungrigen Männern sogleich am Feuer geröstet. Es war die beste und reichlichste Mahlzeit seit vielen Wochen.

Nach Übersteigen eines Höhenrückens änderten sich ganz plötzlich das Klima und die Luft. Es wurde gleichzeitig milder und frischer. Auch die Stimmung der Westmänner belebte sich. Sie versuchten einander zu überholen, doch Mackenzie blieb an der Spitze. Er hielt auch bei Dunkelwerden nicht inne, stolperte über Geröll und Fallholz, drang durch feuchtes Dickicht und Zweige, denn er sah das Glimmen vieler Lagerfeuer und wollte sie unbedingt noch heute erreichen.

Allein erschien er vor einem großen, stattlich gebauten Haus und ging ohne weiteres hinein. Etwa zwanzig Männer, Frauen und Kinder saßen drinnen vor flackerndem Feuer. Niemand rührte sich beim Anblick des fremden Mannes, zu plötzlich trat die Erscheinung in ihre Mitte. Zu Tode erschöpft, ließ sich Mackenzie auf einer Felldecke nieder.

Kaum hatten sich die Indianer von ihrer Überraschung erholt, begannen sie den ungebetenen Gast auf die freundlichste Weise zu versorgen. Sie brachten ihm heiße Fischsuppe und Fleischklöße, sie reichten ihm eine angebratene Hirschkeule und geräucherten Lachs. Mackenzies ausgepumpte Mannschaft, die bald darauf folgte, wurde ebenso gastfreundlich empfangen. Die Fremden durften so reichlich essen, wie sie nur wollten. Am Morgen war es nicht anders, das Frühstück bestand aus gekochtem Fischrogen und frisch gefangenen Aalen. Nach dem offenen Meer befragt, erklärten die Gastgeber, es läge ganz in der Nähe.

Kitschi-Emko bat um leihweise Überlassung von zwei Booten und bekam sie ohne Gegenleistung. Er hatte so gut wie nichts mehr zu verschenken. Drei von den freundlichen Indianern wollten ihn begleiten.

»Alle diese Menschen haben auffallend vorstehende Backenknochen, besonders die Frauen neigen zur Korpulenz«, notierte Mackenzie in seinem Tagebuch, »sie tragen ihre Haare kurz geschoren, während sich die Männer Zöpfe flechten. Ihre Kleider bestehen aus feingewebten Streifen junger Lärchenrinde oder aus zusammengenähten Fellen der Seeotter. Sie waren von stolzer Haltung, vor allem die vornehmen Männer. Ich sah Körbe und andere Behälter, aus Binsen geflochten. Sie besaßen auch hölzerne Kisten, die mit bunten Ornamenten bemalt waren. Vor ihren Häusern stehen wunderschön geschnitzte und farbig bemalte Holzstämme, auf denen Tiere, Menschen und Geisterfiguren dargestellt sind. Diese werden von den Indianern in hohen Ehren gehalten.«

Der Entdecker befand sich unter den Tlinkits, die tatsächlich auf einer Kulturstufe lebten, die anderen Stämmen weit voraus war. Mit den »bemalten Holzstämmen« meinte Mackenzie die berühmten Totempfähle. Noch heute kann man sie an der kanadischen Westküste sehen. Ebenso die Tlinkits selber, die es gut verstanden haben, sich der modernen Zeit anzupassen.

Der »schnelle Mann« hielt sich nicht länger als unbedingt nötig auf. Nach drei Stunden rascher Fahrt erschien eines der größten Dörfer, das man bisher besucht hatte. Dem anfänglichen Zögern folgten auch hier herzliche Begrüßung und ein ausgiebiges Festmahl. Die Expedition befand sich in einer völlig veränderten Welt, was die Menschen und ihre Behausungen betraf. Die Hütten waren sehr solide gebaut, sauber gehalten und weiträumig. Alles machte den Eindruck von Großzügigkeit und beträchtlichem Wohlstand. In der Residenz des Häuptlings trugen die Frauen lange Röcke aus geblümter Baumwolle mit Messingknöpfen. Mackenzie sah Geräte und Waffen aus Kupfer, Eisen und Zinn.

»Vor zehn oder zwölf Wintern«, ließ der Häuptling verlauten, »fuhr ich mit vierzig Mann meines Volkes auf das salzige Wasser hinaus und sah dort zwei Riesenkanus mit weißen Männern. Ich bin auf das hohe Kanu gestiegen und wurde mit vielen schönen Sachen beschenkt. Wir brachten den fremden Männern alle unsere Felle und bekamen dafür noch mehr Geschenke.«

Wenn man noch drei Jahre zugibt, konnten es die Schiffe Kapitän Cooks gewesen sein, aber ebensogut die von Dixon und Meares. Der Häuptling stellte Mackenzie ein großes Boot zur Verfügung, die beiden anderen wurden zurückgeschickt, ebenso die drei Begleiter aus dem »Freundlichen Dorf«, denn das Gebiet ihrer Häuptlinge war hier zu Ende. Dafür waren drei Männer aus dem »Großen Dorf« bereit, mit den Fremden bis ans Meer zu fahren.

Alexander Mackenzie erlebte seinen Triumph nicht in einem großen Augenblick, sondern wurde von Tag zu Tag, schließlich von Stunde zu Stunde darauf vorbereitet. Während Robert de La Salle nach seiner großen Reise den Mississippi hinab das freie Meer ganz unerwartet vor sich sah, enthüllte sich für Mackenzie das langersehnte Ziel von Etappe zu Etappe. Er sah gegen Abend des 19. Juli, daß sich der Fluß ständig erweiterte und allem Anschein nach in einen Meeresarm überging, der tief ins Land hineinreichte, aber viele Inseln und Halbinseln versperrten die Sicht. Außerdem schmeckte das Wasser noch süß, weil es von dem Fluß gespeist wurde.

Mackenzie blieb über Nacht in einem verlassenen Dorf, ohne zu ahnen, daß er an dieser Stelle zwei englische Schiffe angetroffen hätte, wäre er nur sechs Wochen früher erschienen. Beide, die »Chatham« und »Discovery«, gehörten zu der Flotte Kapitän George Vancouvers, der dieses Küstengebiet erforscht hatte [1].

Um vier Uhr morgens paddelten die Westmänner weiter. Der Fjord, den sie durchfuhren, heißt heute North-Bentink-Arm und ist in jener Gegend die am weitesten ins Land vorgeschobene Fingerspitze des Meeres. Nach ungefähr sieben Meilen führte diese schmale, von Bergen eingerahmte Bucht in den sogenannten Dean-Channel. Um zwei Uhr nachmittags wurden Wellen spürbar, die von draußen kamen. Gleichzeitig begann es so mächtig zu regnen, daß man die Wassermenge nicht mehr ausschöpfen konnte. Nur

[1] Nach ihm heißt die größte Hafenstadt an der Westküste Kanadas Vancouver.

wenige Pfund Pemmikan waren übriggeblieben, nicht genug für elf Männer mit großem Appetit. Wenn bis morgen Abend das Meer nicht auftauchte, mußte Mackenzie zurück, um irgendwo neuen Proviant zu beschaffen. Ob er dann seine Leute wieder mitreißen konnte, schien sehr ungewiß.

Während der Nacht entlief einer der beiden Führer, die man aus dem »Großen Dorf« mitgenommen hatte. McKay holte den Mann wieder ein und brachte ihn gewaltsam zurück. Er sei aus Furcht davongelaufen, erklärte der Flüchtling, aus Furcht vor den Bella-Bellas, die unmittelbar am Meer wohnten, und mit denen sein eigener Stamm in erbittertem Kleinkrieg lebte. Weil mit dem Feigling doch nichts anzufangen war, schickte ihn Mackenzie fort und gleich noch den zweiten dazu. Er gab noch jedem ein seidenes Taschentuch als Lohn für untreue Dienste. Der dritte Begleiter, Sohn eines Häuptlings aus dem »Großen Dorf«, wollte unbedingt bleiben und durfte es auch.

Am folgenden Morgen, ungefähr um sechs Uhr früh, machten sich die Westmänner wieder auf den Weg zum offenen Meer. Sie passierten den Bourke-Channel, kamen an der King-Insel vorüber und fuhren durch den Labouchère-Fjord. All das sind natürlich heutige Namen, denn Mackenzie hat nur notiert, wie sich Fels, Wald und Wasser seinen Augen darboten. Er war nun in unmittelbarer Nähe seines Zieles, konnte aber den Ozean noch immer nicht sehen, weil ihn steile Klippen und die Krümmung des Fjordes den Blicken verbargen.

Worauf es jetzt ankam, war nicht so sehr die Betrachtung des offenen Meeres, als eine zuverlässige Ortsbestimmung. Dutzende von Schiffen, darunter Expeditionen der britischen Admiralität, waren bereits an der zerklüfteten Küste gewesen und hatten sie teilweise vermessen. Damit gar kein Zweifel möglich war, wo Mackenzie den »Stinkenden See« erreicht hatte, mußten seine Angaben haargenau stimmen. Er brauchte einen festen Standpunkt und freie Sicht auf eine möglichst breite Wasserfläche, um seinen künstlichen Horizont darauf einzurichten. Vor allem brauchte er die unverhüllte Sonne. Doch der Himmel war bedeckt, vorerst war keine Ortsbestimmung möglich.

Es gehört zu den Gesetzen der Dramaturgie, daß dem glücklichen Abschluß der Handlung noch ein plötzlich auftauchender Zwischenfall vorangehen muß, der alles in Frage stellt. Dieses »retardierende Moment« soll die Spannung erhöhen und die Hauptperson noch einmal in ihren wesentlichen Charakterzügen darstellen. Was in einer frei erfundenen Handlung der Kunst des Dramatikers überlassen bleibt, ergab sich im Fall Alexander Mackenzies von selbst. Das retardierende Moment nahte in der Gestalt von drei Kanus, besetzt von fünfzehn Männern des Bella-Bella-Stammes. Einer von ihnen begann sogleich die Fremden zu beschimpfen und verlangte Sühne für schlechte Behandlung, die ihm unlängst von weißen Männern widerfahren war. Ein gewisser »Macubah« hatte das fremde Schiff kommandiert, und »Benzins« hieß einer von seinen Stellvertretern. Die Bella-Bellas waren an Bord gegangen, um ihre Felle gegen nützliche Dinge einzutauschen. Dabei hatte es Streit gegeben. Jener Mensch, der sich nun so bitter beklagte, erhielt von »Benzins« ein paar Schläge mit dem flachen Degen, und »Macubah« ließ den flüchtenden Kanus hinterherschießen. Um diese schändliche Behandlung wiedergutzumachen, sollte nun Mackenzie Geschenke verteilen.

Vermutlich war mit »Macubah« Kapitän George Vancouver gemeint und mit »Benzins« ein Schiffsoffizier namens Menzies. Tatsächlich erwähnt Vancouver, der sich am 2. Juni im nahegelegenen Dean-Fjord aufhielt, die Begegnung mit ein paar unverschämten Indianern. Von Schüssen und Schlägen ist jedoch in seinem Bericht nichts gesagt.

Jedenfalls wurde der Kerl, als sich Mackenzie ablehnend zeigte, immer frecher. Heimtückisch wollte er die Westmänner zum Besuch in seinem Dorf veranlassen, offenbar in der Absicht, sie dort mit Hilfe seiner Genossen auszurauben. Die gefährliche Einladung wurde abgelehnt, worauf die Bella-Bellas Rache schworen und erklärten, sie würden mit vielen hundert Kriegern wiederkommen. Mackenzie ließ die Gewehre auspacken und sorgfältig laden.

Der Indianer aus dem »Großen Dorf« riet dringend zur schleunigen Flucht. Mit den Bella-Bellas wollte er sich nicht herumschlagen. Bei allen Küstenstämmen galten sie als Räuber und Piraten. Sie waren der Schrecken friedlicher Stämme, und wenn sie in der Überzahl auftraten, mußte man stets mit ihrem Angriff rechnen. Vor Feuerwaffen hatten sie keinen besonderen Respekt, weil sie schon wußten, daß nach jedem Schuß eine gewisse Zeit verging, bis der Donnerstock aufs neue krachte. Es gab damals noch keine Repetiergewehre, sondern nur Vorderlader. Tatsächlich vergingen einige Minuten, bis die Waffe wieder schußbereit war. Aber Mackenzie ließ sich nicht einschüchtern. Seine Ortsbestimmung am Ziel der mühevollen Reise war ihm hundertmal wichtiger als die unverschämten Bella-Bellas.

Anderthalb Stunden später glitten die Westmänner durch den Dean-Fjord, und hier kam endlich jener Augenblick, da zwischen den vorgelagerten Inseln das offene Meer sichtbar wurde.

Alexander Mackenzie hatte den Pazifik erreicht. Erfüllt war der Traum von zwei Jahrhunderten, die Ost-West-Passage war gefunden. Zum erstenmal hatte ein weißer Mann die ganze Breite Nordamerikas durchquert.

Doch Mackenzie konnte sich seines Erfolgs nicht freuen. Von allen Seiten näherten sich fremde Boote, um ihn und seine Männer einzukreisen. Er ließ in aller Eile wenden und steuerte zu einem breiten Felsblock am Ufer, der seiner erhöhten Lage wegen gut zur Verteidigung geeignet schien. Vor allem war es ein passender Platz, um von dort eine Ortsbestimmung vorzunehmen.

Die Voyageurs protestierten, sie wollten unter Aufbietung aller Kräfte in Richtung des »Freundlichen Dorfes« fliehen. Mackenzie verfluchte ihre Feigheit und donnerte sie an, wie er das noch nie getan hatte. Nur so konnte er sich Gehorsam verschaffen.

Neben dem Felsblock wurde das Kanu an Land gezogen und schnell entladen. Mackenzie ließ alles hinaufschaffen. Droben legten sich die Männer mit schußbereiter Waffe in Deckung, während ihr Anführer seine Instrumente aufbaute. Die Bella-Bellas paddelten heran und schlossen den Felsblock ein, hinter dem sich ein steiler Hang erhob. Sie schimpften und drohten, ließen auch ein paar Pfeile fliegen, wagten aber doch keinen Angriff. Die Voyageurs wurden immer nervöser, sie verlangten von ihrem Anführer Schießerlaubnis und wollten so schnell wie möglich weg von hier.

Aber in scheinbarer Seelenruhe wartete Mackenzie auf das Freiwerden der Sonne. Langsam, allzu langsam zog die Wolkendecke nach Süden. In ein oder zwei Stunden mußte der Himmel klar werden. Indessen verstärkte sich die Zahl der Feinde. Die Westmänner fluchten ungehemmt, weil ihr Führer immer noch zögerte. Der Indianer aus dem »Großen Dorf« tobte mit Schaum vor dem Mund. Je länger man die Flucht hinausschob, um so hoffnungsloser wurde die Lage. Zehn Gewehre reichten nicht aus, um gegen viele hundert Wilde einen Durchbruch zu erzwingen. Ohne Lebensmittel konnte man auch keine Belagerung auf dem Felsen überstehen.

Aber Mackenzie ließ sich nicht umstimmen. Mit beispielloser Geduld wartete er auf das Erscheinen der Sonne.

Nach mehr als zwei Stunden war es soweit. Die sorgfältig vorgenommene Ortsbestimmung ergab 12 Grad, 20 Minuten, 48 Sekunden nördlicher Breite und 128 Grad, 2 Minuten westlicher Länge.

»Damit hatte ich meinen Standpunkt festgelegt«, schreibt der Entdecker später in sein Tagebuch, »und dies war die glücklichste Handlung während meiner langen, mühsamen und gefährlichen Reise. Wäre nur eine Wolke am Himmel geblieben, hätte ich die Längengrade nicht feststellen können.«

Nun erst ließ er das Gepäck wieder ins Boot schaffen. Die BellaBellas machten keinen Versuch, es zu verhindern. Das ruhige, selbstsichere Verhalten des weißen Anführers hatte offenbar großen Eindruck auf sie gemacht. Daß er nun Vorbereitungen traf, sich zu entfernen, beruhigte ihre aggressive Stimmung, konnten sie doch nachher behaupten, ihre bedrohliche Haltung hätte die Bleichgesichter vertrieben. Als noch der Begleiter aus dem »Großen Dorf« versicherte, die weißen Männer würden bestimmt nicht wiederkommen, fuhr völlig überraschend die feindliche Flotte davon.

Mackenzie war aber noch nicht fertig. Er mischte in seinem Trinkbecher etwas rote Farbe mit zerlassenem Fett, tauchte seinen Finger hinein und schrieb mit großen Buchstaben an den Felsen ALEXANDER MACKENZIE VON KANADA ÜBER LAND, DEN 22. JULI 1793.

Sir Alexander Mackenzie...

Am Tag seines Triumphes ahnte Mackenzie nicht, daß sich zur gleichen Zeit die Schiffe des Kapitäns Vancouver im Portland-Fjord befanden, also in einer Gegend, die man hätte erreichen können. Damit hätte die Möglichkeit bestanden, daß Vancouver die Expedition an Bord nahm und auf dem Seeweg nach Montreal brachte. Es hätte den Westmännern die äußerst anstrengende Rückreise über Land erspart. Aber Kitschi-Emko wußte nichts von der britischen Flotte in seiner Nähe, blieb auch nur so kurze Zeit im Dean-Fjord, daß keine Kunde davon zu ihm drang. Nach den Mitteilungen der Indianer, vor allem der Bella-Bellas, mußte er annehmen, daß Vancouver schon vor längerer Zeit die Küste wieder verlassen hatte. Es wäre gewiß eine sensationelle Begegnung gewesen.

Zu Beginn dieses Jahrhunderts wurden sorgfältige Untersuchungen angestellt, auf welchem Felsen Mackenzie seine letzte und entscheidende Ortsbestimmung vorgenommen hatte. Die Mühe hat sich gelohnt, denn man weiß jetzt ganz genau, wo das gewesen ist. Ein Weg führt dorthin, und wer durch diese Gegend reist, sollte nicht versäumen, dem historischen Punkt seinen Besuch zu machen. Sogar die Inschrift ist vorhanden. Aber entgegen den Auskünften, wie sie auch mir erteilt wurden, darf man nicht glauben, daß sie vom Entdecker selbst stammt. So lange Zeit hat sie gewiß nicht überdauert, und vermutlich haben schon die Bella-Bellas die fremde Schrift gleich wieder fortgewischt. Immerhin machte man sich die Mühe, Mackenzies Worte und seine Blockschrift originalgetreu zu kopieren und in den Stein zu meißeln.

Von Alexander Mackenzies Erstdurchquerung des nordamerikanischen Kontinents kann man wirklich sagen: *Er war der richtige Mann zur richtigen Zeit am richtigen Ort.* Denn hätte er nicht zur richtigen Zeit die kanadische Westgrenze bis an den Pazifischen Ozean vorgeschoben, so wäre die Frage berechtigt, ob das moderne Kanada überhaupt eine Westküste hätte. Erst durch Mackenzies Erscheinen am Pazifik konnte Großbritannien für seine damalige Kolonie auf alles Land zwischen den Rocky Mountains und jenem Küstenstreifen Anspruch erheben. Sonst hätten sehr bald die Spanier oder die Russen Besitzrechte geltend gemacht. Die einen besaßen schon seit einem halben Jahrhundert Stützpunkte in Kalifornien und die anderen in Alaska. Von dort aus war es für spanische oder russische Expeditionen nicht gar so schwierig, die Wasserscheide der Rocky Mountains zu erreichen. Einmal droben angelangt, konnte ihre Regierung dann alle Gebiete zwischen der Küste und den Felsenbergen annektieren. So entsprach es den Rechtsbegriffen damaliger Zeit.

Zwölf Jahre nach Mackenzie gelangten zwei amerikanische Offiziere, die Hauptleute Lewis und Clark, an den Pazifischen Ozean. Sie waren gleichfalls über Land gekommen und erreichten die Westküste an der Mündung des Columbia-River, knapp 800 Kilometer südlich von Mackenzies historischem Punkt. Die Expedition Lewis-Clark war ein offizielles Unternehmen der amerikanischen Regierung, angeregt und großzügig gefördert von Präsident Jefferson. Er hatte Mackenzies Berichte sehr genau studiert und daraus entnommen, daß es für tüchtige Leute möglich war, die Rocky Mountains zu übersteigen. Auch die Vereinigten Staaten brauchten ihr Tor zum Pazifik. Durch Lewis und Clark wurde es aufgestoßen — sehr zum Ärger der Spanier, die nun ihr riesiges Kolonialreich Stück für Stück verloren. Wäre nicht die ganz und gar private Expedition Mackenzies dem Unternehmen der amerikanischen Regierung zuvorgekommen, hätten die USA vermutlich ihre Ansprüche bis zur damaligen Grenze der russischen Territorien ausgedehnt. Aber durch Alexander Mackenzies kühnen Vorstoß bestanden seit dem 22. Juli 1793 britische Rechtsansprüche auf einen Teil der Westküste. Einem Privatmann verdanken es also die Kanadier, daß ihr großes Land bis zum Pazifischen Ozean reicht, und zwar auf einer Breite von fast tausend Kilometern.

Aber kehren wir zurück zum Entdecker selbst. Die Schilderung seiner Heimreise können wir uns schenken, denn sie verlief zu Lande und zu Wasser über genau denselben Weg wie die Hinreise. Ihm und seinen Westmännern blieb auch diesmal nichts erspart. In umgekehrter Reihenfolge mußten sie die gleichen Schwierigkeiten überwinden und erlitten noch einmal dieselbe Überanstrengung. Alles wiederholte sich, die Gefahren an den Stromschnellen und die Schinderei bei den Portagen, die Kälte und der Regen, der zeitweilige Hunger und die Plage der blutsaugenden Moskitos. Aber die Männer murrten nicht mehr, denn es ging ja zurück.

Alle Depots wurden unberührt wiedergefunden, auch das zurückgelassene Kanu war in bester Ordnung. Schon am 24. August 1793, nach unwahrscheinlich schneller Reise, kam das Blockhaus von Fort Forks in Sicht.

»Wir entfalteten unsere kleine Flagge«, schreibt Mackenzie, »wir feuerten mit allen Gewehren, wir schrien in heller Freude. So schnell kamen wir an, daß sich die beiden Männer im Fort noch nicht von ihrer Überraschung erholt hatten, als wir an Land sprangen. So waren wir am 24. August wieder dort angelangt, wo wir am 9. Mai aufgebrochen waren. Hier endet meine Entdeckungsreise. Ihre Mühen, Gefahren und Leiden habe ich gewiß nicht übertrieben. Im Gegenteil, mir fehlte oft die Sprache, um sie zu beschreiben. Aber alles wurde von Erfolg gekrönt.«

Diesem bescheidenen Ende seines 500seitigen Tagebuches muß man noch hinzufügen, daß der große Entdecker keinen Mann verlor. Alle seine Begleiter brachte er gesund zurück, auch seinen Hund.

Mackenzie blieb nur wenige Tage in Forks, gerade lang genug, um die dort angesammelten Pelze zu sortieren. Später sollte sie James Finlay abholen und nach Chipewyan bringen. Er fuhr dann mit seinen Westmännern weiter stromab zum New Establishment, gab Finlay die nötigen Anweisungen und erreichte im September wieder Fort Chipewyan. Das genaue Datum ist nicht bekannt, weil sein Tagebuch mit der Rückkehr nach Forks abschließt.

Alexander Mackenzie hatte während dieser Gewaltreise 4500 Kilometer zurückgelegt, davon 830 Kilometer zu Fuß. Am 10. Oktober 1792 von Chipewyan aufgebrochen, kehrte er Ende September 1793 dorthin zurück. Da er den langen Winter, das heißt die Monate vom 1. November bis zum 9. Mai, in Forks verbrachte, betrug seine eigentliche Reisezeit nur 170 Tage. Das ergibt eine durchschnittliche Tagesleistung von 26,5 Kilometer, einschließlich aller Aufenthalte. Bedenkt man noch den Zeitverlust an den Portagen, durch Reparaturen und durch besonders schlechtes Wetter, so hat der Entdecker seinen indianischen Beinamen »Kitschi-Emko« wahrlich verdient.

Er war ein völlig erschöpfter Mann, als Roderick ihn in Empfang nahm. Die großartige Energie Alexander Mackenzies brach in dem Augenblick zusammen, als er seine unvergleichliche Reise beendet hatte. Er sprang noch behende ans Ufer, umarmte strahlend vor Glück seinen besten Freund, mußte aber dann gestützt werden, um ins Haus zu gelangen. Ungefähr ein Drittel seines Gewichts hatte er verloren. Da Mackenzie nach allen Schilderungen ohnehin ein schlanker Mann war, muß seine Abmagerung erschreckend gewesen sein. Sie war die Folge der langen Hungerzeiten und körperlichen Überanstrengung sowie der ungeheuren psychischen Anspannung. Mit dem letzten Rest dieser Energie war er gerade noch heimgelangt. Nun war das Werk vollendet und der Traum seines Lebens erfüllt. Die Bürde des Führers und Antreibers fiel von seinen Schultern, von der Last ständiger Verantwortung war er plötzlich befreit.

Auch seine Gefährten waren restlos ausgepumpt und für Wochen zu keiner körperlichen Arbeit fähig. Erst hier kam den Westmännern zum Bewußtsein, daß sie mehr geleistet hatten, als menschenmöglich schien. Den anderen Leuten in Chipewyan traten sie gegenüber wie Gespenster aus einer fremden Welt. Die Augen lagen tief in den Höhlen, faltig hing die Haut von den Backenknochen. Schleppend und vornüber gebeugt gingen sie umher. Sie waren ebenso spindeldürr geworden wie Mackenzie und brauchten lange Zeit, um sich zu erholen.

»Die Ost-West-Passage habe ich zwar gefunden, aber der Northwest damit nicht viel geholfen«, gestand Mackenzie seinem Vetter, »als Handelsweg ist der Weg kaum zu gebrauchen. Zu weit . . . zu mühsam . . . zu kostspielig.«

Leider war das richtig, denn Mackenzies Passage zur Westküste war eine der schwierigsten. Erst viele Jahre später fanden Simon Fraser, David Thompson und auch James Finlay, alle drei von der Northwest, bessere und bequemere Wege durch die Rocky Mountains. Noch zwanzig Jahre vergingen, bis der Pelzhandel aus dem Pays-en-haut zum Pazifischen Ozean reibungslos organisiert war und neue Posten jenseits der Felsenberge entstanden. Die Besiedlung der Küste mit Städten und Dörfern weißer Kolonisten dauerte noch viel länger. Sie begann erst nach der Mitte des vorigen Jahrhunderts und gewann ihren wirklichen Auftrieb erst mit Vollendung der transkontinentalen Eisenbahn im Jahre 1886, die über eine Strecke von mehr als 4000 Kilometern die Ostküste Kanadas mit der Westküste verbindet.

Jene Landschaften, die Alexander Mackenzie als erster Europäer durchquerte, sind zum größten Teil noch heute kaum erschlossen. Nur wenige Straßen und nur zwei Bahnlinien führen hindurch. In so mancher Gegend sind noch immer die Indianer zahlreicher als ihre weißen Mitbürger. In einigen Ortschaften, die ich besucht habe, bestand die weiße Bevölkerung nur aus vier bis fünf Familien. Alle übrigen waren unvermischte Indianer, die sich teilweise auch heute noch von der Jagd, dem Fischfang und der Fallenstellerei ernähren. Andere sind Holzfäller, Cowboys oder leben von Zuwendungen des Staates. So wie in alter Zeit bringen noch manche Rothäute ihre Felle zu einem Pelzhändler. Nur ist mit Kochtöpfen und Glasperlen nichts mehr getan. Gute kanadische Dollars werden dafür verlangt, denn Radios, Fernseher und Tonbandgeräte gehören zum Lebensstil des modernen Indianers. Statt grob gebrannten Feuerwassers wünscht er Bourbon-Whisky oder erstklassigen Gin.

Beim Blick in die Schluchten des Fraser-River, dessen Wildwasser Alexander Mackenzie bezwang, schauderte ich bei dem Gedanken, ich müßte sie mit einem zerbrechlichen Kanu aus Birkenrinde befahren. Nichts hat sich dort geändert seit den Zeiten ihres Entdeckers.

Mackenzie hat den Erfolg seiner historischen Leistung nicht gleich genießen können. Sein Erschöpfungszustand hielt ihn noch für neun Monate in Chipewyan fest. Roderick konnte nicht ständig bei ihm bleiben. Mitten im Winter mußte er aus zwingenden Gründen einige Außenposten besuchen. Körperlich hatte sich Alexander Mackenzie bis dahin einigermaßen erholt, nur seine geistige Ermattung hielt weiter an und machte ihm Sorge.

»Schon lange wollte ich beginnen, mein Tagebuch sauber abzuschreiben«, berichtete er in niedergedrückter Stimmung an Roderick, »aber ich bin so oft in Gedanken und Spekulationen verloren, daß ich nicht weiterkomme ... mir fehlt die Kraft zu schreiben, ich kann mich nicht konzentrieren ... nie habe ich meine Zeit so sinnlos und so lustlos vertan ... schlechte Träume bedrängen mich, obwohl ich niemals abergläubisch war. Wenn ich meine Augen schließe, bin ich in Gesellschaft der Toten. Ich sehe Freunde und Bekannte, die gewiß noch leben, im Reich der Verstorbenen. Es ist so, als würde ich abwechselnd in zwei ganz verschiedenen Welten sein ... oft bin ich ganz jung, dann wieder uralt, manchmal auch beides zugleich.«

Ein erschreckendes Geständnis, gewinnt man doch den Eindruck, daß sich der Geist Mackenzies verwirrte. In klaren Momenten kam es ihm zum Bewußtsein. Sein Wille war erloschen, er hatte die Herrschaft über sich verloren.

Doch als Roderick zurückkehrte und behutsam auf ihn einwirkte, besserte sich sein Zustand. Im Frühjahr fühlte sich Alexander imstande, zum Rendezvous nach Grande Portage zu fahren. Dabei blieb die Frage offen, ob er jemals wieder nach Chipewyan zurückkehren würde. Seinen Hund, der so vieles mitgemacht hatte, wollte er Roderick überlassen. Aber »Dog« heulte so jammervoll, als das Kanu seines Herrn ablegte, daß auch Mackenzie die Trennung nicht ertragen konnte. Er nahm ihn mit, später auch nach London und behielt ihn überall bei sich.

Als Mackenzie vor den versammelten Partnern seinen Bericht über die Entdeckung der Ost-West-Passage beendet hatte, brach ein Sturm der Begeisterung los. Dabei hatte er mit schonungsloser Deutlichkeit zum Ausdruck gebracht, daß in geschäftlicher Hinsicht mit seinem Weg nicht viel anzufangen sei. Aber die Freude, daß ein Northwester die seit zweihundert Jahren gestellte Aufgabe gelöst hatte, war größer als jede kommerzielle Überlegung. Mit nobler Geste übernahm die Kompanie alle Unkosten der Expedition. Einstimmig wurde dazu noch beschlossen, die Anteile des Entdeckers an der Northwest beträchtlich zu erhöhen — für die sparsamen Schotten gewiß eine ungewöhnliche Großzügigkeit.

Noch keine dreißig Jahre alt, hatte Mackenzie schon Ruhm und Reichtum erworben. Er überließ den Athabasca-Distrikt seinem Vetter Roderick und kehrte nie mehr ins Pays-en-haut zurück. Statt dessen übernahm er eine leitende Stellung im Verwaltungsrat der Northwest. Mit vollen zehn Prozent war er jetzt an dem großen Unternehmen beteiligt, nur Simon MacTavish hatte finanziell noch größeren Einfluß.

Von Grande Portage reiste der Entdecker nach Montreal, um dem Generalgouverneur Bericht zu erstatten. Mit großen Ehren empfangen, wurde er dort auch dem Herzog von Kent vorgestellt, einem Sohn des regierenden Königs. Dieser Prinz, der als Offizier für einige Jahre nach Kanada abkommandiert war, fand an der Gesellschaft Mackenzies so großen Gefallen, daß aus ihrer ersten Begegnung eine lebenslange Freundschaft entstand. Ihm war es zu verdanken, daß der weitgereiste Mann bei seinem Besuch in London sogleich vom König empfangen wurde.

Als er den Buckingham-Palast wieder verließ, hatte sich sein Name geändert: Er hieß von nun an Sir Alexander Mackenzie.

Noch heute gilt für die meisten Briten die Erhebung in den Adelsstand als eine der größten Ehrungen. Damals war die Bedeutung noch viel größer, zumal das Prädikat nur selten verliehen wurde. Sir Alexander war einer der jüngsten Männer, die jemals diese Auszeichnung erhielten.

Alle Türen öffneten sich dem berühmten Mann, mit Einladungen zu Bällen, Empfängen und Konzerten wurde er überschüttet. Nun erst kam sein gesellschaftliches Talent zur vollen Entfaltung. Aber Mackenzie blieb bescheiden und schob sich nicht in den Vordergrund. Er verschwieg niemandem seine armselige Jugend und betonte, daß ihn nur unwahrscheinliches Glück zum Efolg geführt hatte. Gerade weil er nicht selbst darauf hinwies, daß er von einer der ältesten und vornehmsten Familien Schottlands abstammte, taten es andere Leute. In jedem Kreis wurde Sir Alexander gern gesehen, und man war entzückt, seine Bekanntschaft zu machen.

Den Sommer verbrachte er meist in Montreal und den Winter in England. Sein Leben war auch weiterhin sehr bewegt, teils durch seinen immer größeren Einfluß im Pelzhandel und teils durch heftige Auseinandersetzungen mit Simon MacTavish, den glühende Eifersucht zerfraß. Gegen den entschiedenen Widerstand des »Marquis« begann Mackenzie vorsichtig, eine künftige Verbindung der Northwest mit der Hudson-Bay-Company anzustreben. Während sich draußen die Postenchefs beider Gesellschaften, auch die Clerks und Voyageurs, mit allen Mitteln bekämpften [1], setzte er in London unbeirrt seine Bemühungen fort, die verfeindeten Rivalen eines Tages an den Verhandlungstisch zu bringen. Aber fünfundzwanzig Jahre mußten noch vergehen, bis endlich im Jahre 1821 der Zusammenschluß erfolgte.

Im Pays-en-haut hatte Mackenzie oft genug davon geträumt, den Pelzhandel völlig aufzugeben, um sein weiteres Leben friedlich und gemütlich als Gutsherr in Schottland zu verbringen, im Kreis einer Familie natürlich, die er möglichst bald gründen wollte. Aber die Geschäfte ließen ihn nicht los, denn ihm lag daran, den Pelzhandel zwischen Grande Portage und der Westküste zu organisieren. Er allein hatte die notwendigen Kenntnisse und nun auch den maßgeblichen Einfluß. Dazu brauchte er nicht mehr selbst in den Fernen Westen, die großen Entscheidungen fielen in Montreal und London. Erst nachdem andere Männer der Northwest die Rocky Mountains überschritten hatten, konnte er sich von dieser Aufgabe zurückziehen.

Im Sommer 1808 verlegte Sir Alexander Mackenzie seinen ständigen Wohnsitz nach London und begann auch, sich nach einem Landgut in Schottland umzusehen. Aber nichts gefiel dem ruhe-

---

[1] Wie erbittert diese Auseinandersetzung geführt wurde, beweist das Gefecht von Seven-Oaks am 16. Juni 1816. In der Nähe des heutigen Winnipeg überfiel Cuthbert Grant mit den Voyageurs der Northwest einen Posten der Hudson-Bay-Company, wobei es zwölf Tote gab, darunter auch Richard Semple, Chef des dortigen HBC-Distriktes. Cuthbert Grant, ein halbindianischer Sohn jenes anderen Cuthbert Grant, der mit Pond zusammen den ersten Außenposten am Sklaven-See angelegt hatte, wurde nicht zur Verantwortung gezogen, sondern bald darauf in den Verwaltungsrat der Northwest gewählt.

losen Mann so gut, daß er sich entscheiden konnte. Ebenso ging es mit der Wahl einer passenden Frau. Zu begehrt war der reiche und berühmte, der vornehme und gutaussehende Junggeselle. Zu sehr verwöhnten ihn die reizenden Frauen in der Hoffnung, Lady Mackenzie zu werden. Unter so vielen verlockenden Möglichkeiten den richtigen Entschluß zu treffen, fiel ihm von Jahr zu Jahr schwerer. Aber es wurde allmählich Zeit, er befand sich nun auf der »schattigen Seite von vierzig«.

Dann aber lösten sich ganz überraschend beide Probleme. Als Sir Alexander bei vielen anderen Mackenzies herumreiste, um nach Möglichkeit einen Besitz zu erwerben, der bisher schon irgendjemandem seiner weitverzweigten Familie gehört hatte, kam er nach Avoch, einem alten schottischen Landsitz am Moray-Firth in der Grafschaft Rosshire. Er war von dem stattlichen Haus ebenso begeistert wie von seiner romantischen Lage. Es gehörte dem Admiral George Mackenzie und stand zum Verkauf. Während Sir Alexander mit dem Besitzer verhandelte, lernte er dessen Enkelin Geddes Mackenzie kennen. Sie war kaum zwanzig Jahre alt und eine weithin berühmte Schönheit, wie alle Zeitgenossen versichern, außerdem noch klug und gebildet. Trotz der vielen jungen Männer, die sich begreiflicherweise um ihre zarte Hand bewarben, verliebte sich das reizende Geschöpf in den Achtundvierzigjährigen. Es war sicher die beste Entdeckung, die Alexander Mackenzie je gemacht hat. Er kaufte das Gut und heiratete das Mädchen.

Geddes Mackenzie, die väterlicher- wie auch mütterlicherseits nur von Mackenzies abstammte und selbst eine Lady Mackenzie wurde, hatte in Admiral Mackenzie einen berühmten Großvater. Er verdankte seine Berühmtheit allerdings nicht Heldentaten auf hoher See, sondern seinem Wirken im engsten Familienkreis, er besaß nämlich dreiunddreißig Kinder. Davon hatte ihm dreiundzwanzig seine erste Frau geschenkt, natürlich auch eine Mackenzie, und noch zehn andere seine zweite Frau. Von einer Braut aus so kinderreicher Familie durfte auch Sir Alexander gesunde Nachkommenschaft erwarten.

Diese blieb ihm nicht versagt, dreimal wurde er Vater und war sehr glücklich darüber. Aber nur sein Sohn Alexander setzte die

Linie fort, mit vier Söhnen und zwei Töchtern. Von den Kindern dieser Enkelkinder ist noch heute ein großer Teil am Leben und sorgt dafür, daß die Nachkommen Sir Alexander Mackenzies nicht aussterben. Übrigens hat auch die Schwester von Alexanders Gattin einen Mackenzie geheiratet.

Sir Alexander und Lady Mackenzie, die glücklich miteinander lebten, teilten ihre Zeit zwischen dem Landsitz Avoch und einem Londoner Haus in der Clarges-Street, das ihnen gehörte. Es lag in einer damals sehr vornehmen Gegend und entsprach der gesellschaftlichen Stellung des allseits beliebten Ehepaars. Nicht viele der großen Entdecker führten nach dem Höhepunkt ihrer Leistungen ein so angenehmes und wohlhabendes Leben wie der Erstdurchquerer Nordamerikas. So ist denn Alexander Mackenzie eine seltene Ausnahme. Die anderen sind fast alle früh oder in Armut gestorben. So mancher fand keine Anerkennung, viele wurden bald nach ihrer Rückkehr wieder vergessen. Erst die Nachwelt hat ihre Leistungen in vollem Umfang gewürdigt.

Auch Roderick Mackenzie konnte sich nicht beklagen. Er wurde Mitinhaber der Northwest, verkaufte später seine Anteile, ließ sich als Abgeordneter ins kanadische Parlament wählen und füllte seine Mußestunden damit aus, die Geschichte des kanadischen Pelzhandels zu schreiben. Sie wurde nicht veröffentlicht, aber sein Schwiegersohn Louis Masson hat später Rodericks Manuskript für seine eigenen Arbeiten ausgewertet, darunter die Briefe Alexander Mackenzies an seinen Vetter, deren Text uns damit erhalten blieb. Auch James Finlay zählte einige Jahre später zu den Partnern der Northwest. Ähnlich seinem berühmten Vater hat auch er einige Entdeckungsreisen unternommen, dabei die Karten Mackenzies erweitert und dem Finlay-River seinen Namen gegeben.

Alex McKay hatte leider nur ein kurzes Leben. Schon bald zum Partner aufgestiegen, verließ er die Northwest, um sich John Jacob Astor anzuschließen, der am Pazifik eine Handelsstation namens »Astoria« gründete. Im Verlauf eines Überfalls, den die Bella-Bellas am Nootka-Sund auf den Handelsschoner »Tonquin« unternahmen, wurde mit der ganzen Besatzung auch McKay nach tapferer Gegenwehr überwältigt und erschlagen.

Nur von zwei Voyageurs, die den Entdecker begleitet hatten, ist das weitere Schicksal bekannt. Jacques Beauchamp wurde 1802 im Mündungsdelta des Mackenzie-Rivers von den Eskimos umgebracht. Dagegen hat François Barreau alias François Beaulieux, der Mitreisende bei der Fahrt zum Eismeer und zum Pazifik, trotz aller Überanstrengungen ein unglaublich hohes Alter erreicht. Als er 1872 das Zeitliche segnete, muß er hundert Jahre oder vielleicht noch älter gewesen sein.

Doch kehren wir zu dem Entdecker zurück, der in Avoch seine Ländereien bestellte und in London ein geselliges Leben führte. Sir Alexander und seine Gattin waren nicht nur gerngesehene Gäste der königlichen Familie, sondern dem Herzogspaar von Kent in enger Freundschaft verbunden. Gemeinsam unternahmen die beiden Ehepaare ausgedehnte Reisen durch England, Schottland und nach dem Kontinent. Als im Jahre 1816 beide Frauen gleichzeitig ein Kind erwarteten und jede ein Mädchen bekam, wurden fast täglich Besuche ausgetauscht. Aus der kleinen Tochter des Herzogs von Kent, die Mackenzie oft in seinen Armen trug, wurde achtzehn Jahre später die Königin Viktoria. Unter ihrer Regierung, von 1837 bis 1901, gelangte das britische Weltreich zu seiner größten Macht und Ausdehnung.

Aber den Beginn des Viktorianischen Zeitalters hat Alexander Mackenzie nicht mehr erlebt. Auf einer Reise von London nach Avoch, begleitet von seiner ganzen Familie, fühlte er sich plötzlich krank und ließ den Kutscher vor einem Gasthof anhalten. Seine Frau und ein Arzt brachten ihn zu Bett, jedoch ohne zu erkennen, daß sein Ende bevorstand.

Er starb in dieser Nacht, am 11. März 1820, in Mulnair bei Dunkeld, erst siebenundfünfzig Jahre alt. Auf dem Friedhof von Avoch wurde er beigesetzt. Grab und Grabstein sind noch erhalten. Neben ihm ruht Lady Mackenzie, die ihren Gatten um vierzig Jahre überlebte.

Nicht nur der zweitlängste Strom Nordamerikas trägt seinen Namen, sondern auch der »District of Mackenzie« im Pays-enhaut. Er ist größer als England und Frankreich zusammen. Keinem anderen Entdecker hat man ein gleichwertiges Denkmal gesetzt.

Zeitpanorama

1755
Alexander Mackenzie geboren.
Lissabon wird durch Erdbeben zerstört.
1756
Beginn des Siebenjährigen Krieges.
1761
Rousseau vertritt in »Le Contrat Social«
die These von der Souveränität des
Volkes.
England erobert Kanada und gewinnt
den östlich des Mississippi gelegenen Teil
Louisianas sowie Florida.
1769
James Watt erhält das Patent für seine
verbesserte Dampfmaschine.
1773
D. Rutherford entdeckt Stickstoff.
1775
Goethe geht an den Hof des Herzogs
Karl August nach Weimar.
1776
4. Juli: Unabhängigkeitserklärung der
USA und Erklärung der Menschenrechte,
Trennung von Kirche und Staat.
Cook entdeckt auf seiner dritten Welt-
reise die Hawaii-Inseln.
Vermietung deutscher Soldaten an England zum Kampf gegen die amerikanischen
Kolonien.
1781
Reformen Kaiser Josephs II.: Abschaffung
der Leibeigenschaft und Folter, Religions-
freiheit, gerechtes Steuersystem.
Kant veröffentlicht seine »Kritik der rei-
nen Vernunft«.
1782
Schillers »Räuber« werden in Mannheim
erstaufgeführt.
1783
England erkennt die Unabhängigkeit der
USA an.
Erste Ballonaufstiege der Brüder Mont-
golfier.
1785
Englische Zeitung »The Times« wird gegründet.
1786
Friedrich der Große stirbt.

1787
Mozarts »Don Giovanni« wird in Prag
uraufgeführt.
1789
Ausbruch der Französischen Revolution:
Sturm auf die Bastille, Verkündigung der
Menschenrechte.
George Washington wird erster Präsident
der USA (bis 1797).
1800
A. von Humboldt erforscht Mittel- und
Südamerika; begründet Pflanzengeogra-
phie, vergleichende Klimakunde, Vulkan-
lehre.
1803
Napoleon verkauft Louisiana an die USA.
1804
Bonaparte krönt sich als Napoleon I.
zum Kaiser; Beethoven zerreißt das Wid-
mungsblatt seiner 3. Symphonie (Eroica),
die er dem Volkstribun Bonaparte gewidmet hatte.
1806
Aufhebung der Leibeigenschaft durch den
Minister Freiherr von Stein.
In der Schlacht von Jena und Auerstedt
besiegt Napoleon die Preußen vollständig.
1813
In der Völkerschlacht bei Leipzig zwingen
die verbündeten Russen und Preußen
Napoleon zum Rückzug über den Rhein.
1814
Der Wiener Kongreß beschließt die
politische Neuordnung Europas.
1817
Auf dem Wartburgfest fordern die deutschen Burschenschaften die Einheit
Deutschlands im Zeichen der Farben
Schwarz-Rot-Gold.
1818
Hegel wird als Professor der Philosophie
nach Berlin gerufen.
Schopenhauer entwickelt in seinem Haupt-
werk »Die Welt als Wille und Vorstel-
lung« den Grundgedanken seiner Philosophie von der Verneinung des Willens
zum Leben.
1820
André Ampère entdeckt die Kraftwirkung
elektrischer Ströme.
Alexander Mackenzie gestorben.

Dokumente und Literatur

Brebner, John B.
The Explorers of North America, 1933, Macmillan Ltd., New York.

Encyclopaedia Britannica, 1963, London, Chicago, Toronto.

Burpee, Lawrence J.
The Search for the Western Sea, 1936, Macmillan Ltd., New York.

Burpee, Lawrence J.
The Discovery of Canada, 1948, The Macmillan Company, Ltd.

Cook, James
A Voyage to the Pacific Ocean, 1784, Nioll & Cadell, London.

Coues, Elliot
Early History of the Great Northwest, 1897, Harper, New York.

Guillet, Edwin C., M. A.
Early Life in Upper Canada, 1963, University of Toronto Press.

Innis, Harold A.
The Northwest-Company, 1927, Canadian Historical Review 8.

Innis, Harold A.
Peter Pond, 1928, Canadian Historical Review 9.

Jenness, Diamond
The Indians of Canada, 1963, National Museum of Canada.

Johnston, Sir Harry
Pioneers in Canada, 1910, Blackie and Sons Ltd., London & Glasgow.

Kerr, D. G. G.
A Historical Atlas of Canada, Thomas Nelson and Sons, Toronto.

Laut, Agnes C.
Pioneers of the Pacific Coast, 1915, Macmillan Press, Toronto.

Mackenzie, Alexander
Voyages through the Continent of North America, 1801, Cadell & Davies, London.

Masson, L. R.
Les Bourgeois de la Compagnie de Nord-Ouest, 1960, Antiquar Press Ltd., New York.
The Oxford Encyclopaedia of American History, Band XII, The Makers of Canada, 1926, Makers of Canada Ltd.

Sheppe, Walter
First Man West, 1962, University of California Press.

Skinner, Constance Lindsay
Beavers, Kings and Cabins, 1933, Macmillan Comp., New York.

Swanton, John R.
The Indian Tribes of Northwest-America, 1953, Bureau of American Ethnology, Bull. No. 145.

Wade, M. S., M. D.
Mackenzie of Canada, 1927, William Blackwood and Sons, Edinburgh/London,

Woolacott, Arthur P.
Mackenzie and his Voyageurs, 1927, Dent Ltd., London.

Wrong, Hume
Sir Alexander Mackenzie, 1926, The Macmillan Company, Toronto.

Wrong, Hume
Sir Alexander Mackenzie, Explorer and Furtrader, 1927, Macmillan Press, Toronto.

Nördliches

Nansen

Baranow

Mackenzie

Radisson

La Salle   Champlain

Coronado   de Soto   Columbus

Cook   Caillié

Cortez   Atlantischer Ozean

Kotzebue   Mungo Park

Federmann

Queseda

Benalcazar

Orellana

Pazifischer Ozean   Pizarro   Staden

Almagro

Vasco da G.

Valdivia

Magalhaes

Südliches